PUBLICATION DE LA RÉUNION DES OFFICIERS

MANUEL

DU

VOLONTAIRE D'UN AN

DANS LA CAVALERIE

D'APRÈS LE PROGRAMME FIXÉ PAR LE RÈGLEMENT

DU 7 FÉVRIER 1873

POUR

LES EXAMENS DE FIN D'ANNÉE

PAR

MM. DE CHALENDAR ET DE BREUIL

Capitaines au 9e régiment de hussards

Ouvrage également recommandé aux sous-officiers.

—— :o:o:o: ——

PARIS

LIBRAIRIE DE FIRMIN-DIDOT FRÈRES, FILS ET Cie

IMPRIMEURS DE L'INSTITUT, RUE JACOB, 56

1874

MANUEL

DU

VOLONTAIRE D'UN AN

DANS LA CAVALERIE

Paris. — Typographie de Firmin Didot frères, fils et Cie, rue Jacob, 56.

PUBLICATION DE LA RÉUNION DES OFFICIERS.

MANUEL

DU

VOLONTAIRE D'UN AN

DANS LA CAVALERIE

D'APRÈS LE PROGRAMME FIXÉ PAR LE RÈGLEMENT

DU 7 FÉVRIER 1873

POUR

LES EXAMENS DE FIN D'ANNÉE

PAR

MM. DE CHALENDAR ET DE BREUIL

Capitaines au 9e régiment de hussards

Ouvrage également recommandé aux sous-officiers.

PARIS

LIBRAIRIE DE FIRMIN-DIDOT FRÈRES, FILS ET CIE

IMPRIMEURS DE L'INSTITUT, RUE JACOB, 56

1874

PRÉFACE

Les cours que nous présentons dans ce Manuel n'ont pas la prétention d'être complets ; ils n'ont d'autre but que de grouper des connaissances dont la recherche est difficile parmi tant d'ouvrages généralement trop savants et de répondre au programme d'études fixé par le règlement provisoire sur les engagés conditionnels en date du 7 février 1873 (programme que l'on trouvera ci-après).

Chargés dans notre régiment de l'instruction des volontaires d'un an, ces cours ont été rédigés pour eux et professés pendant l'année qui s'achève. Nous avons donc l'appui de l'expérience ; — nous pourrions ajouter celui du succès, si les bons résultats obtenus ne tenaient beaucoup plutôt au zèle et à l'aptitude des élèves.

Il ne nous a pas semblé nécessaire de placer les cours dans l'ordre du programme.

Il est naturel de commencer par l'administration,

afin que les volontaires, en fréquentant les bureaux de leurs escadrons, se puissent familiariser plus promptement avec les registres et pièces comptables qu'ils auront sous les yeux.

La connaissance du cheval demande aussi une longue pratique. Les volontaires doivent être mis en état d'apprécier, dès leurs débuts, le cheval qu'ils montent et qu'ils soignent, qui sera, en campagne, l'objet de leur première préoccupation.

Ces deux cours ont été professés simultanément pendant le premier trimestre et pendant une partie du second.

La topographie s'est placée ensuite, au moment de la belle saison, par conséquent, et après les récoltes faites, ce qui a permis de multiplier les exercices extérieurs. Elle s'est trouvée aussi précéder l'étude du service en campagne qu'elle a facilité.

Le cours de fortification vient en dernier lieu (1), pendant le troisième trimestre, alors que les volontaires ont pu se former le coup d'œil et mieux juger la valeur des mouvements de terrain, première base de cette étude.

A ceux de nos camarades qui pourraient être chargés d'instruire les volontaires, nous croyons devoir

(1) Il a été rédigé et enseigné par M. le capitaine de Breuil.

recommander de multiplier les exercices pratiques dont nous indiquerons quelques-uns en tête de chaque cours.

Le programme ministériel est assez élastique pour qu'on ait cru pouvoir donner quelques développements qui ont paru utiles, tels que l'étude sommaire du squelette et celle de l'âge pour le cheval, ou des définitions de fortifications permanentes, termes qui reviennent souvent dans les écrits militaires et dont l'emploi peut être nécessaire dans les reconnaissances.

Enfin, tous les volontaires n'ayant pas la même instruction première, on a donné quelques notions de géométrie indispensables pour la compréhension des modes de représentation employés en topographie et en fortification. Mais on a soigneusement exclu toute démonstration, tout calcul compliqué dont il ne peut être question dans cet ouvrage élémentaire.

Cette simplicité de rédaction a fait que beaucoup de sous-officiers et même d'officiers ont voulu lire ces cours et les ont considérés comme une sorte d'aide-mémoire.

Nous pensons donc, à ce titre, pouvoir recommander la lecture du Manuel aux officiers et aux sous-officiers de cavalerie.

E. DE C.

EXTRAIT DU RÈGLEMENT PROVISOIRE
du 7 février 1873.

*Programme des connaissances
que doivent posséder les volontaires d'un an dans la cavalerie
à l'expiration de leur année de service* (1).

COURS

Administration.

Éléments d'administration d'un escadron. — Étude sommaire des registres, des livres de comptabilité, des feuilles de vérification, et établissement des bons pour la perception des différentes prestations. — Perception, distribution et réintégration des effets et des armes. — Gestion de la masse individuelle et des ordinaires.

Fortification.

Notions élémentaires de fortification passagère. — Défenses accessoires.

Connaissance du cheval.

INSTRUCTION PRATIQUE.

De l'extérieur. — Description des différentes parties du corps. — Des aplombs. — Des tares. — Des signalements. — Notions élémentaires d'hygiène.

Connaissances générales.

TOPOGRAPHIE.

Notions élémentaires de topographie. — Lecture d'une carte et son emploi sur le terrain. — Étude du terrain au point de vue militaire. — Appréciation des distances. — Orientation.

---

(1) Ce programme est reproduit dans l'instruction ministérielle du 25 octobre 1873.

PREMIÈRE PARTIE.

ADMINISTRATION.

ADMINISTRATION.

AVERTISSEMENT.

Ce cours a pour objet de faire connaître sommairement aux volontaires l'administration d'un escadron et les écritures qui s'y rattachent.

Il est indispensable pour cette étude d'avoir les registres et pièces comptables sous les yeux. De longues explications ne pourraient suppléer à cet examen et elles seraient fastidieuses.

On ne trouvera donc ici que des indications générales ayant pour but de faire ressortir l'usage des pièces ou registres et non le détail de toutes les colonnes dont ils sont surchargés.

Il était impossible de donner tous les modèles; quelques pièces détachées seulement sont reproduites dans le cours. Les volontaires devront s'exercer à les remplir, au moyen de situations ou de chiffres qu'on pourra leur dicter.

Exemple : Étant données la situation de la veille

et les mutations survenues, établir la situation et le rapport du jour.

Feuille de prêt avec les mêmes mutations, etc.

Ces exercices ne sauraient être trop multipliés.

L'ordre, l'exactitude et la méthode sont des qualités bonnes en toute circonstance; elles sont particulièrement nécessaires à un comptable.

ADMINISTRATION.

PREMIÈRE LEÇON.

DÉFINITIONS. — ORGANISATION DE L'ADMINISTRATION. — CONTRÔLES ANNUELS. — SITUATION ET RAPPORTS JOURNALIERS.

Définition et principes généraux.

L'administration militaire est l'ensemble des règles suivies et des moyens employés pour assurer l'existence de l'armée.

Elle consiste dans l'application des lois chargées de pourvoir à nos besoins : organisation, recrutement, état civil des militaires, avancement et droit aux récompenses, répression des fautes, crimes ou délits, prestations diverses : solde, vivres, chauffage, habillement, logement, transports, etc.

L'administration comprend essentiellement une *direction* et un *contrôle* qui appartiennent au ministre de la guerre et à ses agents; l'*exécution* et la *comptabilité* dont il sera traité particulièrement dans ce cours.

La *comptabilité* constate, décrit les opérations administratives. Elle se compose d'*écritures*, de *comptes* et de *pièces justificatives*.

Les écritures sont consignées journellement dans des registres.

Les comptes sont dressés à certaines époques souvent périodiques.

Les pièces justificatives établies au moment de l'accomplissement des faits qu'elles relatent, sont jointes aux registres et aux comptes.

L'administration intérieure des corps est dirigée par un conseil d'administration sous le contrôle de l'intendance.

Le conseil a pour agents : le major, le trésorier, l'officier d'habillement.

Le major dirige et contrôle les officiers comptables, l'officier de casernement, l'officier chargé des écoles, les capitaines-commandants; il est le chef de la comptabilité.

Le trésorier est chargé des archives et de la comptabilité en deniers.

L'officier d'habillement est chargé du magasin du corps et de la comptabilité en matières.

Chaque escadron forme une unité administrative placée sous le commandement d'un capitaine-commandant.

Administration intérieure d'un escadron.

L'administration intérieure d'un escadron a pour objet de constater l'existence des hommes et des chevaux de l'escadron et leur droit aux différentes allocations, de percevoir et de distribuer les prestations et d'en établir les comptes.

Attributions du capitaine-commandant (1).

Les capitaines-commandants sont chargés, sous l'autorité et la surveillance du major et du conseil d'administration, de toutes les écritures ou détails qui ont pour objet l'administration de leur escadron.

Ils veillent aux intérêts de leurs hommes et s'attachent à prévenir ce qui pourrait avoir pour effet d'obérer les masses individuelles.

Ils jugent, — sauf recours des intéressés au major ou au conseil, — si, en raison de la cause des dégradations, il y a lieu d'imputer aux hommes le prix des réparations aux effets ou armes. — Dans certains cas, ils ont la faculté de suspendre ces réparations.

Les capitaines-commandants sont responsables des fonds, effets ou fournitures quelconques dont ils donnent quittance, et des distributions faites sur les situations qu'il ont signées.

Bureau de l'escadron.

Les écritures de l'escadron sont tenues par le maréchal des logis chef et les fourriers.

L'ordonnance du 2 novembre 1833 sur le service intérieur fixe les devoirs généraux des sous-officiers comptables.

En ce qui concerne l'administration, le maréchal des logis chef est responsable envers le capitaine-commandant. Il surveille et dirige le maréchal des logis fourrier et le brigadier fourrier.

---

(1) Ordonnances du 2 novembre 1833 et du 10 mai 1844.

Le maréchal des logis fourrier est aux ordres du maréchal des logis chef, il tient sous la direction de celui-ci les registres de l'escadron et fait les écritures. Il est particulièrement chargé du casernement.

Le brigadier fourrier seconde le maréchal des logis fourrier suivant ce qui est déterminé par le maréchal des logis chef. Il tient le livre d'ordres de l'escadron.

Contrôles annuels (1).

Les droits des militaires aux différentes prestations varient avec les positions générales ou individuelles de ces militaires.

Ces positions sont constatées au moyen des **Contrôles annuels** qui sont tenus pour tout le corps par le major, et contradictoirement par le fonctionnaire de l'intendance qui a la surveillance administrative.

Ils sont tenus également dans les escadrons, mais sans former un registre spécial. Ils font l'objet des chapitres 1, 3, 4, 5, 6 et 7 du livre de détail qui sera étudié plus loin.

On fait des contrôles séparés pour les hommes et pour les chevaux (le modèle en est donné par l'ordonnance du 25 décembre 1837).

Contrôles en hommes.

Les noms des hommes sont inscrits dans des cases numérotées depuis la première jusqu'à la dernière, sauf celles qui sont destinées aux officiers. — Ces numéros

---

(1) Ordonnances du 25 décembre 1837 et du 10 mai 1844.

sont dits annuels, parce qu'ils sont renouvelés avec les contrôles au commencement de chaque année.

Les hommes sont portés par rang de grade et de classe, et dans chaque grade ou classe par ancienneté.

A la suite de chaque grade ou classe, on laisse en blanc un nombre de cases double de celui formant le complet du grade ou de la classe. Ces cases sont destinées à inscrire les hommes qui arrivent dans l'intervalle de l'établissement des contrôles.

Les contrôles doivent toujours être tenus à jour, il n'y a d'autre ordre pour l'inscription de ces hommes que celui de leur arrivée; ce n'est qu'au renouvellement des contrôles qu'ils reprennent leur ancienneté.

En cas d'insuffisance des cases, ils sont rejetés à la fin du contrôle avec le dernier des numéros affectés à leur grade ou classe, auquel on ajoute un chiffre de nouvelle série.

L'homme qui passe d'une classe à une autre, dans le même escadron, est rayé d'une part et reporté à la nouvelle classe, en relatant le numéro qu'il occupait précédemment. Il en est de même lorsqu'il passe d'un escadron à un autre.

Le numéro de l'homme rayé reste vacant jusqu'à la fin de l'année.

Contrôles des chevaux.

Le contrôle des chevaux est tenu d'une manière analogue à celui des hommes. Les chevaux sont inscrits avec leur nom et leur signalement. Pour ceux des officiers, on ajoute le nom du propriétaire.

Documents pour la tenue des contrôles.

Afin que ces contrôles puissent être tenus à jour, les capitaines-commandants fournissent, chaque matin, au rapport, l'état des mutations survenues pendant les vingt-quatre heures. Ces mutations sont portées de même au chapitre III du livre de détail de l'escadron.

Situation et rapport journaliers.

L'ordonnance du 2 novembre 1833, sur le service intérieur, détermine la forme de ce rapport journalier. Le recto porte l'indication du régiment et de l'escadron, la date du . . . au . . . et la composition de l'effectif d'après les positions.

Le verso donne les mutations, les punitions et les demandes. Il porte la date et enfin la signature du capitaine-commandant, et le visa du major.

Les mutations sont inscrites suivant un formulaire adopté, qui se trouve en tête du livre de détail. Elles sont accompagnées des numéros matricules et annuels et de la situation de la masse.

État des mutations.

Les mutations sont accompagnées des pièces justificatives.

Le major relève, chaque jour, les mutations et les inscrit sur les contrôles du corps; il dresse ensuite un **état de mutations** qu'il transmet au sous-intendant chargé de la surveillance administrative, tous les jours,

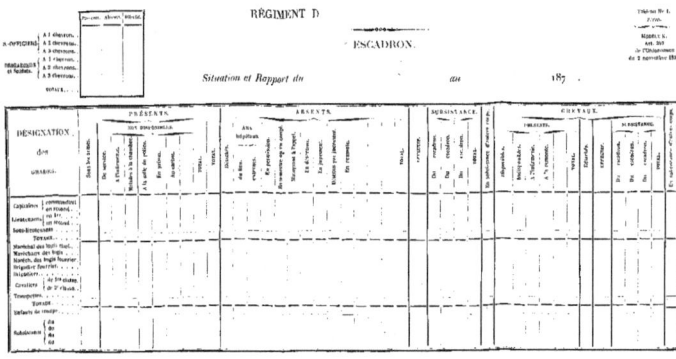

NUMÉROS		ADRESSE des chasseurs	NOMS ET PRÉNOMS, GRADES ET MUTATIONS	SITUATION de la mutation des hommes contenus au pavé, d'observation		PÉTITIONS	DEMANDES
Matricule	Annuel			Avec	Sans		
1	2	3	4	5	6	7	8

Vu : Le Major,   à   le   187
                                 Le Commandant du Président.

1 (verso).

187
dron,

ou tous les cinq jours, suivant que le corps est stationné dans le lieu où réside le sous-intendant, ou qu'il stationne dans une autre localité.

Les pièces à l'appui sont conservées par le major, et, à la fin du trimestre, lors du règlement des comptes, elles sont jointes aux **feuilles de journées.**

Vérification.

Comme vérification, le major compare, une fois par mois, le contrôle général du corps avec les livrets de détail des escadrons.

Le sous-intendant compare ses contrôles avec ceux du major; de plus, il vise les pièces à l'appui et se fait présenter les hommes rentrant de position d'absence.

DEUXIÈME LEÇON.

REGISTRES DE L'ESCADRON. — MATRICULES DES HOMMES ET DES CHEVAUX.

Registres de l'escadron.

Les sous-officiers comptables tiennent sous la surveillance et la responsabilité des capitaines-commandants les registres suivants :

1° Matricule du personnel et des effets et armes en service.

2° Matricule des chevaux et des effets de harnachement.

3° Livre de détail.

4° Livrets individuels des sous-officiers, brigadiers, cavaliers et enfants de troupe.

5° Registre spécial des hommes liés au service, en conformité des lois sur la dotation de l'armée.

6° Livret d'ordinaire.

7° Registre des punitions.

8° Registre d'ordre.

On verra plus tard comment cette comptabilité se simplifie en campagne. — Dans les routes à l'intérieur, ces registres sont réunis dans une caisse à la suite de la colonne. Le maréchal des logis chef conserve seulement avec lui un cahier contenant le contrôle de l'escadron par pelotons et escouades. Il y inscrit tout ce qui intéresse la comptabilité, et met ses registres au courant à chaque séjour.

Matricule des hommes.

La **matricule du personnel et des effets et armes en service,** que l'on appelle simplement matricule des hommes, sert à constater l'existence des militaires et les changements qui se produisent dans cette existence. — Elle contient, en outre, la transcription de tous les renseignements que présente le registre-matricule du corps tenu par le trésorier, pour les hommes de troupe composant l'escadron; l'enregistrement des effets d'habillement, de coiffure, de grand équipement, d'armement qui leur sont distribués, et l'époque des réintégrations en magasin pour les effets de 1re catégorie (habillement).

Ce registre-matricule se compose de feuillets individuels et mobiles, afin que ceux des hommes qui cessent d'appartenir à l'escadron puissent se déplacer.

Les folios suivent les hommes dans leur nouvel escadron ou dans leur nouveau corps. Ils sont transmis au nouveau capitaine ou au nouveau corps aussitôt après la radiation des contrôles de l'escadron.

Ceux des hommes qui passent dans la réserve avec un congé provisoire de libération, sont envoyés aux commandants des dépôts de recrutement.

On remet aux archives du corps ceux des hommes qui cessent d'appartenir à l'armée, ceux des morts, désertés, disparus, prisonniers de guerre, etc.

Comme classement dans le registre, les folios sont placés par rang de numéros matricules sans distinction de grade.

Le folio matricule comprend :

1° Au recto :

La signature du major.

L'état civil du militaire et le signalement.

L'incorporation de l'homme et le titre sous lequel il sert.

Les rengagements ou remplacements pour continuation de service.

Les hautes-payes.

Les services avant l'incorporation et dans le corps.

Les campagnes, blessures et actions d'éclat.

La libération et les déductions de service s'il y a lieu.

La radiation et ses motifs.

Le lieu où se retire le militaire et la mention du certificat de bonne conduite.

2° Au verso :

La désignation des effets.

On appelle effets de la 1re catégorie ceux d'habillement, dont la durée se décompte par trimestres.

La durée des effets de la 2ᵉ catégorie se décompte par années, de même que les armes.

Pour les effets de 1ʳᵉ catégorie, on porte l'année et le trimestre de la mise en service, et des colonnes successives permettent d'inscrire les nouvelles distributions.

Les effets de la 2ᵉ catégorie ont un numéro propre, qu'ils prennent pour tout le corps sur les contrôles de l'habillement, chaque effet formant une série particulière. Les séries pour les armes ne s'établissent pas par corps, mais en manufacture.

Pour les effets de 2ᵉ catégorie, on ajoute l'année de première mise en service, la durée n'étant pas suspendue pour ces effets, par suite de réintégration en magasin.

Une dernière case donne le numéro au contrôle annuel.

Les inscriptions du recto du feuillet matricule sont conformes à la matricule du corps, celles du verso sont conformes aux registres de l'habillement.

Nous verrons en outre que les unes et les autres se reproduisent sur le livret individuel de l'homme.

Les folios à envoyer à d'autres corps, ou au dépôt de recrutement, sont certifiés par le trésorier, vérifiés par le major et visés par le conseil d'administration et le sous-intendant.

Matricule des chevaux.

La **matricule des chevaux et des effets de harnachement** est destinée à recevoir l'extrait de la matricule du corps, les numéros des effets de harnachement qui sont affectés au cheval, le nom du cavalier auquel il appartient et des renseignements physiques sur l'état sanitaire du cheval.

Les folios sont individuels et mobiles et se déplacent d'une manière analogue à ceux de la matricule en hommes. Ils sont certifiés, vérifiés et visés par les mêmes personnes.

Le folio porte au recto :

La signature du major.

La date de la réception par le corps.

Le signalement, l'origine et les mutations antérieures.

Les effets de harnachement, indiqués par leurs numéros de série et l'année de mise en service.

Le nom du cavalier auquel le cheval est successivement affecté.

Le verso porte comme titre général :

Renseignements sur l'état physique et sanitaire du cheval;

Puis : — numéro du registre tenu par le vétérinaire;

Classement successif du cheval à son arrivée et aux inspections générales.

Séjour aux infirmeries. Entrées, sorties, genre de maladie.

Date et cause de la radiation des contrôles du corps.

De même que pour la matricule en hommes, les diverses inscriptions de la matricule en chevaux se retrouvent soit sur les matricules du trésorier, soit sur les registres de l'habillement, et enfin sur les registres du vétérinaire.

TROISIÈME LEÇON.

LIVRE DE DÉTAIL.

Livre de détail. Nous avons déjà vu que les inscriptions des contrôles annuels sont portées dans les escadrons au livre de détail. Ce livre comprend en outre l'inscription des comptes de la masse individuelle, de la solde et des perceptions de toute nature.

Il se divise en dix-huit chapitres, dont chacun a un but déterminé.

Le livre de détail est renouvelé le 1er janvier de chaque année. Celui de l'année précédente est déposé aux archives.

En tête du livre de détail, se trouve une instruction pour sa tenue.

Puis la série des formules de mutations, tirées du règlement sur service de la solde et des revues (25 décembre 1837).

Chapitre premier. — *Renseignements sur la position de l'escadron, pendant l'année 18 .*

Dans une première case, on inscrit la position de l'escadron au premier jour de l'année.

Les mouvements s'inscrivent ensuite successivement à mesure qu'ils s'effectuent. Différentes colonnes donnent la désignation des portions de l'escadron qui ont marché;

L'effectif en hommes et en chevaux, au jour du départ;

Lieux de départ et de destination;

Les dates de départ et d'arrivée;

Enfin, les cas de marches forcées.

Ces renseignements sont nécessaires pour établir les droits aux différentes prestations.

CHAP. II. — *Renseignements relatifs aux allocations de vivres de campagne, d'indemnités et fournitures extraordinaires.*

Les allocations extraordinaires ne se font que sur des ordres signés par l'autorité compétente.

Le chapitre II relate les jours où l'allocation a eu lieu et le signataire de l'ordre.

Des colonnes sont affectées aux différentes allocations.

CHAP. III. — *Situation et mutation journalières.*

La situation est établie, chaque matin, d'après les mutations survenues pendant la journée précédente. Les mutations sont inscrites nominativement sur un recto de page. Vis à vis, sur le verso précédent, on porte numériquement l'effectif avec sa décomposition par grades, présents ou absents.

L'effectif et les mutations des chevaux sont portés à la droite des mutations des hommes, dans des colonnes spéciales.

CHAP. IV. — *Contrôle annuel des officiers.*

Les officiers sont inscrits par ordre de grade et de classe.

Il est affecté à chaque grade ou classe un nombre de cases triple de celui qui forme le complet.

On porte les mutations, au jour le jour, dans des cases divisées par trimestre.

CHAP. V. — *Contrôle annuel des hommes de troupe et compte courant de leur masse individuelle.*

Les hommes de troupe sont inscrits par ordre de grade

et de classe et par ancienneté, sous les mêmes numéros qu'au contrôle tenu par le major (1re leçon). Le nombre de cases, affecté à chaque grade ou classe, est triple de celui formant le complet réglementaire.

Il y a quatre noms par page ouverte.

Une colonne, avec la distinction des trimestres, est affectée à l'inscription des mutations.

Le recto de la page ouverte est divisé en quatre colonnes affectées chacune à l'inscription des comptes courants de l'un des hommes dont les noms sont portés à gauche.

Les comptes comprennent des recettes et des dépenses.

La gestion de la masse individuelle faisant l'objet d'une leçon ultérieure, nous ne donnerons ici que quelques indications principales.

Recettes : 1re mise ; versements faits par les hommes ; prime journalière.

Dépenses : Excédant du complet réglementaire ; prix des effets de petit équipement ; prix des réparations aux effets ou aux armes, etc.

Les comptes sont arrêtés par le capitaine-commandant, au premier jour de chaque trimestre, signés par lui et par les hommes.

On arrête aussi les comptes des hommes qui entrent en position d'absence, ou qui cessent de compter à l'escadron.

S'il y a lieu à rectification après le règlement du compte, on arrête de nouveau en toutes lettres.

Lorsqu'il a été sursis à des réparations ou imputations, leur valeur estimative est inscrite sur le livret après l'arrêté provisoire.

ADMINISTRATION.

Chap. vi. — *Contrôle annuel des chevaux d'officiers.*

Les chevaux sont inscrits suivant l'ordre des grades ou classes des officiers, et sous les mêmes numéros qu'au contrôle général que tient le major.

Le nombre des cases est triple de celui qui forme le complet.

Différentes colonnes contiennent les numéros, noms et signalement des chevaux, noms des propriétaires. Ces inscriptions sont exactement conformes à la matricule.

Des colonnes par trimestre sont destinées aux mutations qui s'inscrivent jour par jour.

Chap. vii. — *Contrôle annuel des chevaux de troupe.*

A l'établissement du contrôle, les chevaux, formant l'effectif, sont inscrits en suivant l'ordre de la matricule; les autres le sont à la date de leur arrivée.

Même note qu'au chapitre vi pour les mutations et la radiation.

Chap. viii. — *Solde de la troupe et rations diverses perçues.*

Les inscriptions de ce chapitre servent à établir, à la fin de chaque trimestre, la balance des allocations et des perceptions pour faire ressortir les trop ou moins perçus.

Les perceptions sont inscrites avec leurs dates, et à mesure qu'elles se font dans des colonnes spécialement affectées à chacune d'elles. On totalise par trimestre.

La balance s'établit lorsque le sous-intendant a vérifié les feuilles de journées.

QUATRIÈME LEÇON.

LIVRE DE DÉTAIL (SUITE). — LIVRET INDIVIDUEL.

Suite du livre de détail.

Chap. ix. — *Liste des travailleurs.*

Le règlement autorise, sous certaines conditions, l'emploi des militaires comme travailleurs à l'extérieur.

Une portion du salaire de ces hommes est versée à l'ordinaire de leur escadron (15 centimes par jour), une autre portion est destinée à payer les hommes qui ont remplacé les travailleurs dans leur service; la dernière portion reste la propriété de l'homme.

Toutefois, ces dernières portions sont retenues et versées entre les mains du capitaine, lorsque la masse de ces hommes n'est pas complète. Le capitaine les inscrit à mesure qu'il les reçoit.

Les ordonnances d'officiers sont compris comme travailleurs et versent 3 francs par mois aux ordinaires.

Ce chapitre ix fournit le moyen de vérifier le livret d'ordinaire en ce qui concerne certains services payés.

Chap. x. — *Compte ouvert avec le magasin d'habillement pour les effets de la 1re catégorie et les galons.*

Chap. xi. *Compte ouvert avec le magasin d'habillement pour les effets de la 2e catégorie et les armes.*

Chap. xii. — *Compte ouvert avec le magasin d'habillement pour les effets de harnachement.*

Ces trois chapitres se tiennent d'une manière analogue et servent à établir les comptes avec le magasin d'habillement.

Sur un verso de feuille, les distributions sont inscrites date par date et par nature d'effet; les réintégrations sont inscrites sur le recto de la feuille voisine, d'après les quantités relatées sur les bons ou bulletins de versement.

Les unes et les autres sont totalisées par trimestre.

CHAP. XIII. — *Compte ouvert aux effets de casernement.*

CHAP. XIV. — *Compte ouvert aux effets de campement.*

Les réceptions et réintégrations s'inscrivent date par date; elles sont balancées à l'expiration de chaque trimestre, et lorsque tous les effets de casernement ou de campement sont rendus au garde du génie, au préposé des lits militaires ou à l'officier d'administration comptable. — Ces deux chapitres doivent être en concordance avec ceux tenus par l'officier de casernement, ou l'officier chargé du campement.

CHAP. XV. — *Enregistrement des bons des effets de petit équipement, reçus du magasin d'habillement.*

Les bons s'inscrivent successivement par date et par nature d'effets avec indication de leur valeur. Ils sont totalisés le dernier jour de chaque trimestre.

Le montant en argent est égal à celui de la colonne correspondante sur la feuille de décompte de la masse individuelle.

Remarquons que tous ces chapitres de comptes ouverts avec le magasin d'habillement doivent être en concordance avec les chapitres correspondants du registre des recettes et consommations tenu par l'officier d'habillement.

Chap. XVI. — *Enregistrement sommaire des bordereaux ou relevés et des états de répartition, pour réparations, dégradations et autres remboursements, mis au compte des hommes.*

Les réparations aux effets ou aux armes ne se font pas sur l demande individuelle de l'homme au chef ouvrier. On a vu que le capitaine-commandant juge s'il y a lieu d'imputer le prix des réparations aux hommes. C'est donc l'escadron qui est chargé de faire faire ces réparations. Elles sont portées au chef ouvrier avec un bulletin (voir la neuvième leçon).

Ces bulletins sont inscrits au fur et à mesure sur un bordereau d'enregistrement journalier qui se totalise à la fin de chaque trimestre, et qu'on remet à l'officier d'habillement. Le montant des réparations mises au compte de la masse individuelle est inscrit au chapitre XVI. Les autres imputations à faire s'inscrivent lorsque les états de répartition sont communiqués au capitaine-commandant.

Chap. XVII. — *Situation générale des masses individuelles après l'arrêté de comptes de chaque trimestre.*

La situation des masses est relevée sur la feuille trimestrielle de décompte; elle présente le nombre des masses au-dessus du complet, au complet, au-dessous du complet et le total de leur valeur; on en déduit les masses en débet et on établit pour chaque trimestre le taux des masses de l'escadron (1).

(1) La gestion de la masse individuelle sera étudiée dans la dixième leçon.

ADMINISTRATION.

CHAP. XVIII. — *Table des numéros d'ordre empreints sur les effets de la 2ᵉ catégorie, sur les armes et sur les effets de harnachement, indiquant le numéro matricule des hommes qui en sont détenteurs, ou des chevaux auxquels ils sont affectés.*

Ce chapitre se divise en trois parties, avec des colonnes particulières par nature d'effets.

Lors de l'établissement du contrôle, les effets en service sont inscrits, dans leur ordre progressif, avec le numéro matricule du détenteur en regard. A mesure des remplacements ou distributions, les effets retirés sont rayés, et on inscrit dans une colonne spéciale les nouveaux effets.

A la suite du livre de détail, on a ajouté un chapitre spécial qui représente le registre de tir de l'escadron.

Chaque homme y est porté nominativement; on inscrit à côté de son nom les balles tirées et les résultats obtenus. On fait aussi les moyennes de tir aux différentes distances pour l'escadron.

Livret individuel.

Chaque homme de troupe reçoit, à son arrivée au corps, un livret qui est signé par le major, et sur lequel son état civil, son signalement, le titre sous lequel il a été incorporé, et tous les renseignements que contient la matricule de l'escadron sont transcrits exactement.

Le livret contient aussi des renseignements sur la vaccination et sur l'instruction tant primaire que militaire du cavalier; les résultats du tir à la cible; les mesures des divers effets de l'homme; le nom et les numéros de son cheval et du harnachement; la nomenclature des effets de petit équipement dont l'homme doit être pourvu ; les comptes de la masse individuelle, conformes au chapitre v du livre de détail; les payements faits au titre de la dotation de l'armée ; les dispositions des lois et règlements dont les militaires doivent avoir incessamment le texte sous les yeux (marques extérieures de respect, code pénal).

Une dernière feuille contient l'inscription des versements faits à la caisse du comité de patronage des sociétés de secours mutuel entre les anciens militaires.

Le livret est la propriété de l'homme (le prix en est prélevé sur sa masse); il ne peut lui être retiré sous aucun prétexte, même lorsqu'il lui en est donné un nouveau, ou qu'il quitte le service.

L'homme qui passe d'un corps dans un autre reçoit, à son arrivée, un nouveau livret.

Les effets et armes qui sont distribués aux hommes et les articles de recette et de dépense de la masse sont inscrits en leur présence au livret.

Le capitaine-commandant arrête et signe les comptes de la masse sur les livrets des hommes, comme au livre de détail, au premier jour de chaque trimestre, lorsque l'homme entre en position d'absence, ou qu'il quitte l'escadron.

Les hommes ne signent leur compte qu'au livre de détail et pas sur les livrets.

En campagne, il n'est fait aucun arrêté de compte sur les livrets. Les comptes du temps passé en campagne ne se font qu'avec le premier arrêté de comptes trimestriel qui suit le retour à l'intérieur.

Toutes les inscriptions du livret ayant déjà été décrites, soit en étudiant les registres matricules, soit dans l'étude du livre de détail, il est superflu d'y revenir ici.

CINQUIÈME LEÇON.

REGISTRE DE LA DOTATION. — LIVRET D'ORDINAIRE. — REGISTRE DE PUNITIONS. — REGISTRE D'ORDRES.

Dotation de l'armée.

Une loi du 26 avril 1855 a créé une dotation dans le but de favoriser le rengagement d'anciens militaires au moyen d'allocations en argent.

La nouvelle loi militaire a supprimé toute prime en argent, et par suite la dotation de l'armée; toutefois, il y a encore un certain nombre d'hommes qui sont au service sous l'empire de cette loi.

Les allocations de la dotation de l'armée consistaient en prime, en haute paye et en augmentation de pension de retraite.

Un rengagement de sept années donnait droit à une prime. Le rengagement pour une durée moindre de sept ans donnait droit à des annuités.

La prime ou les annuités se divisent en deux portions : la première payable lors du rengagement, la seconde portion était payée intégralement, ou proportionnellement suivant que le militaire avait accompli son engagement entier, ou que, par suite de certaines éventualités, le contrat n'avait pas été rempli.

(Le remplacé, le retraité ou réformé pour blessures dans le service avait droit à la deuxième portion intégrale. Une nomination d'officier ou à un emploi civil, la mort, l'exclusion de l'armée, etc., donnaient droit à des parts proportionnelles.)

Les hautes-payes sont ainsi fixées :

10 centimes après sept ans de service;

20 centimes après quatorze ans.

Les retraites, dont le minimum et le maximum sont fixés par la loi du 11 avril 1831, ont été augmentées de 165 francs pour les sous-officiers, brigadiers et cavaliers, et fixées à vingt-cinq ans de service.

Telles sont les dispositions principales de cette loi.

Registre de la dotation.

Une comptabilité particulière a été établie pour en assurer les effets.

Le trésorier tient un registre spécial qui est reproduit dans les escadrons, sous le titre de **Registre spécial de la dotation**. Les feuilles sont mobiles et suivent l'homme comme les feuillets de la matricule. Les droits de l'homme sont constatés par le détail de ses services.

Les payements faits ou restant à faire sont relatés sur la feuille.

En cas de changement de corps ou de radiation, la mutation est inscrite sur le folio (colonne 21), qui est envoyé au nouveau corps ou conservé aux archives.

Livret d'ordinaire.

Le livret d'ordinaire sert à constater toutes les opérations de la gestion des ordinaires. Il est à la fois un bon de distribution, un compte préparatoire, un moyen de comparaison permanent entre les écritures de la commission et celles de l'escadron; il tient lieu aussi de cahier de quittances des fournisseurs.

La gestion des ordinaires sera étudiée dans une prochaine leçon; nous ne donnerons ici que quelques indications sur la tenue du livret d'ordinaire qui fait partie des registres de l'escadron.

Les inscriptions y sont faites par livrancier (boulanger, boucher, épicier, etc.) et par catégories de denrées, suivant une nomenclature qui est donnée en tête du livret.

Si les denrées sont fournies par un livrancier en dehors de sa spécialité, on les inscrit au commencement ou à la fin du paragraphe qui concerne ledit livrancier et dans l'ordre de la nomenclature.

S'il y a gestion partielle ou totale par la commission des ordinaires, les denrées fournies par ses soins sont portées dans un paragraphe distinct, à la suite des fournisseurs.

Le livret sert pour une année, du 1er janvier au 31 décembre.

Chaque feuille contient d'un côté les recettes des cinq jours qui forment un prêt (six jours pour les fins de mois). Les dépenses du même laps de temps sont inscrites sur la feuille en regard.

Les inscriptions se font journellement.

A la fin du prêt, le maréchal des logis chef totalise les recettes d'une part, puis les dépenses par livrancier.

Après vérification contradictoire, le capitaine-commandant fait remettre, par le maréchal des logis chef, au secrétaire de la commission, la note indicative de la somme dont l'ordinaire est débiteur. Cette somme est payée directement par le trésorier.

Le livret contient l'inventaire des effets ou objets en service à la cuisine ou dans les chambres.

Registre de punitions.

Le registre de punitions est composé de feuillets mobiles, fournis par le trésorier, revêtus du visa du major et du timbre du conseil d'administration, et établis par les soins de l'escadron.

En cas de changement de corps ou d'escadron, ces feuillets suivent l'homme, comme ceux de la matricule et du registre de la dotation; ils sont alors arrêtés et signés par le capitaine-commandant. — Les feuillets de tout homme qui cesse d'appartenir à l'armée vont aux archives.

Chaque feuillet porte le nom et le numéro matricule de l'homme, la date de son arrivée au corps et le titre sous lequel il sert, son grade ou sa position dans le corps.

Les punitions s'y inscrivent à mesure.

Il est affecté un feuillet à chaque homme; on en ajoute un second, ou plus s'il est nécessaire, quand le premier est rempli.

On ne porte pas les punitions en dessous de quatre jours de consigne.

On peut, au moyen du registre de punitions, contrôler les recettes additionnelles qui résultent pour l'ordinaire des punitions de prison infligées aux hommes qui y vivent.

Registre d'ordres.

Chaque année, au 1er janvier, le trésorier fournit à chaque escadron un registre d'ordres.

Le brigadier fourrier est chargé de la tenue de ce registre ; il y transcrit les ordres que lui dicte l'adjudant de semaine, et les présente à la signature des officiers de l'escadron. Chaque ordre a un numéro et un sommaire.

On forme des chapitres séparés pour les ordres du régiment, ceux de la division et ceux de la place.

Les registres d'ordres sont conservés toute une année, après l'expiration de celle pour laquelle ils ont été établis. Ils sont ensuite brûlés en présence du lieutenant colonel.

Les ordres généraux ou permanents qu'il est utile de conserver sont inscrits en tête du nouveau registre.

SIXIÈME LEÇON.

CARNET DE CAMPAGNE.

Les corps en campagne ne peuvent être astreints à emporter avec eux et à tenir tous les registres qui viennent d'être étudiés.

L'immatriculation et la radiation nécessitent les mêmes écritures, il faut donc emporter les matricules.

L'intérêt de la discipline exige qu'on emporte le registre des punitions.

Le livre de détail, le livre de la dotation sont laissés au dépôt où ils sont tenus par les soins d'un bureau spécial de comptabilité.

Le livre de détail est remplacé par un **carnet de comptabilité** qui se renouvelle tous les trois mois. Ce même carnet porte la mention des hautes payes de rengagement et dispense ainsi d'emporter le registre de la dotation.

Le carnet de campagne ne contient que douze chapitres :

CHAPITRE PREMIER. — *Renseignements sur les diverses positions de l'escadron.*

Les mouvements s'inscrivent par l'ordre de date ; les premiers et derniers carnets relatent le jour du passage de la frontière, au départ comme à la rentrée.

CHAP. II. — *Renseignements relatifs aux allocations de vivres de campagne, d'indemnités et de fournitures extraordinaires.*

Ce chapitre se tient de la même façon que le chapitre II du livre de détail, avec cette seule différence qu'on n'ouvre pas de colonne spéciale pour chaque nature d'allocation, mais qu'on les porte toutes ensemble à mesure qu'elles se produisent.

CHAP. III. — *Situation et mutations journalières.*

La situation est établie chaque matin. Les mutations se portent sommairement au moyen des numéros annuels seulement.

Le capitaine-commandant peut totaliser ce chapitre comme vérification des perceptions en deniers et en nature.

CHAP. IV. — *Contrôle des officiers.*

Comme au livre de détail.

CHAP. V. — *Contrôle des hommes par grade, avec indication des dépenses au compte de la masse individuelle.*

Ce chapitre contient le contrôle de l'escadron par

grade et par rang d'ancienneté, l'indication des hommes ayant droit aux hautes payes de chevrons ou de rengagement; les mutations; enfin les recettes éventuelles ou dépenses de la masse individuelle.

Les hommes sont inscrits sous les mêmes numéros qu'au contrôle général, tenu par le major. Ceux qui cessent de faire partie de l'escadron, du jour du départ à celui du passage de la frontière, sont rayés.

On laisse en blanc un nombre de cases égal à la moitié du complet pour les grades, au quart pour les emplois.

Les mutations sont inscrites très-succinctement chaque jour. En inscrivant les effets, on mentionne la lettre correspondante à la date des bons. (Chapitre x.)

Chap. vi. — *Contrôle des chevaux.*

On distingue les chevaux d'officiers, chevaux de selle, chevaux de trait ou de bât. On laisse en blanc, après chaque catégorie, un nombre de cases égal à la moitié du complet d'organisation.

Chap. vii. — *Solde de la troupe et prestations diverses en deniers.*

Les prestations se totalisent à la fin de chaque trimestre. Une colonne spéciale indique pour mémoire le chiffre des rappels de solde d'hôpital et de chevrons. Ce total sert à l'établissement du décompte comparatif à la fin du chapitre iii.

Chap. viii. — *Prestations diverses en nature.*

Elles s'inscrivent à mesure des perceptions.

Chap. IX. — *Compte ouvert aux effets de campement.*

Les distributions, réintégrations ou pertes s'inscrivent à mesure, conformément aux bons, bulletins de versement, ou procès-verbaux de perte. On fait la balance à la fin du trimestre.

Chap. X. — *Enregistrement des bons d'effets distribués au compte de la masse individuelle.*

Les bons s'inscrivent sommairement par ordre de date et par nature d'effets, sans décompte. On les timbre d'une lettre alphabétique qui se reproduit aux inscriptions correspondantes au chapitre V, et sert par conséquent de renvoi. On totalise en fin de trimestre.

Le décompte du prix des effets est établi sur les bons par l'officier d'habillement.

Chap. XI. — *Enregistrement sommaire des bulletins et des états pour dégradations, réparations et autres remboursements mis au compte des hommes.*

L'inscription du montant des réparations et du montant des moins-values se fait au fur et à mesure de la remise des états à l'officier d'habillement. On totalise à la fin du trimestre.

Chap. XII. — *Enregistrement des pertes de toute espèce par cas de force majeure survenues pendant le trimestre.*

On y inscrit, à mesure et sans lacune, les procès-verbaux qui contiennent succinctement le numéro matricule et le nom de l'homme, l'indication de l'effet perdu, les causes de perte.

Chaque procès-verbal est immédiatement signé par le capitaine commandant, le fonctionnaire major et le sous-intendant.

Pour les effets de petit équipement, on met l'estimation de la valeur au moment de la perte.

Les états de mutations sont envoyés dans les dix jours au conseil d'administration central.

A la fin du trimestre et dans les cinq jours qui suivent, les capitaines-commandants, après avoir certifié et signé tous les chapitres, adressent leur carnet au fonctionnaire major; celui-ci les fait collationner en ce qui les concerne par les officiers payeur et d'habillement et les fait ensuite parvenir au conseil d'administration central.

On voit qu'il ne s'agit que d'un déplacement d'écritures. Le bureau spécial, au dépôt, tient à jour les livres de détail, les registres de la dotation, établit les feuilles de journées, de décompte, etc...

SEPTIÈME LEÇON.

DU PRÊT ET DE LA FEUILLE DE PRÊT.

Du Prêt.

Le prêt est la solde de la troupe payée d'avance six fois par mois aux capitaines-commandants.

Par extension on applique aussi ce mot à la période de jours pour laquelle l'avance est faite aux capitaines-commandants.

Feuille de prêt.

Le prêt se touche sur une sorte de bon d'argent que signe le capitaine et qu'on nomme **feuille de prêt**.

Les hommes sont portés sur la feuille de prêt par la désignation de leurs grades et classes et l'indication de leur nombre dans chaque grade ou classe.

Le décompte s'établit sur l'effectif des présents au jour de la perception.

La première colonne comprend la désignation des grades.

La deuxième colonne, le nombre d'hommes présents.

La troisième, le nombre de journées, qui se trouve en multipliant les chiffres portés dans la deuxième colonne par celui des jours compris dans le prêt. — On indique en tête de la colonne que ces journées sont *en station, dans* ou *hors Paris,* ou *en route,* ou *avec vivres de campagne.*

La quatrième comprend le décompte en deniers. C'est le résultat du nombre de journées multiplié par la solde journalière affectée à chaque grade ou classe, suivant la position de l'escadron au moment de l'établissement de la feuille.

La cinquième et la sixième sont l'une et l'autre partagées en deux, et ne servent que lorsque dans l'intervalle du prêt l'escadron doit faire un mouvement, ce qui donne lieu à augmentation ou à déduction pour les journées de station dans ou hors Paris, et pour les jours de marche.

La somme à percevoir pour l'ensemble de l'escadron se modifie d'après les mutations individuelles; il faut donc en tenir compte. On les inscrit au dos de la feuille, nominativement autant que possible, en relatant le numéro annuel de l'homme, et en établissant, dans des colonnes distinctes, les augmentations ou les déductions auxquelles elles donnent lieu.

SOLDE
ET
Accessoires de solde.

Prêt.

Mois de   187

RÉGIM^T DE

^e ESCADRON.

Tableau nº 2.
recto.

Feuille du prêt du   au   187   inclus.

GRADES.	NOMBRE		DÉCOMPTE en deniers.	A AJOUTER		A DÉDUIRE	
	d'hommes présents au	de jours.		pour jours de marche.	pour jours de station dans Paris.	pour jours de marche.	pour jours de station dans Paris.
M^al des logis-chef .							
M^aux des logis.....							
Fourrier..........							
Brigadiers........							
Caval^rs de 1re classe							
Caval^rs de 2e classe.							
Trompettes........							
Enfants de troupe.							
TOTAUX....							
Augmentation d'après les mutations du au inclus.							
Ensemble........							
Diminution.....................							
Reste pour solde proprement dite.....							
Accessoires de solde { Hautes payes d'ancienneté (*Voir au verso.*)......							
MONTANT DU DÉCOMPTE...							

Certifié par nous,   commandant l'escadron, la présente feuille de prêt, montant à la somme de
  Dont quittance.

          A   le   187

FEUILLE DE PRÊT (*verso*).

Mutations survenues du   au   187   inclus.

Numéros annuels.	NOMS.	GRADES.	MUTATIONS.	NOMBRE de journées			DÉCOMPTE en deniers dont le montant est à porter d'autre part.	
				en station.	en route.	en congé.	aug^{on}:	dim^{on}.
			Totaux....					

HAUTES PAYES D'ANCIENNETÉ.

RENSEIGNEMENTS.

de chevrons.	NOMBRE				Décompte en deniers.	MUTATIONS du au inclus.	Journées.	à porter ci-contre.	
	d'hommes		de journées					augmentation.	diminution.
	sous-off.	autres que s.-of.	de sous-off.	d'autres que s.-of.					
Augmentation..........									
TOTAL......									
Diminution............									
Décompte à porter d'autre part............					Totaux....			

A défaut d'espace les mutations se désignent en nombre.

Quand les décomptes d'augmentation et de diminution sont totalisés séparément, on porte le premier sur le recto de la feuille, en dessous du décompte en deniers; on déduit ensuite les diminutions et on obtient ainsi la *solde proprement dite*.

Un petit tableau au dos de la feuille donne le décompte des hautes payes d'ancienneté et les augmentations ou les diminutions qui les concernent.

Le montant de ce décompte est porté au recto, aux *accessoires de solde*; les différentes indemnités, suppléments de solde, etc..., sont portés à la suite, et, en additionnant ces accessoires avec le restant pour solde, on obtient le *montant du décompte*.

Si par suite de mouvements prévus de l'escadron on a des augmentations ou des déductions à faire (colonnes 5 et 6), on les porte à la suite et le résultat final est inscrit dans une case à droite. Ces mouvements à faire sont indiqués au verso de la feuille dans une case intitulée *renseignements*.

La feuille est arrêtée en toutes lettres par le capitaine-commandant lui-même.

La comptabilité s'établissant par trimestre, il ne faut pas porter sur la feuille du premier jour d'un trimestre les mutations survenues pendant le prêt antérieur. Si, d'après les mutations il y a eu trop perçu, le capitaine garde la somme jusqu'au règlement du trimestre; s'il y a eu moins perçu, le capitaine fait établir une feuille de prêt supplémentaire qui se paye le premier jour du trimestre, mais au titre du trimestre précédent.

Il arrive aussi quelquefois qu'on ait à établir une

feuille de prêt spéciale, lorsque, par suite d'une augmentation brusque dans l'effectif, ou le passage du pied de paix au pied de guerre, dans l'intervalle des époques assignées pour le prêt, le capitaine réclame la somme nécessaire pour subvenir aux besoins de son escadron jusqu'à la fin du prêt commencé.

Le prêt se touche à terme échu lorsque l'escadron touche les vivres de campagne et ne fait pas ordinaire.

Le prêt se divise en deux parties : l'une pourvoit aux dépenses de l'ordinaire ; la seconde forme ce qu'on appelle les centimes de poche des hommes vivant à l'ordinaire.

On a vu que les dépenses de l'ordinaire étaient payées directement par le trésorier sur la note remise par le capitaine-commandant au secrétaire de la commission.

Le trésorier retient cette somme sur le prêt suivant.

La totalité du prêt des sous-officiers ou des hommes ne vivant pas à l'ordinaire, les hautes payes et les centimes de poche, sont remis par le capitaine-commandant au maréchal des logis chef, le premier jour du prêt suivant.

Le maréchal des logis chef remet lui-même le prêt échu aux sous-officiers et le fait payer aux hommes par les brigadiers d'escouade.

Les centimes de poche des hommes irrégulièrement absents au dernier jour du prêt sont versés à l'ordinaire.

— Les hommes qui s'absentent légalement sont payés des centimes de poche et des hautes payes jusqu'au jour de leur départ exclusivement.

HUITIÈME LEÇON.

GESTION DE L'ORDINAIRE.

On appelle *ordinaire* la réunion d'hommes qui vivent ensemble et tirent leurs vivres d'une même marmite.

En temps de paix, lorsque l'escadron est réuni dans un même quartier, il ne forme qu'un ordinaire, à moins que le nombre d'hommes présents ne soit très-élevé, auquel cas on forme un ordinaire par division.

En campagne les ordinaires se font par escouade, et on réunit autant que possible dans le même cantonnement les hommes qui font ordinaire ensemble.

L'escadron étant réuni, le capitaine désigne un brigadier apte à ces fonctions, qui, sous le nom de chef d'ordinaire, dirige le service de détails.

Le capitaine-commandant surveille l'ordinaire de son escadron, et fait ses efforts pour l'améliorer le plus possible.

Les dépenses étant réglées sur le montant des recettes, il faut étudier celles-ci les premières.

Recettes.

Les recettes sont ordinaires ou additionnelles.
Les recettes ordinaires comprennent :
1° Le prélèvement fait journellement sur la solde.
En station, avec le pain seulement . . . . 0 fr. 30
En marche, avec le pain 0   38
Avec les vivres de campagne 0   18
Ces chiffres peuvent être modifiés par le colonel

avec l'autorisation du général de brigade, mais en aucun cas les hommes ne doivent recevoir moins de cinq centimes par jour.

Des suppléments temporaires ont été accordés en raison de la cherté des vivres ou des difficultés de vivre dans certaines garnisons.

On comprend aussi dans les recettes ordinaires : l'indemnité représentative de la ration hygiénique d'eau-de-vie pendant les chaleurs ; la demi-journée de solde qui est allouée dans des circonstances extraordinaires.

Les produits additionnels comprennent :

Versements faits par les travailleurs en ville, 0 fr. 15 centimes par jour.

Le service des ordonnances d'officiers, 3 francs par mois.

Le cinquième de la solde des officiers aux arrêts de rigueur, ou en prison avec une sentinelle à leur porte.

Supplément de 0 fr. 05 centimes par jour dû par les sous-officiers vivant à l'ordinaire.

Totalité des centimes de poche des brigadiers et cavaliers en prison ou à la cellule de correction, ou irrégulièrement absents au dernier jour du prêt.

Enfin le produit de la vente des issues provenant de l'ordinaire (os, eaux grasses, cendres, etc...).

Dépenses.

Les dépenses ne peuvent être autres que les suivantes :

Pain de soupe, légumes, épicerie, etc. Denrées nécessaires à la nourriture des hommes. (Voir la nomenclature du livret d'ordinaire.)

ADMINISTRATION.

Part proportionnelle du prix d'achat des registres de la commission des ordinaires. (Il y a 4 registres.)

Livret d'ordinaire de l'escadron.

Éclairage des chambres, balais, ingrédients pour le marquage des effets, sabots de cuisine.

Rasage, à raison de 0 fr. 10 centimes par homme et par mois. (Se paye aux hommes qui se rasent eux-mêmes.)

Ingrédients pour le nettoyage et l'entretien des armes et des différents effets. — Blanchissage du linge à raison de 1 chemise, 1 caleçon, 1 mouchoir, par homme et par semaine, plus 2 blouses, 2 pantalons et des torchons en nombre suffisant pour l'ordinaire.

Fourniture, entretien et remplacement des paniers qui servent au transport de la viande ou du charbon.

Entretien des ustensiles de cuisine. (Ils sont fournis par la masse générale d'entretien.)

Les dépenses sont inscrites chaque jour sur le livret d'ordinaire en présence des hommes de corvée dont les noms sont également portés sur le cahier.

Le maréchal des logis chef inscrit les recettes et fait la balance des recettes et des dépenses.

Le lieutenant qui a la direction de l'ordinaire vérifie les inscriptions, s'assure qu'elles sont régulièrement portées et signe le compte. — L'excédant de recettes nommé *boni* est reporté au prêt suivant. Il n'en est jamais fait décompte aux hommes.

Le maximum du boni est fixé à 0 fr. 80 centimes par homme.

L'achat, la réception, la distribution des denrées et des objets qui sont à la charge des ordinaires ne se fait point directement par chaque escadron, mais pour tout le régiment dans la même garnison, par les soins d'une commission spéciale.

Cette commission est également chargée de la vente des issues.

La commission est chargée de la passation des marchés et de la réception des denrées qui doivent satisfaire à certaines conditions stipulées à l'avance dans des cahiers des charges.

Elle livre ensuite les denrées aux escadrons sur leur demande.

(Il y a deux modes de procéder : la fourniture simple et la gestion par la commission. — La comptabilité exige 4 registres :

1° Registre des marchés et conventions. 2° Registre des distributions. 3° Registre des recettes et dépenses (deniers). 4° Registre des entrées et des sorties (denrées).

Le secrétaire de la commission remet tous les cinq jours au trésorier le bordereau des sommes à payer. Les registres sont arrêtés le dernier jour de chaque mois).

Depuis le 1er juillet 1873, la fourniture de la viande fraîche a été modifiée.

Cette fourniture ne fait plus partie des dépenses de l'ordinaire.

La viande est l'objet de marchés passés directement par l'administration supérieure.

Le taux de la ration est désormais fixé quels que soient d'ailleurs les avantages ou la perte faits sur le marché.

La ration est fixée à 300 grammes, son prix est de 0 fr. 26 centimes.

Les capitaines-commandants signent chaque jour un bon pour la quantité de rations nécessaires.

Ces bons sont totalisés par prêt, et le trésorier en retient le montant sur le prêt suivant.

Tous les hommes de troupe qui touchent le pain ont droit à la ration de viande. Toutefois ceux qui sont régulièrement autorisés à ne pas vivre à l'ordinaire sont libres, à la condition de prévenir cinq jours à l'avance, de prendre ou de ne pas prendre livraison de la ration. S'ils ne perçoivent pas la ration, ils touchent les 0 fr. 26 par jour, mais ils n'ont pas droit dans ce cas aux suppléments accordés pour cherté des vivres.

Des facilités sont données aux corps pour la création et l'entretien de jardins potagers.

Ces jardins, qui sont évidemment une source d'économie et par suite d'amélioration de l'ordinaire, donnent lieu à une comptabilité spéciale que tient la commission.

Perception des prestations en nature.

Lorsque la troupe doit toucher des vivres en nature, es perceptions se font sur des bons spéciaux fournis par les capitaines commandants tous les deux jours en station, tous les jours en marche.

Les bons s'inscrivent au chapitre VIII de la main courante ou du carnet de campagne.

Ils sont distincts par nature de service : vivres, pain, vivres de campagne, vivres-viande, liquides, fourrages.

NEUVIÈME LEÇON.

PERCEPTION DES EFFETS D'HABILLEMENT DE GRAND ÉQUIPEMENT, D'ARMEMENT ET DE HARNACHEMENT. — LEUR RÉINTÉGRATION.

Effets d'habillement, de grand équipement, d'armement et de harnachement.

Les effets d'habillement, de grand équipement, d'armement et de harnachement, sont délivrés sur des bons nominatifs et distincts par nature d'effets.

Les hommes essayent leurs effets au magasin d'habillement, en présence du capitaine-commandant, assisté du maréchal des logis chef, ou, à son défaut, du fourrier.

Les distributions d'effets d'habillements, etc., se font en première mise ou à titre de remplacement.

Les hommes nouvellement immatriculés sont habillés et équipés à leur arrivée au corps, après la visite du médecin-major.

Les effets neufs sont donnés de préférence aux engagés volontaires, aux hommes venant d'autres corps, etc.; les effets en cours de durée aux jeunes soldats, aux remplaçants, etc. Les hommes qui, pour cause de réforme, sont présumés devoir être renvoyés prochainement dans leurs foyers ne reçoivent que les effets strictement nécessaires et pris parmi ceux hors de service autant que possible.

Les effets de la première catégorie sont remplacés de droit, au terme de leur durée réglementaire, lorsque les détenteurs sont présents, ou à leur rentrée s'ils sont absents.

Le grand équipement, les armes et le harnachement ne sont remplacés qu'après la réforme prononcée. Toutefois les effets perdus ou mis hors de service sont remplacés dès que le fait est constaté.

Les effets de la première catégorie sont marqués au magasin d'habillement du numéro du trimestre et de l'année de leur distribution au moment où ils sont délivrés; on y ajoute, dans l'escadron, le numéro matricule de l'homme.

Ceux qui rentrent en magasin après avoir fait une partie de leur temps de service reçoivent, en dessous de la première marque, le timbre du trimestre de la réintégration. — Lorsqu'ils sont remis en service, l'officier d'habillement fait ajouter au timbre de la nouvelle distribution le nombre de trimestres restant à faire, et on inscrit ce nombre sur le bon au moment de la distribution.

Les effets de la deuxième catégorie, ceux de harnachement, sont marqués du millésime de l'année de leur première mise en service et d'un numéro de série. Ils portent aussi le numéro et les initiales du corps.

Les armes sont marquées d'une lettre et d'un numéro de série (marque apposée en manufacture). Les corps ajoutent sur la plaque de couche la marque distinctive du régiment.

Établissement des bons, leur enregistrement.

Les bons s'établissent nominativement et portent autant de colonnes qu'il y a d'effets, en distinguant même, pour les effets de première catégorie et les galons d'argent, ceux qui sont *neufs* ou *en cours de service*.

Chaque colonne est totalisée en conservant les mêmes distinctions. On inscrit ensuite en toutes lettres le nombre et la nature de chaque effet et le capitaine-commandant signe.

Cette pièce porte pour titre :

Bon des effets de la première, de la deuxième catégorie et des armes nécessaires aux hommes ci-après dénommés.

Les effets de harnachement se touchent sur un bon analogue, les différents modèles de harnachement étant portés d'une manière distincte dans des colonnes particulières.

Les bons dont il vient d'être question sont présentés à l'approbation du major avant la perception.

L'année d'exercice et le trimestre sont indiqués en tête ; le capitaine d'habillement y ajoute un numéro.

Les mutations ou causes qui donnent lieu aux distributions sont portées dans la dernière colonne.

Au fur et à mesure des distributions, les bons sont inscrits aux chapitres spéciaux du livre de détail. Ils sont totalisés au dernier jour de chaque trimestre. Ils doivent être en concordance avec le registre des comptes ouverts avec les escadrons tenu par le magasin d'habillement.

Réintégration des effets. — Bulletin de versement.

Les effets des hommes rayés des contrôles, déclarés déserteurs, envoyés en congé illimité, condamnés...,

EXERCICE 187 RÉGIMENT DE

ESCADRON.

ÉTAT des effets de la 1re, de la 2e catégorie et des armes nécessaires aux hommes ci-après dénommés :

Approuvé,
LE MAJOR.

Reçu de l'officier d'habillement,

A   le   187
LE CAPITAINE-COMMANDANT.

des sous-officiers promus officiers ou adjudants, des brigadiers nommés sous-officiers, des sous-officiers cassés, etc.., sont réintégrés au magasin d'habillement qui les remet en service lorsqu'ils n'ont pas atteint le terme de leur durée légale.

On verra plus loin quels sont les effets qui dans ces différentes conditions doivent être laissés aux mains de leurs détenteurs.

Ces réintégrations se font sur des états nominatifs dits **Bulletins de versement**. Ce bulletin est d'un modèle analogue au bon de première mise avec cette différence que les effets de première catégorie se distinguent en *bons* ou *hors de service*.

Ces états indiquent comme pertes les effets ou armes laissés aux hommes passés dans d'autres corps, libérés, réformés, promus, etc...

Les effets d'habillement sont laissés en principe aux sous-officiers promus adjudants ou officiers, ou libérés, réformés, passés à d'autres corps, etc...

Toutefois les hommes libérés, réformés, en congé illimité, passés à des corps dont l'uniforme est différent, ne conservent leurs effets que s'ils ont parcouru la moitié de leur durée. On change leurs effets s'il y a lieu avant leur départ.

Les ceintures de flanelle et tous les effets de linge et chaussure sont conservés en toute position.

Les effets des hommes décédés aux hôpitaux ou en congé sont réintégrés à la vigilance du major, ou par les soins des intendants, sur la demande du conseil d'administration.

Les effets des hommes entrant en position éventuelle d'absence sont visités et déposés au magasin du corps, en leur présence s'il est possible, avec un inventaire signé par le capitaine-commandant.

Les dégradations aux effets ou armes et leur valeur estimative sont inscrites sur cet inventaire et transcrites sur le livret de l'homme et le livre de détail à la suite de l'arrêté provisoire du compte de l'homme. L'inventaire dressé en double **expédition** est remis à l'officier d'habillement et conservé entre les mains du maréchal des logis chef. On fait le versement définitif des effets de l'homme déclaré déserteur.

Réparations.

Les réparations d'effets sont imputées au corps pour les dégradations ou usures naturelles, à l'homme lorsque la dégradation vient de sa négligence, et enfin à l'État dans les cas de force majeure.

Dans les deux premiers cas, elles donnent lieu à l'établissement de bulletins nominatifs de réparation signés par le capitaine-commandant et approuvés par le major pour ceux imputables à la masse générale d'entretien.

Chaque bulletin désigne le maître ouvrier qui doit exécuter la réparation, le nom du détenteur de l'effet, l'indication sommaire de l'ouvrage à faire et le prix, conformément à un tarif déterminé.

Ces bulletins sont inscrits à mesure sur un bordereau d'enregistrement journalier relatant distinctement les prix alloués aux maîtres ouvriers pour chaque objet et par nature de réparation. On totalise ces bordereaux par trimestr

EXERCICE 187

RÉGIMENT DE

Tableau n° 4.

 TRIMESTRE.

^e ESCADRON.

Masse individuelle.

N°

BULLETIN *des réparations exécutées au compte de la masse individuelle par le maître* (a)

NUMÉROS annuels.	NOMS.	DÉSIGNATION des effets.	DÉTAIL DES RÉPARATIONS.	PRIX.
			Total. . . .	
Somme à payer après réparations :				

A   le   187

Le Capitaine-Commandant :

a) Désigner l'ouvrier.

NOTA. — Pour les réparations à faire par le maître armurier, on ouvre deux colonnes de prix afin de distinguer les réparations au compte de l'homme et celles au compte de l'abonnement.

Imputations.

Il arrive que des effets réintégrés au magasin ne peuvent continuer à faire un bon service ou, au moins, terminer le temps de leur durée légale. Il y a lieu alors d'imputer une moins-value à l'homme qui n'a pas entretenu l'effet ou l'a dégradé. Il en est de même pour un effet perdu.

Les moins-values se décomptent par trimestre pour les effets de première catégorie, et par année pour ceux de la deuxième catégorie et les effets de harnachement.

Les armes sont comptées au prix intégral de fabrication.

Le montant de la moins-value est inscrit sur un bulletin nominatif dressé par l'escadron, certifié par le capitaine et l'officier d'habillement, revêtu de l'avis du conseil et de l'approbation de l'intendant,

Les cas de force majeure donnent lieu à des procès-verbaux rédigés en triple expédition par l'intendant.

DIXIÈME LEÇON.

DISTRIBUTION DES EFFETS DE PETIT ÉQUIPEMENT. — GESTION DE LA MASSE INDIVIDUELLE.

Effets de petit équipement.

Les effets de petit équipement ne se distribuent pas de la même manière que les autres.

Ces effets, qui comprennent le linge, la chaussure, les effets de pansage, les ustensiles de propreté et divers accessoires, sont conformes à des modèles-types envoyés

TRIMESTRE 187

Nº

^{e} ESCADRON.

Bulletin d'imputation (a) *sur la masse individuelle de la valeur des effets ou armes perdus ou mis hors de service par la faute de l'homme qui en était détenteur.*

NUMÉRO annuel.	NOM ET GRADE.	NOMBRE et désignation des effets ou armes perdues ou mis hors de service.	NUMÉROS des effets ou armes au contrôle général.	DURÉE légale des effets.	DURÉE RESTANT A FAIRE		VALEUR de chaque effet neuf ou de l'arme.	VALEUR de l'arme ou décompte de la moins-value.	OBSERVATIONS.
					NOMBRE de trimestres.	NOMBRE d'années.			

Certifié par nous le présent bulletin pour servir à l'imputation sur la masse individuelle de la somme de :

    Le Capitaine,

à   le   187

    Le Capitaine d'habillement,

(a) Ou de moins-value.

(Tableau n° 5, verso.)

Le Conseil d'administration, considérant qu'il résulte des informations qu'il a prises, que l'effet désigné d'autre part a été mis hors de service dans la circonstance ci-après relatée

est d'avis que le montant du décompte porté au présent bulletin doit être imputé sur la masse individuelle de l'homme qui y est dénommé.

A   le   187

LES MEMBRES DU CONSEIL D'ADMINISTRATION,

Le Major, le Trésorier, le Capitaine d'habillement, le Capitaine, le Chef d'escadron, le Lieutenant-Colonel, le Colonel-Président.

Le sous-intendant militaire, vu l'avis du Conseil, et attendu que les motifs sur lesquels cet avis est fondé témoignent que la mise hors de service de l'effet dont le dénommé d'autre part était détenteur, proviennent manifestement de sa faute, approuve que l'imputation de la moins-value constatée par le présent bulletin soit opérée sur sa masse individuelle.

A   le   187

par le ministre et payés dans les limites d'un tarif maximum. — Ils sont au compte de l'homme. — Tous les hommes de troupe doivent être pourvus des effets compris dans la nomenclature de l'arme.

Les hommes qui sont présumés devoir être réformés ne reçoivent que les effets strictement nécessaires.

L'achat de ces effets se fait dans le corps par une commission de trois capitaines d'escadron présidée par le major (qui n'y a pas voix délibérative), laquelle commission passe les marchés nécessaires, procède à la réception des effets et les fait emmagasiner (le major et l'officier d'habillement ont voix délibérative pour la réception).

L'officier d'habillement distribue ces effets aux escadrons sur des bons nominatifs signés par les capitaines-commandants et vérifiés par le major.

Le bon indique les numéros annuels, les noms et le grade des hommes, la situation de leur masse au jour de l'établissement du bon, la désignation et la valeur des effets, le montant de la dépense à imputer à chaque homme et les totaux en toutes lettres des effets à percevoir.

Les effets sont ensuite distribués dans l'intérieur de l'escadron, après avoir reçu l'empreinte du numéro matricule des hommes destinataires.

Ces bons sont enregistrés au chapitre xv du livre de détail (x du carnet de campagne) et totalisés par trimestre.

Les effets des hommes morts, désertés, disparus, etc., sont réintégrés au magasin.

Gestion de la masse individuelle.

On a vu dans la première leçon que les capitaines-commandants doivent veiller avec la plus grande sollicitude à ne point laisser obérer les masses individuelles.

La **masse individuelle** est allouée à tout homme de troupe; elle a pour objet de pourvoir et d'entretenir les hommes des effets de petit équipement réglementaires; elle solde les réparations aux effets de toute nature, dégradations ou dégâts.

Elle rembourse les avances qui ont pu être faites aux hommes voyageant isolément.

La masse est la propriété de l'homme et le suit dans toutes les positions; elle lui est payée lors de sa libération ou au moment de sa nomination d'officier; dans certains cas, le fonds en est acquis à l'État.

La masse se compose de deux parties : **la première mise, la prime journalière d'entretien.**

La **première mise** varie suivant l'arme (1); elle est allouée à tout homme nouvellement incorporé.

Sont considérés comme tels : les jeunes soldats, les engagés volontaires, les hommes rentrant des prisons de l'ennemi, les déserteurs amnistiés après avoir été rayés des contrôles annuels, les hommes sortant des équipages de la marine.

(1) Elle est ainsi tarifée ; Cuirassiers. . . . . 75 francs
Dragons. . . . . . 69 —
Chasseurs . . . . . 72 —
Hussards. . . . . 66 —

e TRIMESTRE 187

RÉGIM DE

Tableau n° 6.

MASSE
INDIVIDUELLE

° ESCADRON.

N°

Bon des effets de petit équipement nécessaires aux hommes ci-après dénommés.

NUMÉROS ANNUELS.	NOMS.	GRADES.	SITUATION de la masse.		PRIX DE CHAQUE EFFET.										MONTANT.
			Avoir.	Débet.	Alènes.	Besaces.	Bouchons de fusil.	Chemises.	Eponges.	Gamelles.	Livrets.	Martinets.	Pantalons de treillis.	etc.	
					0,25	1,05	0,10	3,50	1,00	1,40	0,35	0,40	4,60		
				TOTAUX....											

Approuvé :

Le Major,

Reçu du capitaine d'habillement les effets détaillés dans les colonnes ci-dessus et montant à la somme de

A   le   187

Le Capitaine-Commandant,

RÉCAPITULATION.

Alènes............ » 25 ci
Besace............ 1 05
Bouchon de fusil... » 10
Chemise........... 3 50
Eponge............ 1 »
Gamelle........... 1 40
Livret............ » 25
Martinet.......... » 40
Pantalon de treillis... 4 60
etc.

TOTAL......

L'homme de recrue qui, en arrivant au corps, paraît susceptible de réforme, ne reçoit qu'une première mise provisoire de 12 francs, — sauf à recevoir plus tard le complément, s'il est maintenu.

Il est alloué un supplément de première mise aux hommes qui passent de l'infanterie dans la cavalerie, et réciproquement; aux hommes de la seconde portion du contingent, appelés à l'activité; aux sous-officiers promus adjudants, etc.

La **prime journalière d'entretien** est allouée à tous les hommes de troupe présents au corps ou détachés dans un autre, pour toutes les journées de présence (à dater du lendemain s'ils ont voyagé, du jour même s'ils sont incorporés dans le lieu de leur résidence).

La prime journalière est de 14 centimes.

Recettes.

Les recettes de la masse comprennent :

Les sommes perçues à titre de première mise, complément, supplément et prime journalière;

Les versements volontaires faits par les hommes qui veulent améliorer leur masse. Ces versements sont faits entre les mains du capitaine-commandant qui, à la fin du mois, les dépose dans la caisse du trésorier.

On compte aussi comme recette :

Les masses apportées par des hommes venus d'autres corps;

Les versements faits par la masse d'entretien pour compenser le débet des hommes morts, désertés, disparus, etc., etc.;

Enfin, la valeur des effets de petit équipement, détruits comme ayant servi à des chevaux atteints de maladies contagieuses. (Remboursement fait par la masse d'entretien.)

Dépenses.

Les dépenses comprennent :

L'achat des effets de petit équipement, les réparations ou imputations ;

Le payement de l'excédant du complet réglementaire ;

L'avoir des hommes rayés quittant le service, ou promus adjudants ou officiers ;

L'avoir des hommes qui passent à d'autres corps ;

Le versement à la masse d'entretien de l'avoir des hommes morts, désertés, etc.

Ces différentes recettes ou dépenses qui s'appliquent à l'ensemble de la masse individuelle du corps sont récapitulées trimestriellement dans des feuilles de décompte établies par les capitaines-commandants, comme il sera dit dans la treizième leçon.

En ce qui concerne les hommes eux-mêmes, les recettes comprennent :

Les premières mises et la prime d'entretien ; les versements volontaires et les remboursements faits par la masse d'entretien pour les effets de pansage ayant servi à des chevaux atteints de maladie contagieuse.

Les dépenses comprennent :

L'achat des effets, les réparations ou imputations ; le remboursement des avances en route aux isolés.

Avoir. — Débet. — Complet de masse.

Les allocations faites pour alimenter la masse sont

58 PREMIÈRE PARTIE.

supposées suffire habituellement aux besoins de l'homme de troupe.

La somme non dépensée se nomme **Avoir**. On appelle **Débet** la somme dépensée en sus des allocations faites.

Le règlement a fixé, suivant les différentes armes, une somme qu'on appelle le **complet de la masse** (cavalerie : 55 francs); l'excédant de recettes au-delà du complet est payé à l'homme lors du règlement des comptes trimestriels.

ONZIÈME LEÇON.

COMPTES-COURANTS. — PERCEPTION DES EFFETS DE CASERNEMENT.

Comptes-Courants.

Étudions maintenant comment se tiennent les comptes-courants de la masse individuelle sur le livre de détails et sur les livrets des hommes.

Recettes. — La première mise ou le supplément s'inscrivent au moment de l'incorporation ou de la mutation.

L'avoir à la masse des hommes venus d'autres corps est inscrit lorsque la situation de masse est envoyée par l'ancien corps au nouveau.

Le produit de la prime journalière s'inscrit au dernier jour du trimestre pour toutes les journées acquises pendant le trimestre précédent. Pour les hommes rayés des contrôles ou entrant en position d'absence, l'inscription de la prime se fait au moment où la mutation est portée au contrôle annuel.

Les versements volontaires s'effectuent au moment

du versement entre les mains du capitaine-commandant.

Pour les hommes venus d'autres corps, rentrés après une première radiation, la masse se porte au moment de l'inscription des hommes au contrôle annuel.

Pour les effets de pansage détruits, le décompte en est fait par le capitaine, vérifié par le major et porté ensuite en recette.

Dépenses. — L'excédant du complet, l'avoir à la masse des libérés, des sous-officiers promus adjudants ou sous-lieutenants, s'inscrivent au moment où le payement est fait aux hommes.

Le débet d'hommes venus d'autres corps ou rentrant après radiation, se porte au moment de l'inscription des hommes au contrôle annuel.

Le prix des effets de petit équipement fournis, au moment où les hommes les touchent.

Le prix des réparations aux effets ou armes, lorsque le capitaine-commandant signe le bulletin de réparation.

Le montant des pertes ou dégradations au casernement, etc., dès que l'état de répartition dressé par l'officier de casernement est communiqué au capitaine, ou au moment de la mutation, si l'homme part.

Les mandats d'avances qui peuvent être délivrés aux hommes voyageant isolément, sont inscrits sur la feuille de route ou donnent lieu à l'envoi d'une note au corps : le capitaine-commandant porte ces mandats au compte-courant dès qu'il en a connaissance. (Les mandats dont il est question ici sont indépendants des indemnités de route.)

Les moins-values d'effets ou armes, lorsque le sous-intendant a donné son approbation au bulletin d'imputation et que le capitaine en est informé.

On a vu que les comptes sont arrêtés trimestriellement, ou lorsque l'homme entre en position d'absence ou cesse d'appartenir à l'escadron.

Les comptes sont signés par le capitaine et par les hommes.

Les inscriptions aux livrets individuels se font aux mêmes époques que celles du livre de détail et en présence des hommes. Les livrets sont signés par le capitaine-commandant.

En campagne, les livrets ne sont pas arrêtés.

Payement de l'avoir aux hommes libérés, réformés, retraités.

Les hommes libérés, retraités ou réformés doivent toucher leur masse au moment de leur départ; l'arrêté de compte, au lieu de porter : « *Restant en avoir* », porte la mention : « *Payé comptant* ».

Hommes rayés de l'effectif.

Lorsqu'un homme est rayé de l'effectif de l'escadron, ses feuillets mobiles (matricule, punitions, dotation) sont détachés des registres et remis : au trésorier, s'il est rayé des contrôles du corps; au maréchal des logis chef de son nouvel escadron, s'il ne fait que passer à une autre unité administrative.

Si l'homme est rayé des contrôles du corps, le capitaine joint aux feuillets un extrait de la situation de la masse. On porte sur le feuillet matricule l'indication du lieu où le militaire se retire, s'il a reçu ou non un certificat de bonne conduite, les effets emportés par l'homme et ceux qu'il a réintégrés.

La feuille de dotation porte la mutation.

La feuille de punitions est arrêtée en toutes lettres et signée par le capitaine commandant et le chef d'escadron.

Lorsque l'homme passe à un autre escadron, la feuille de punitions est signée seulement par le capitaine.

Effets de casernement.

Les effets de casernement ainsi que ceux de literie se perçoivent sur des bons signés par le capitaine commandant.

On a vu que le maréchal des logis fourrier est particulièrement responsable de ces effets vis-à-vis du capitaine-commandant.

Ce dernier remet mensuellement à l'officier de casernement la situation des effets en service.

Les dégradations et pertes survenues par la faute des hommes sont constatées par des bulletins nominatifs d'imputation à la masse.

Les bons de distribution sont inscrits au chapitre XIII, les bulletins d'imputation au chapitre XVI du livre de détail.

DOUZIÈME LEÇON.

RÈGLEMENT DES COMPTES TRIMESTRIELS. — FEUILLE DE JOURNÉES DES OFFICIERS ET DES HOMMES DE TROUPE.

Règlement des comptes trimestriels.

On a vu dans les précédentes leçons que les comptes de la masse sont arrêtés trimestriellement sur le livre de détail et sur les livrets individuels; le capitaine-commandant doit en outre régler avec le conseil d'administration, représenté par le capitaine-trésorier, pour la solde, la masse individuelle et les rations, et par le capitaine d'habillement pour les effets d'habillement, d'équipement, l'armement et le campement.

Feuille de journées des officiers et des hommes de troupe.

Les comptes du service de la solde (trésorier) s'établissent au moyen des **feuilles de journées** (1).

Ainsi, la feuille de journées a pour objet de constater d'une manière précise, et pour un trimestre, les droits des officiers ou hommes de troupe composant l'escadron aux différentes allocations du service de la solde : solde, masse, vivres, chauffage et fourrage.

Ces droits sont récapitulés par grade et par classe, de manière à établir le décompte de ce qui revient à l'escadron, argent ou rations.

Les feuilles de journées ont donc pour base les contrôles annuels.

(1) Ordonnance du 25 décembre 1837.

La feuille de journées se compose de sept tableaux, dont les cinq premiers sont établis en partie, certifiés par le capitaine et vérifiés par le major; les deux derniers sont dressés par le trésorier, qui complète aussi les premiers.

La feuille du peloton hors rang comprend quatre tableaux supplémentaires qui sont établis par le trésorier pour l'ensemble du corps.

Chaque escadron établit une feuille particulière pour les chevaux.

C'est à ces feuilles de journées que se joignent les pièces justificatives. (1re leçon : Principes généraux.)

Les feuilles servent à la confection des revues générales de liquidation, qu'établit le sous-intendant chargé de la surveillance administrative.

Tableau N° 1. — *Renseignements sur les mouvements de la portion de corps et sur les traitements extraordinaires auxquels elle a eu droit pendant le trimestre.*

Ce premier tableau est rempli par le trésorier; il doit évidemment concorder avec les chapitres I et II du livre de détail.

Tableau N° 2. — *Officiers.*

Les noms, prénoms, mutations, et par suite les gains et pertes en officiers, y sont portés conformément au chapitre IV du livre de détail. On en déduit le nombre de journées dans les différentes positions, le nombre de rations, et enfin le nombre de gratifications ou indemnités spéciales auxquelles les officiers peuvent prétendre.

(On consultera, pour ce tableau comme pour les suivants, les « notes à consulter » placées en tête de la feuille.)

Tableau N° 3. — *Sous-officiers, brigadiers, cavaliers et enfants de troupe.*

Il contient pour ces derniers des renseignements analogues à ceux qu'on a fournis dans le tableau n° 2 pour les officiers. C'est le chapitre v qui fournit ces renseignements.

Le capitaine inscrit les noms, prénoms, grades, mutations, les mouvements de l'effectif en gains et pertes, et la comparaison de l'effectif actuel à celui de la revue précédente.

Les noms sont inscrits par catégories de grades et de classes.

Les colonnes suivantes, remplies par le trésorier, font ressortir le nombre de journées de solde et d'accessoires de solde; les allocations de première mise, supplément, complément ou prime journalière d'entretien de la masse individuelle; enfin le nombre des rations.

Les hommes promus à un nouveau grade ou classe dans l'escadron sont portés avec ceux de leur ancien grade jusqu'au jour exclu de leur réception, et depuis cette époque avec ceux de leur nouveau grade ou classe.

Si des hommes passent à un autre escadron, ils sont portés jusqu'au jour exclu de leur départ de l'escadron.

Le militaire décédé est porté jusqu'au jour inclus de son décès.

Tableau N° 4. — *Gains et pertes et balance de l'effectif.*

Les gains et pertes se relèvent sur les tableaux 2 et 3. Gains et pertes se classent en absolus et relatifs.

Les gains absolus sont des militaires qui n'appartenaient point au corps. Les gains relatifs comprennent les hommes qui, pour un motif quelconque, viennent d'une autre fraction du corps, ou qui changent de grade ou de classe dans le même escadron.

Les pertes sont absolues ou relatives par des motifs analogues.

Tableau N° 5. — *Composition et situation de l'effectif.*

Ce tableau se relève également sur les tableaux 2 et 3.

A la suite de ce tableau la feuille est certifiée par le capitaine-commandant pour l'effectif et les mutations, et vérifiée par le major, qui la compare au contrôle général du corps.

Tableau N° 6. — *Récapitulation des journées et des nombres, et décompte des allocations en deniers.*

Ce tableau, dressé par le trésorier, sert à établir d'après le nombre de journées le décompte des allocations que le corps perçoit au titre de l'escadron.

Il se divise en quatre parties : 1° *officiers;* 2° *sous-officiers et troupe;* 3° *abonnements;* 4° *gratifications et indemnités extraordinaires résultant du pied de guerre.*

On fait les totaux par nature d'allocation et un total général.

Les première et quatrième parties, qui concernent les officiers, se relèvent sur le tableau n° 2. Les deuxième et troisième parties se relèvent sur le tableau n° 3.

4.

66   PREMIÈRE PARTIE.

Le total en argent de la deuxième partie sera ultérieurement comparé aux feuilles de prêt de l'escadron pour faire ressortir les plus ou moins perçus.

Dans la troisième partie, qui contient les abonnements, et entre autres les allocations de la masse, on recherchera les sommes à porter sur la feuille qui sert à établir les comptes de la masse individuelle et qu'on appelle feuille de décompte. (Voir la 13ᵉ leçon.)

Tableau N° 7. — *Fournitures en nature.*

Il donne, comme l'indique le sous-titre, la récapitulation des totaux portés aux tableaux 2 et 3 en ce qui concerne les fournitures en nature, telles que vivres et chauffage.

Le trésorier dresse les deux derniers tableaux et fait les décomptes pour tous. Il certifie ensuite la feuille, qui sera transmise à la vérification du sous-intendant.

Lorsqu'un corps ou un détachement de troupe est mobilisé pour faire partie d'une armée active, on fait une coupure à dater du jour où commencent les allocations du pied de guerre, c'est-à-dire qu'on fait une feuille spéciale pour les journées sur le pied de paix, et une autre feuille pour les journées passées à l'armée.

TREIZIÈME LEÇON.

FEUILLE DE JOURNÉES DES CHEVAUX. — FEUILLE DE JOURNÉES DE LA DOTATION. — FEUILLE DE DÉCOMPTE.

Feuille de journées des chevaux.

Les feuilles de journée des chevaux s'établissent suivant les mêmes principes.

Elles comprennent six tableaux :

ADMINISTRATION.

Tableau N° 1. — *Renseignements sur les mouvements des chevaux et sur la nature des fournitures qui ont été faites pendant le trimestre.*

Dans ce tableau on relate les routes faites, les différentes fournitures de fourrages, les suppléments et le vert avec les époques où ont commencé ou fini les allocations.

Tableau N° 2. — *Chevaux d'officiers.*

Tableau N° 3. — *Chevaux de troupe.*

Les chevaux y sont portés suivant l'ordre du contrôle annuel avec les mutations survenues, les gains et les pertes, enfin le nombre de journées représentant un nombre égal des différentes rations de fourrages qui ont pu être perçues.

Tableau N° 4. — *Gains et pertes, et balance de l'effectif.*

Gains et pertes sont absolus ou relatifs comme pour les hommes.

A la suite de ce tableau le capitaine-commandant certifie l'effectif et les mutations.

Tableau N° 5. — *Composition et situation de l'effectif.*

Ce tableau, qui découle du précédent, est également dressé par l'escadron.

Le major vérifie la feuille et la certifie conforme au contrôle du corps.

Tableau N° 6. — *Récapitulation des rations de fourrage en nombre égal à celui des journées.*

Ce tableau se relève sur les tableaux 2 et 3.

On y fait ressortir, dans une case spéciale, le nombre de journées donnant droit aux allocations de la masse d'entretien du harnachement et ferrage (1). Ce nombre est égal à celui des journées de fourrage.

Après ce sixième tableau, la feuille est certifiée par le trésorier et présentée ensuite à la vérification du sous-intendant chargé de la surveillance administrative du corps.

État comparatif.

Lorsque la feuille de journées est vérifiée, le capitaine-commandant dresse un **état comparatif** des sommes qu'il a perçues pour le prêt pendant le trimestre et de celles dont sa feuille de journées constate l'allocation pour les hommes de troupe, à titre de solde et d'accessoires de solde.

C'est au moyen de cet état comparatif qu'on établit le plus ou moins perçu, qui se règle immédiatement entre le capitaine-commandant et le trésorier.

Feuille de journées de la dotation.

Pour les hommes qui sont liés au service sous l'empire de la loi sur la dotation de l'armée, on dresse, dans chaque escadron, une feuille de journées spéciale.

Cette feuille présente :

Les mutations (gains ou pertes) survenues dans le trimestre ;

---

(1) Une masse particulière est chargée de pourvoir aux dépenses du harnachement et du ferrage. Sans entrer dans le détail de la gestion de cette masse, nous dirons que l'entretien des effets de harnachement donne lieu à des marchés passés par le conseil d'administration avec le maître sellier et le chef armurier. La ferrure donne lieu à d'autres marchés d'abonnement passés avec les maréchaux. Ceux-ci sont payés mensuellement sur des états certifiés par les capitaines-commandants.

Le détail des journées donnant droit à la haute paye et le décompte des sommes payées à ce titre, le nombre des hommes admis à recevoir des allocations à titre de complément de primes ou d'arrérages de rentes.

Feuille de décompte.

On a vu, dans une précédente leçon, comment la masse individuelle était gérée par le capitaine-commandant.

Cette gestion est résumée trimestriellement dans une **feuille de décompte** dont l'objet est de constater les recettes et les dépenses qui ont eu lieu pendant le trimestre.

Les comptes s'établissent nominativement et donnent pour chaque homme :

Le numéro annuel, le nom et le grade; les causes d'inscription ou de radiation sur les contrôles: le nombre de journées de prime d'entretien allouées par la feuille de journées;

Les recettes pendant le trimestre;

Les dépenses pendant le même temps;

La situation de la masse au dernier jour du trimestre ou au moment de la radiation des contrôles de l'escadron.

Lorsque le trésorier a clos la feuille de journées, il la communique au capitaine-commandant, qui y relève (tableau n° 6, 3e partie) les allocations de la masse : première mise, prime journalière, etc., pour les porter sur la feuille de décompte.

La situation de masse de chaque homme est relevée sur la feuille de décompte du précédent trimestre; si elle constitue un avoir, elle est portée aux recettes ; si la masse est en débet, on l'inscrit au contraire à l'article dépenses.

Les recettes et les dépenses de la masse, telles qu'elles ont été étudiées à la onzième leçon, doivent figurer sur la feuille de décompte. Ces chiffres sont d'accord soit avec les feuilles de journées et les comptes établis par le trésorier, soit avec les comptes de l'habillement, soit avec ceux de l'officier de casernement, soit enfin avec les feuilles de décompte des autres escadrons, pour les hommes passés à ces escadrons ou qui en sont venus.

La dernière division principale de la feuille porte pour titre : **Situation de la masse**. Elle fait ressortir l'avoir, le débet ou l'excédant du complet au premier jour du trimestre suivant, pour les hommes présents ou absents comptant à l'effectif ; — puis l'avoir ou le débet au jour de la radiation des contrôles, pour les hommes passés à d'autres escadrons ou à d'autres corps, qui ont quitté le service, ou sont compris parmi les morts, désertés, disparus, prisonniers de guerre, retraités ou réformés.

Ces dernières inscriptions ne sont qu'un renseignement fourni par le capitaine-commandant pour mettre l'administration du corps à portée de faire ou de vérifier les opérations d'ordre, les mouvements de fonds ou les virements occasionnés par les mutations qu'on vient de voir.

Toutes ces colonnes sont totalisées ; après quoi le capitaine-commandant certifie :

1° Le montant des recettes, auquel il convient d'ajouter le débet des hommes rayés des contrôles ;

2° Le montant des dépenses, en y ajoutant l'avoir des hommes rayés.

D'où il conclut l'**avoir net de la masse**, au premier jour du trimestre suivant.

Il fait la balance de l'avoir et du débet des hommes comptant à l'effectif; laquelle balance reproduit une somme égale à l'avoir net.

Pour les escadrons en campagne, la feuille est certifiée par le chef du bureau spécial de comptabilité.

La feuille de décompte est vérifiée par le trésorier et visée par le major.

Pour terminer l'étude des règlements de comptes à établir à la fin de chaque trimestre, nous rappellerons ici que les comptes ouverts avec le magasin d'habillement pour les effets de la première catégorie et les galons, pour les effets de la deuxième catégorie et les armes, pour les effets de harnachement, et enfin l'enregistrement des bons d'effets (chapitres 10, 11, 12 et 15 du livre de détail), sont totalisés en fin de trimestre et comparés avec les registres tenus par l'officier d'habillement.

Les effets de campement (chapitre 14) sont l'objet de situations mensuelles.

Le capitaine-commandant doit toujours être en mesure de fournir l'inventaire des objets existants dans son escadron. Cet inventaire s'établit notamment au 31 décembre de chaque année, afin d'aider au recensement général des matières et objets de toute nature existants dans le corps, que dresse l'officier d'habillement et que le conseil d'administration fait parvenir au ministère avec l'évaluation en deniers.

QUATORZIÈME LEÇON.

RÉSUMÉ DE L'ADMINISTRATION D'UN ESCADRON.

Dans les leçons qui précèdent, on a étudié successivement les registres et les pièces comptables qui constituent les écritures de l'escadron.

Afin de faire mieux comprendre le but et la portée des opérations qui concernent cette première unité administrative, nous les avons groupées méthodiquement dans cette dernière leçon.

Le classement le plus simple est de rapporter toutes les écritures au passage d'un homme sous les drapeaux.

Elles se diviseront naturellement en plusieurs séries d'opérations, qui sont les suivantes :

Constatation de l'existence du militaire ;
Constatation des positions ;
Les prestations et leur emploi ;
Justification de l'emploi des prestations ;
Radiation des contrôles.

Constatation de l'existence.

Si l'homme de recrue arrive au corps avec un détachement de jeunes soldats, le chef du détachement se présente tout d'abord chez le colonel, qui donne des ordres pour la réception et la répartition des jeunes soldats dans les escadrons.

Le major constate l'identité des individus au moyen des contrôles signalétiques apportés par le chef de détachement ; il les fait immatriculer par le trésorier, et les inscrit sur le contrôle annuel. — Comme vérification, les hommes sont conduits au sous-intendant.

ADMINISTRATION.

Les hommes sont répartis dans les escadrons. Le trésorier fait établir pour chacun d'eux un folio matricule et délivre un folio de punitions à l'escadron qui y portera les inscriptions nécessaires.

L'arrivée à l'escadron est constatée par la mutation portée au chapitre 3 du livre de détail et au rapport du lendemain.

Les numéros matricule et annuel, les noms et la mutation sont également portés au chapitre 5 du livre de détail.

L'arrivée d'un isolé (engagé volontaire, homme venant d'autre corps, etc.) donne lieu à des opérations semblables.

Dès lors l'homme est placé sous l'administration du capitaine-commandant, qui est chargé d'assurer la perception de toutes les prestations auxquelles il a droit.

Constatation des positions.

Les droits des militaires découlent des positions; il faut donc les constater.

Celles-ci peuvent être générales ou individuelles.

Les positions générales sont établies par les chapitres 1 et 2 du livre de détail.

Les positions individuelles par les chapitres 3 et 5 et par le rapport journalier.

Comme vérification, les intendants passent des revues d'effectif pour lesquelles les escadrons ont à établir des **feuilles d'appel**, contrôles nominatifs certifiés par les capitaines-commandants, vus et vérifiés par le major.

Perception des prestations. — Leur emploi.

Dès son arrivée, l'homme est présenté au médecin-major qui appose sur un bulletin spécial le certificat d'aptitude en vertu duquel l'homme sera habillé.

L'escadron établit un bon des effets de la première et deuxième catégorie et des armes nécessaires à l'homme.

On fait également un bon pour les effets de petit équipement.

Dès le premier jour, en même temps qu'à la solde, l'homme a droit à la première mise et à la prime journalière d'entretien de la masse individuelle.

Parmi les effets de petit équipement distribués, est un livret individuel, sur lequel on inscrira l'état civil et militaire de l'homme, l'instruction, la vaccination, etc..., les effets reçus du magasin et les comptes courants de la masse, en y comprenant les versements volontaires qui seront portés aussi sur un bordereau particulier.

Le folio matricule recevra au verso l'inscription des effets d'habillement, d'équipement et les armes.

Les différents bons ci-dessus mentionnés sont respectivement enregistrés aux chapitres 10, 11 et 15 du livre de détail.

Les effets de la deuxième catégorie et les armes sont inscrits par leurs numéros au chapitre 18.

La solde est touchée d'avance tous les cinq jours au moyen de la feuille de prêt. Les fournitures en nature se touchent sur des bons particuliers. En temps de paix, le trésorier établit, pour tout le corps ou la portion de corps réunie, les bons de subsistance d'après les situations des escadrons.

Ces bons ainsi que les feuilles de prêt sont enregistrés au fur et à mesure au chapitre 8 du livre de détail.

Les centimes de poche et les hautes payes pour le

prêt échu sont payés par le maréchal des logis chef aux brigadiers pour les hommes de leur escouade et directement aux sous-officiers.

Les recettes et les dépenses de l'ordinaire sont portées journellement au livret d'ordinaire, lequel pourra se vérifier par les inscriptions du chapitre 3, et en certains cas par celles du chapitre 9 et par le registre de punitions.

Les effets de campement, les fournitures de literie, se touchent sur des bons spéciaux qui s'inscrivent aux chapitres du livre de détail qui les concernent.

Si l'homme a des réparations à faire à ses effets, le maréchal des logis chef fait dresser un bulletin de réparations avec le nom du chef ouvrier et l'indication de la dépense à faire.

Les imputations au compte de l'homme donnent lieu à des bulletins d'imputation. Les uns et les autres sont inscrits à mesure sur des bordereaux d'enregistrement et plus tard au chapitre 16. Les dépenses au compte de l'homme sont également portées à son compte courant, chapitre 5.

Si des effets sont réintégrés au magasin, l'escadron fait un bulletin de versement qui s'inscrit au chapitre auquel se rapportent les effets.

Les pertes sont constatées par des procès-verbaux.

Enfin, les effets peuvent encore disparaître par réforme prononcée à l'inspection générale.

Le capitaine-commandant désigne les effets à présenter et en fait faire un état.

Les munitions nécessaires aux exercices des hommes de l'escadron se touchent sur des bons signés par le capitaine-commandant.

Les armes du régiment sont visitées annuellement par un capitaine d'artillerie délégué.

L'escadron doit préparer pour cette revue des contrôles nominatifs spéciaux.

Les positions individuelles d'absence donnent lieu à un arrêté des comptes de la masse, au chapitre 5 et sur les livrets individuels (arrêté qui n'est pas définitif si l'absence n'est que momentanée).

La situation de masse est inscrite sur la pièce en vertu de laquelle l'homme s'absente, billet d'hôpital, permission, etc. Le capitaine signe cette pièce. On porte également les effets emportés par l'homme. Les effets de l'homme qui entre en position d'absence sont déposés au magasin du corps et on en dresse un inventaire en double expédition.

La mutation paraîtra au rapport journalier aux chapitres 3 et 5 du livre de détail et sur la feuille de prêt.

Justification de l'emploi des prestations.

A la fin du trimestre, les règlements de comptes s'établissent pour justifier les perceptions et leur emploi par la comparaison des droits des militaires avec les perceptions faites.

Pour la solde, cette justification se fait d'abord par l'arrêté du chapitre 8 du livre de détail, puis par les feuilles de journées, enfin par les états comparatifs que dressent les capitaines-commandants et qu'ils certifient conjointement avec le trésorier.

La situation des masses individuelles est réglée par la feuille de décompte.

Les chapitres 5, 10, 11, 12, 13, 14, 15 et 16 du livre de détail sont arrêtés ainsi que les livrets individuels.

Au dernier trimestre de l'année on dresse, en outre, l'inventaire annuel des effets en service dans l'escadron.

Radiation.

L'homme peut être rayé des contrôles de l'escadron parce qu'il passe à une autre fraction du corps. En ce cas, son compte est arrêté au chapitre 5 et sur le livret, et le maréchal des logis chef remet au nouvel escadron le folio matricule et le folio de punitions, celui-ci signé par le capitaine-commandant.

Si l'homme obtient de l'avancement dans son même escadron, il sera rayé de la case qu'il occupait sur le contrôle annuel et reporté à la suite des militaires de son nouveau grade.

L'homme peut aussi être rayé de l'effectif du corps. C'est pour une des causes suivantes : passage à d'autres corps; libération provisoire, ou libération définitive; réforme (1); absence illégale après six mois, ou désertion; disparition; condamnation à une peine infamante entraînant l'exclusion du service; admission à la pension de retraite; décès. (Pour les officiers, il s'y ajoute : la perte du grade, la réforme, la démission.)

Dans tous ces cas, l'escadron doit arrêter définitivement les comptes de la masse.

Les folios matricules et de punitions, ceux de la dotation, s'il y a lieu, sont remis chez le trésorier qui les remettra aux archives, ou les enverra à qui de droit.

(1) Il y a deux sortes de congés de réforme : le congé N° 1 est délivré pour blessures reçues dans le service ou infirmités contractées dans le service ; le congé N° 2 est délivré pour blessures reçues ou infirmités contractées hors du service.

Pour les hommes libérés, le capitaine commandant adresse, s'il y a lieu, au conseil d'administration, une demande de certificat de bonne conduite.

Aussitôt qu'on soupçonne un homme de désertion on doit faire l'inventaire de ses effets.

L'homme déserté n'est rayé des contrôles que lorsque sa désertion est constatée par un procès-verbal, ou au bout de six mois d'absence.

On n'a point parlé dans cette rapide énumération des vérifications à faire, ni de beaucoup de détails qu'on retrouvera dans les leçons.

FIN DU COURS D'ADMINISTRATION.

DEUXIÈME PARTIE.

CONNAISSANCE DU CHEVAL

CONNAISSANCE DU CHEVAL

AVERTISSEMENT.

Le cours se divise en quinze leçons; les deux premières sont consacrées à une description rapide du squelette et des principales fonctions, l'extérieur vient ensuite. On a cru devoir y ajouter quelques notions sur l'âge qui rendent le cours plus complet.

Nous avons intercalé dans ces leçons quelques types de chevaux ayant des attitudes ou des vices de conformation qu'un croquis léger rend plus faciles à comprendre qu'une longue description.

On y trouvera également un tableau des allures, les tares et quelques mâchoires pour l'étude de l'âge.

Mais par-dessus toutes choses, pour ce cours comme pour les autres, pratiquez beaucoup; d'abord avec les admirables modèles du docteur Auzoux, puis dans les écuries, dehors, en toute occasion.

CONNAISSANCE DU CHEVAL.

PREMIÈRE LEÇON.

GÉNÉRALITÉS. — CARACTÈRES ZOOLOGIQUES DU CHEVAL. — DES TISSUS. — LOCOMOTION. — LE SQUELETTE.

Généralités.

La connaissance pratique du cheval comporte particulièrement l'étude de ce qu'on nomme l'extérieur.

Toutefois, avant de commencer cette étude, il est bon de jeter un coup d'œil rapide sur l'organisation générale du cheval.

Caractères zoologiques.

En zoologie, le cheval se distingue par des caractères particuliers qui sont les suivants :

C'est un mammifère. Il fait partie du groupe des solipèdes ou monodactyles.

Il a quarante dents : vingt-quatre molaires, douze incisives, quatre crochets. (Les crochets n'existent pas chez les juments, sauf quelques rares exceptions. Ces juments sont dites Bréhaignes).

Il porte deux mamelles inguinales peu développées.

L'estomac est simple, petit; les intestins volumineux.

Le bord supérieur de l'encolure et la queue sont garnis de longs crins.

Enfin il a un cri particulier dit hennissement.

Des tissus.

Le corps du cheval, comme celui de tous les animaux vertébrés, forme un ensemble de solides et de liquides que l'on appelle des tissus. (Les liquides forment les $\frac{6}{10}$ du poids total).

Sur un *système osseux*, — le squelette, — sont placés les *muscles*, masse de filaments contractiles qui donnent le mouvement.

Les muscles sont maintenus ou prolongés par le *tissu fibreux* qui forme les tendons et les ligaments.

Le *tissu vasculaire* comprend les artères qui portent le sang du cœur aux différentes parties du corps, et les veines qui rapportent le sang vers le cœur.

La vie, la faculté de sentir et d'agir sont portées à toutes les parties du corps par le *système nerveux*. Il a pour centre le cerveau et la moelle épinière; pour agents, les nerfs.

Le *tissu cellulaire* assemble les organes sans nuire à leurs mouvements individuels

Le *tissu séreux* sécrète un liquide onctueux qui lubrifie les surfaces de frottement des os et des tendons.

Les *cartilages* sont un tissu élastique qui prolonge les os, lorsque la flexibilité doit s'allier à la solidité, ou sert de coussinet entre des os juxtaposés.

Enfin la peau, — *tissu tégumentaire*, — recouvre le

corps et se replie à l'intérieur sous le nom de muqueuse.

Tels sont les principaux tissus.

Des fonctions.

On appelle appareil la réunion de plusieurs organes qui concourent à l'exécution d'une même fonction générale.

Nous étudierons sommairement les fonctions les plus importantes, qui sont : la locomotion, la digestion, la circulation, la respiration, la nutrition.

Locomotion.

La locomotion a pour base le système osseux et les muscles.

Les os sont formés d'une matière spongieuse dite *parenchyme* dans les cellules de laquelle sont déposés des sels calcaires.

Le *périoste*, membrane très-mince, entoure l'os, le protége et concourt à sa sécrétion ; des *vaisseaux sanguins*, des *nerfs*, et un corps graisseux dit *moelle*, y portent la vie.

Les os sont pairs ou impairs, suivant qu'ils se trouvent symétriquement placés de chaque côté de la partie médiane du corps ou qu'ils se trouvent sur ce plan même.

On distingue encore des os longs, larges, courts, etc.; ces mots n'ont pas besoin d'explication.

Les os forment des articulations plus ou moins complètes dans lesquelles entrent des *ligaments*, des *cartilages* et des poches séreuses, dites *capsules synoviales*.

D'autres articulations très-peu développées, les vertèbres, par exemple, ne se produisent que par l'élasticité d'un fibro-cartilage intermédiaire.

Le squelette.

Le squelette donne la configuration générale du corps; il est donc utile de le connaître. On verra d'ailleurs dans une autre leçon que les os (ceux des membres) sont souvent le siége d'affections graves dont on comprendra mieux les inconvénients après avoir étudié le squelette.

On le divise en tronc et membres.

La tête comprend la *boîte cranienne* (1) (V. le squelette), la *face* (A) et la *mâchoire* (B); la boîte cranienne forme une cavité ovoïde dans laquelle sont placés les deux lobes du cerveau. Une ouverture fait communiquer celui-ci avec la moelle épinière. D'autres petites ouvertures laissent passer des nerfs, notamment ceux de l'œil et de l'oreille.

La *colonne vertébrale* s'étend de la tête à la queue.

Elle se compose d'os courts solidement unis; elle forme la base de la charpente animale; elle contient la moelle épinière. On la divise en *vertèbres cervicales* au nombre de 7 (E); *vertèbres dorsales*, 18 (F); *vertèbres lombaires*, 6 (G); *vertèbres sacrées*, 5 (H); *vertèbres coccygiennes*, 20 (I). (Les vertèbres sacrées sont souvent considérées comme ne formant qu'un seul os, le sacrum, et en effet ces cinq vertèbres se soudent dans l'âge adulte), dix-huit *côtes* (T) s'articulent sur les vertèbres dorsales, les neuf premières s'appuient sur le *sternum* (10), et forment avec lui la cavité pectorale; les neuf autres, dites asternales, contribuent aux fonctions respiratoires.

Les membres sont pareils deux à deux par bipèdes antérieur ou postérieur.

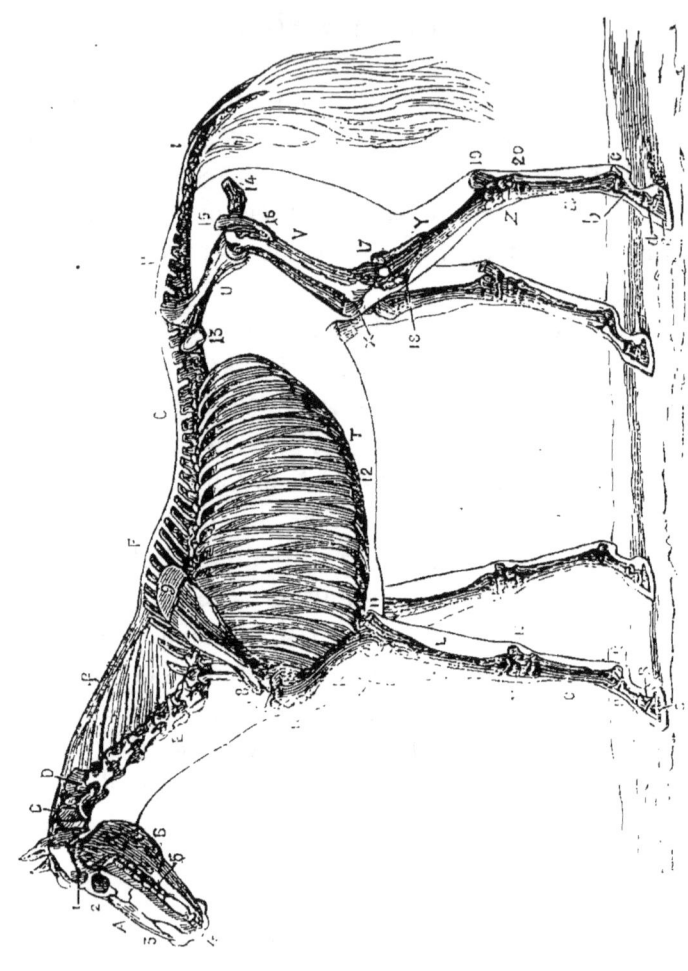

Les *membres antérieurs* sont ainsi composés :

Le *scapulum* (J) ou os de l'épaule, avec une arête qu sépare les muscles extérieurs des muscles fléchisseurs et un prolongement cartilagineux vers le garrot.

L'*humerus* (K), ou os du bras, solidement fixé aux côtés et au sternum.

Le *cubitus* (L), avant-bras, au haut duquel on voit l'*apophyse olécrâne*, bras de levier où s'attachent les extenseurs.

Le *carpe* (MN) se compose de sept petits os placés en deux couches.

Le *métacarpe* (O), os du canon, est formé de trois os dont deux rudimentaires.

Le membre se termine par les *phalangiens* au nombre de trois : *os du paturon* (P), avec les deux *sésamoïdes* (Q), véritables poulies d'écartement des tendons fléchisseurs ; l'*os de la couronne* (R); l'*os du pied* (S), en arrière duquel est le petit sésamoïde ou *os naviculaire*.

Membres postérieurs :

Le *coxal*, os de la hanche (U), forme le bassin. De grandes saillies offrent des points d'attache et des leviers aux muscles de la fesse et du dos. On distingue dans le coxal : les *ilions* (13), pointe de la hanche; les *ischions* (14), pointe de la fesse.

Le *fémur* (V), os de la cuisse, dont l'articulation avec le tibia est complétée par la *rotule* (X), sorte de poulie de renvoi.

Le *tibia* (Y), os de la jambe, porte en arrière le *péroné*.

Le *tarse* (Z) se compose de sept os, parmi lesquels on distingue l'*astragale* et le *calcaneum* (19).

Le *métatarse* (a) formé de trois os, le canon et les deux péronés.

Les *phalangiens* (*bde*) sont semblables à ceux des membres antérieurs.

Tels sont les leviers de la locomotion; les muscles sont les puissances qui les mettent en jeu. — L'étude de ces derniers est moins importante, nous n'en citerons que quelques-uns : dans la bouche, les lèvres et la langue qui aident à l'alimentation.

Les releveurs et les abaisseurs de l'encolure. Le ligament cervical (*f*) qui a pour fonction de soutenir la tête et l'encolure.

Dans la région dorso-lombaire : l'ilio-spinal que l'on peut considérer comme l'agent central de la progression.

Les intercostaux qui servent à la respiration : les muscles de l'abdomen supportent les intestins.

Le diaphragme sépare les cavités pectorales et abdominales.

Les muscles des membres comprennent les muscles d'attache, les extenseurs et les fléchisseurs et leurs prolongements tendineux.

D'autres organes musculaires, le cœur, par exemple, sont étrangers à la locomotion et fonctionnent indépendants de la volonté de l'animal. — C'est la vie végétative; — leurs fonctions seront étudiées dans la prochaine leçon.

DEUXIÈME LEÇON.

FONCTIONS DE DIGESTION, DE RESPIRATION, DE NUTRITION.
— LES SENS, — L'ŒIL.

Pour continuer l'étude des fonctions principales nous

verrons dans cette leçon comment le cheva conserve, entretient ses différents appareils.

Le sang qui circule dans toutes les parties du corps y porte la vie ; mais comment ? et comment le sang lui-même se renouvelle-t-il ?

Par la *digestion* et la *respiration*.

Digestion.

L'appareil digestif se compose d'un long canal qui va de la bouche à l'anus. Il porte successivement les noms de *bouche*, *arrière-bouche*, *œsophage*, *estomac*, *intestin grêle* et *gros intestin*.

Des organes auxiliaires s'y ajoutent : ce sont les *glandes salivaires*, le *foie*, le *pancréas* et la *rate*.

Pour mieux comprendre le phénomène de la digestion, nous suivrons une bouchée du foin que mange le cheval et ses transformations successives.

Le cheval saisit le foin avec les incisives en s'aidant des lèvres. La langue distribue ce foin sous les molaires qui font la mastication. Les glandes salivaires déversent dans la bouche la salive qui imprègne le foin, et unit les parcelles triturées, pour former une sorte de boule de pâte que l'on nomme le *bol alimentaire*. La langue pousse ce bol dans l'arrière-bouche, et dès lors la volonté de l'animal fait place à la vie végétative.

L'arrière-bouche est une sorte d'entonnoir qui conduit ce bol à l'œsophage.

Celui-ci, par des contractions d'avant en arrière, le chasse dans l'estomac.

Celui-ci sécrète des sucs acides qui se mêlent aux parcelles alimentaires. Les contractions multipliées de l'estomac forment du tout une pâte homogène grisâtre que l'on appelle *chyme*.

Alors s'ouvre l'ouverture intestinale; le foie, le pancréas et sans doute aussi la rate (l'action de cette dernière est encore à connaître) mêlent au chyme leurs sucs particuliers, la *bile* et le *suc pancréatique*.

La matière avance lentement dans l'intestin et se sépare en deux produits : l'un, le *chyle*, liquide d'apparence laiteuse, est la partie nutritive; l'autre partie, excrémentielle, sera expulsée sous forme de crottins.

L'intestin est long d'une vingtaine de mètres et étroit dans sa première partie. De nombreux petits suçoirs y aboutissent; ils absorbent le chyle, et, de proche en proche, le conduisent à un unique canal, — *canal thoracique*, — qui le verse dans le cœur.

Le cœur, divisé en deux par une cloison principale, fait office de pompe double; chaque pompe se divisant elle-même en deux parties. L'*oreillette droite* reçoit le chyle et en même temps que lui le sang noir qui revient de toutes les parties du corps après avoir perdu ses principes nutritifs. Les deux liquides mélangés passent dans le *ventricule droit* qui les chasse dans le poumon, où ils seront mis en contact avec l'air absorbé par la respiration.

Ici il faut abandonner un moment le chyle pour voir comment s'opère la respiration.

Respiration.

Les voies respiratoires se composent des *naseaux*, du *larynx*, de la *trachée*, des *bronches* et du *poumon*.

Le tube aérien se divise à l'infini dans le poumon, et

l'air arrive à former une innombrable quantité de petits vésicules à l'extrémité de chacun de ces conduits.

Le chyle mélangé au sang noir est arrivé dans le poumon par des canaux de plus en plus multipliés qui l'ont divisé en portions extrêmement ténues.

A chaque gouttelette de ce liquide correspond une vésicule d'air.

De ce contact résulte une opération chimique dite *hématose* qui est une véritable combustion.

L'air expiré immédiatement a perdu une portion de son oxygène et contient de l'acide carbonique.

Le sang oxygéné, devenu rouge, est ramené au cœur par de nouveaux canaux, qui se réunissent en un seul aboutissant au cœur.

C'est la pompe droite qui a réuni le chyle et le sang noir dont les qualités vivifiantes étaient perdues; c'est la pompe gauche (*oreillette gauche* et *ventricule gauche*) qui reçoit le sang rouge purifié et le répartit par les artères dans toutes les parties de l'économie qu'il va reconstituer.

Nutrition.

C'est ainsi que s'opère ce phénomène sans cesse renouvelé. — Nous en avons exposé sommairement le mécanisme, mais nous n'expliquerons pas comment le même sang se transforme en os, en chair, en corne, en ligaments, etc.; ceci est la vie dont la Providence a gardé le secret.

La nutrition n'est évidemment pas la même pour tous les individus : plus forte dans la jeunesse, stationnaire dans l'âge adulte, elle décroît de plus en plus dans la vieillesse.

Bien que ce cours ne doive traiter particulièrement que de l'extérieur, ces notions ne sont pas indifférentes : les qualités qui font un bon cheval ne se bornent pas à la vitesse et à la beauté des allures ; le fonds, si nécessaire au cheval de guerre, tient surtout à la respiration.

D'autres appareils qui n'ont pour nous qu'une importance secondaire seront passés sous silence.

Les sens.

Parmi les sens, le toucher, le goût et l'odorat peuvent être négligés.

Sans étudier l'appareil de l'ouïe, on doit signaler son importance chez le cheval de guerre.

Le cheval a l'ouïe très-fine et prévient souvent son cavalier d'un bruit suspect que celui-ci n'aurait pas su distinguer.

L'œil.

L'œil est aussi très-important, et, comme il est quelquefois le siége d'affections apparentes, nous donnerons une description rapide de cet organe.

L'œil est de forme sphérique à peu près régulière. Il se compose de la *sclérotique*, membrane dure, fibreuse, blanche, dans laquelle s'ajuste, à la partie antérieure, la *cornée lucide* par où pénètrent les rayons lumineux.

La sclérotique est doublée de la *choroïde*, membrane vasculaire noirâtre, qui fait à l'intérieur la chambre noire des physiciens.

Le *nerf optique*, qui communique directement avec le cerveau, traverse ces deux premières membranes et s'épanouit à l'intérieur en nombreux filaments, qui tapissent la choroïde et forment la *rétine*.

Une matière visqueuse, dite *corps vitré*, occupe la plus grande partie de la sphère.

Le *cristallin*, sorte de lentille bi-convexe très-limpide, est placée en avant dans l'axe de la cornée lucide.

L'*humeur aqueuse*, liquide transparent, remplit l'espace entre ces deux derniers.

Cet espace est divisé en deux chambres par l'*iris*, membrane qui donne à nos yeux leur couleur distinctive.

La *pupille* s'ouvre au milieu, et l'iris en peut régler l'ouverture pour atténuer l'effet des rayons trop éclatants.

La vision s'opère à travers les humeurs et le cristallin, comme à travers une lunette qui n'a qu'une lentille, c'est-à-dire que l'image se renverse sur la rétine; le cerveau la redresse.

Les *paupières*, les *cils*, préservent soigneusement l'œil de tout contact étranger. Il s'y ajoute, chez le cheval, une membrane particulière, blanche et mince, qui se replie à l'angle interne de l'œil et qui se nomme *corps clignotant*.

Les *glandes lacrymales* sont chargées de lubrifier les surfaces de ces membranes extérieures, afin de faciliter leur mouvement sur l'œil.

TROISIÈME LEÇON.

ÉTUDE DE L'EXTÉRIEUR.

L'étude des parties externes du cheval, leur belle conformation, leurs défectuosités, les accidents qui peuvent y survenir, constituent ce qu'on appelle, en hippologie, l'extérieur.

Il résulte des leçons précédentes que le squelette est la base des formes du cheval, et que les os peuvent être considérés comme des leviers que les muscles mettent en mouvement.

La longueur des os entraîne celle des muscles qui les recouvrent.

La longueur des fibres musculaires implique l'étendue du mouvement; leur nombre a pour conséquence la force.

Ainsi le cheval rapide a des rayons osseux longs; le cheval fort a des os courts, mais chargés de masses musculaires considérables.

L'étendue des bras de leviers, l'insertion plus ou moins perpendiculaire des muscles, ont des conséquences faciles à saisir.

Ces principes reviendront au cours de cette étude.

L'extérieur du cheval comprend toute une nomenclature que nous étudierons en trois divisions principales : 1° avant-main; 2° corps; 3° arrière-main.

L'avant-main.

L'avant-main comprend la tête, l'encolure jusqu'au garrot, le poitrail, les épaules et les membres antérieurs.

La **tête** forme avec l'encolure un véritable balancier, dont le cheval se sert pour déplacer le centre de gravité.

La physionomie nous donnera des indications précieuses sur les qualités ou les défauts du cheval.

En commençant par le haut et sur le plan médian, nous trouverons successivement :

La *nuque* qui est le point où la tête s'unit à l'encolure. C'est le point sur lequel repose la têtière de la bride ou du bridon.

Ces attaches y occasionnent quelquefois, chez les chevaux qui *tirent au renard*, une blessure grave dite *mal de taupe*.

Le *toupet* est l'extrémité antérieure de la crinière qui retombent en avant sur le front.

Il est long et soyeux chez les chevaux de race et surtout les chevaux d'Orient.

Le *front* s'étend entre les oreilles et les yeux. Large et plat, il laisse plus d'espace au cerveau, et par suite dénote l'intelligence et la supériorité des fonctions organiques qui tiennent au système nerveux.

Le front étroit et bombé est le signe de peu de race et d'intelligence.

Le *chanfrein* fait suite au front. S'il est large et droit, il contribue à donner du cachet à la tête et il est l'indice des facultés respiratoires. Il est quelquefois étroit et busqué, ce qui est le signe d'un mauvais type.

Le *bout du nez* est situé entre les naseaux et la lèvre supérieure, avec laquelle il se confond.

Il est nerveux et mobile chez les chevaux de race.

La *bouche* comprend les lèvres, les barres, la langue, le canal, le palais et les dents.

Les *lèvres* doivent être minces et fermes : épaisses et flasques, elles annoncent un cheval sans énergie.

Les *barres* sont cet espace interdentaire sur lequel repose le mors; leur sensibilité sera plus ou moins grande, suivant qu'elles seront tranchantes, rondes ou charnues. L'embouchure se règle en conséquence. La main dure du cavalier y occasionne souvent des blessures.

On a vu le rôle de la *langue* dans l'acte digestif. Cet organe se loge dans le *canal*. Il importe que la langue ne soit ni trop grosse ni trop mince. Quelques chevaux la laissent pendre hors de la bouche; elle est alors dite *pendante* ou *serpentine*.

Le *palais* est la voûte de la bouche. On y remarque des sillons transversaux qui aident à retenir les aliments.

La membrane qui le recouvre est quelquefois gonflée au moment de la dentition; cette maladie s'appelle le *lampas*.

Les *dents* incisives de la mâchoire inférieure servent à déterminer l'âge. (Cette étude fera l'objet de la onzième leçon.) Certains chevaux ont les dents mauvaises ou endommagées et se nourrissent mal, les tiqueurs, par exemple, qui usent leurs dents à les appuyer sur le bord de la mangeoire.

Le *menton* est au-dessous de la lèvre inférieure. Sa partie saillante s'appelle *houppe*. Il est ferme, arrondi, et d'autant mieux dessiné que le cheval est distingué.

La *barbe* vient ensuite; elle est placée à la réunion des deux branches de la mâchoire inférieure. C'est sur elle que repose la gourmette. Trop tranchante elle se blesse; il est donc préférable qu'elle soit ronde. Si à l'examen on y trouve des excoriations ou des indurations, et si surtout des traces analogues existent simultanément aux barres, on en déduira que l'animal est indocile ou trop ardent.

L'*auge* est la cavité qui résulte de l'écartement des deux branches de la mâchoire inférieure. Elle doit être large et nette. Son rétrécissement, qui coïncide avec celui du front et du chanfrein, indique que les voies respiratoires, et souvent la poitrine elle-même, sont trop étroites.

L'engorgement de l'auge est presque toujours le symptôme de la gourme ou de la morve.

L'auge se termine à la *gorge*, qui est au pli de la tête sur l'encolure. On presse avec la main la gorge, où sont les premiers anneaux de la trachée, et on provoque ainsi chez le cheval une toux qui donne des indices sur l'état de ses organes pulmonaires.

Les parties latérales de la tête sont :

Les *oreilles*, qui contribuent beaucoup à la physionomie du cheval. Hardies dans leur position et dans leur forme, elles sont signe de race. Mal plantées et pendantes on dit que le cheval est *oreillard*; si ces défauts sont exagérés, on dit que le cheval a des *oreilles de cochon*.

Les mouvements des oreilles, leur attitude habituelle, sont des indices du caractère de l'animal, et souvent de ses intentions de défense.

Les *tempes* sont formées par la saillie de l'arcade temporale et l'articulation de la mâchoire.

Si, sur une robe foncée, les poils des tempes sont blancs, c'est souvent un signe de vieillesse. Leur excoriation fait supposer que le cheval s'est débattu à terre par suite de coliques, d'épilepsie ou d'autres graves maladies.

Les *salières* sont les cavités qui apparaissent sur les côtés du front au-dessus des yeux. Elles se creusent souvent avec l'âge.

L'*œil* joue un grand rôle dans la physionomie; nous y lisons l'ardeur, la docilité, l'attachement ou la méchanceté du cheval. Le cheval commun a l'œil terne et sans coloris.

L'œil doit être transparent, l'iris sensible à l'action de la lumière. Les yeux trop saillants sont dits *yeux de bœuf;* si au contraire ils sont enfoncés dans des paupières épaisses, on les nomme *yeux de cochon.*

La coloration blanche de l'iris constitue l'*œil véron.*

Les *paupières* doivent être minces et mobiles. Le corps clignotant, qui est une troisième paupière, doit rester caché dans l'angle interne de l'œil.

L'excédant des larmes se déverse dans les naseaux par un petit canal qui aboutit à l'angle interne de l'œil. Si ce canal est oblitéré, les larmes s'écoulent sur le chanfrein. On appelle cette maladie *fistule lacrymale.*

L'œil est le siége de maladies nombreuses :

L'opacité qui se produit sur la cornée lucide ou en arrière peut rendre le cheval aveugle.

Cette affection porte les noms de *nuage, taie* ou *albugo,* suivant qu'elle est faible ou qu'elle envahit toute la cornée lucide.

Le cheval est susceptible de presbytie ou de myopie. On appelle *cataracte* l'opacité du cristallin.

La cécité peut encore provenir de la paralysie du nerf optique : c'est l'*amaurose* ou *goutte sereine.*

Il est une autre maladie grave qui n'apparaît que par intermittence et n'attaque souvent qu'un œil à la fois pour se porter ensuite sur l'autre : c'est la *fluxion périodique.* L'œil atteint diminue, pleure, perd sa transparence au bout d'un certain temps et conserve une teinte feuille morte qui est le caractère distinctif de cette maladie.

Les *joues* se présentent sur les côtés de la tête; leur première partie forme une large surface lisse qui a pour base le principal muscle masticateur; la partie inférieure, qui s'étend jusqu'à la commissure des lèvres, suit la forme de la mâchoire. Chez certains chevaux on trouve cette partie gonflée par les aliments qu'ils y ont accumulés; c'est ce qu'on appelle *faire grenier* ou *magasin*.

Les *ganaches* sont formées par le bord postérieur des branches de la mâchoire. Elles doivent être écartées et sèches. Si elles sont trop volumineuses, le cheval est dit chargé de ganaches.

Les *naseaux* sont les ouvertures extérieures des cavités nasales. Chacun d'eux est formé par deux lèvres qui doivent être bien ouvertes et facilement dilatables.

Nous remarquerons que le cheval les ouvre de plus en plus à mesure qu'il accélère son allure. Les naseaux étroits sont un signe de peu de fond ; ils amènent souvent le cornage.

La muqueuse qui tapisse les naseaux est d'un rose vif qui est l'indice de la santé. Elle sécrète en temps ordinaire un liquide limpide peu abondant. Si celui-ci s'épaissit, s'il devient verdâtre et gluant, nous craindrons la morve. Ce symptôme coïncide avec l'engorgement de l'auge.

La tête dans son ensemble.

Si maintenant nous considérons la tête dans son ensemble, nous verrons que sa beauté dépend non-seulement de celle de chacune de ses parties, mais des proportions générales, de la forme, de la direction et de l'attache.

La tête belle présente la forme d'une pyramide quadrangulaire, large vers le front et courte inférieurement. C'est ce qu'on appelle *tête carrée.*

La peau est fine, les oreilles bien plantées et courtes, l'œil grand, doux et vif, les naseaux ouverts, le chanfrein droit ou camus, l'attache avec l'encolure bien dégagée.

Les conformations défectueuses sont :

La *tête busquée*, dont le front et le chanfrein sont convexes, et la *tête de lièvre*, qui à cette disposition du chanfrein ajoute de grandes oreilles rapprochées l'une de l'autre.

La *tête vieille*, qui pèche par excès de maigreur.

La *tête empâtée* ou *lourde* (fig. 4), dont toutes les parties semblent noyées dans le tissu cellulaire.

Le port de tête se lie à celui de l'encolure. La position de ce véritable balancier a une grande influence sur les allures.

Le cheval qui s'*encapuchonne* aura les allures raccourcies et gracieuses du manége.

Si au contraire il tend son encolure et *porte le nez au vent* (fig. 3) dans une direction horizontale, il sera dans une meilleure condition pour aller vite, mais aussi, souvent, en dehors de la main.

La position intermédiaire, qui est la plus naturelle, est aussi celle qui convient le mieux comme liberté de respiration, bonne action du mors, équilibre de la masse, facilité d'allures.

QUATRIÈME LEÇON.

EXTÉRIEUR : SUITE DE L'AVANT-MAIN.

L'**encolure** a pour base les vertèbres cervicales, le ligament cervical qui en détermine l'arête supérieure, la trachée qui est au dessous, et enfin des muscles nombreux et forts, fléchisseurs, releveurs et extenseurs de la tête et de l'encolure, qui forment les parties latérales de cette dernière.

La **crinière**, qui orne la partie supérieure, est d'autant plus fine et soyeuse que le cheval est de race plus distinguée. Le bord de l'encolure doit être mince ; il est quelquefois tellement empâté de tissu graisseux que l'encolure est entraînée d'un côté, ce qui constitue l'*encolure versée* ou *penchante*.

La malpropreté de la crinière occasionne des crevasses toujours longues à guérir.

Le bord inférieur doit être arrondi d'un côté à l'autre et large, ce qui annonce le développement de la trachée.

Dans certaines maladies on est obligé de pratiquer une ouverture à la trachée (*trachéotomie*), opération dont nous trouverons les traces.

On trouve aussi vers la même région des traces de *sétons* ou de *saignée* de la jugulaire.

Les sétons auront probablement été placés pour maladie des yeux, du cerveau ou des voies respiratoires. La saignée peut occasionner l'oblitération de la jugulaire, ce qui est grave (1). La circulation étant interrompue de ce côté, l'autre jugulaire peut ne pas suffire pour ramener le sang veineux de la tête au cœur. Il en résulterait une congestion cérébrale.

(1) Pour s'en assurer, on place le doigt un peu au-dessous de la cicatrice et on appuie de manière à interrompre la circulation. Le sang s'accumule alors et forme un gonflement qui disparait quand on enlève le doigt. Ce gonflement ne se produit naturellement pas si la cicatrisation de la saignée a oblitéré la jugulaire.

L'attache de l'encolure au garrot, aux épaules et au poitrail se fait par une fusion harmonieuse des parties ; c'est ce qu'on nomme l'*encolure bien sortie*.

On a déjà signalé l'importance de la tête et de l'encolure comme balancier. La pondération étant la base de la science équestre, la position de l'encolure est un des points auxquels le cavalier attache le plus d'importance. Aussi on peut presque dire que pour le cheval de selle il n'est point d'encolure trop longue, à moins toutefois qu'elle ne soit en même temps trop grêle ; l'harmonie avec les autres parties du corps est la seule règle. Lorsqu'un cheval est ainsi conformé, on dit qu'*il a de la branche*.

L'encolure a des directions variables.

Elle peut être *droite* du garrot à la nuque. Cette disposition peu gracieuse se trouve chez le cheval de course, auquel elle convient.

L'encolure *rouée* (fig. 2) décrit une courbe qui amène le cheval à s'encapuchonner.

Certains chevaux ont l'*encolure de cerf* ou *encolure renversée* (Fig. 3). Comme l'encolure droite, elle est favorable aux grandes allures. Elle est quelquefois accompagnée d'une dépression plus ou moins profonde qui existe vers le garrot, et que l'on désigne du nom de *coup de hache*.

Enfin il y a l'*encolure de cygne*, qui, renversée à sa base, est rouée à la partie supérieure. C'est la plus gracieuse. Elle ne se trouve guère que chez les chevaux très-fins, qui ont des allures cadencées et brillantes.

Le **poitrail** est situé en dessous de l'encolure, entre les pointes des épaules. Son développement en hauteur et en largeur indique la longueur et l'écartement des premières côtes, et comme conséquence le volume des organes pulmonaires.

La largeur, qui indique la force musculaire, convient plutôt au cheval de gros trait. Son exagération dans le cheval de selle ralentit l'allure en déterminant souvent un bercement désagréable. On lui préférera donc la hauteur.

Les **ars** sont les plis de la peau à la jonction des membres antérieurs avec la poitrine. L'**inter-ars** est l'espace compris entre les deux ars.

Le **garrot** est placé entre l'encolure et le dos.

Il a pour base les apophyses épineuses les plus élevées des vertèbres dorsales. On se rappelle que nous avons signalé ces apophyses comme point d'attache de deux muscles importants, les ilio-spinaux qui relèvent l'avant-main sur l'arrière-main et inversement. Ce sont les muscles qui agissent pour opérer le cabrer, le saut et le galop en prenant leur point fixe à la croupe. Aussi les chevaux qui ont le garrot élevé exécutent-ils ces mouvements avec facilité.

Le garrot élevé est aussi favorable à l'allure du trot par le soutien qu'il donne à l'avant-main, facilitant ainsi le développement des membres antérieurs.

Le garrot doit aussi s'incliner en arrière, sa hauteur et sa direction se lient presque toujours à la beauté de l'épaule (fig. 2).

Le beau garrot maintient la selle et le cavalier dans une position avantageuse. Les chevaux communs ont le garrot mal sorti, bas et charnu (fig. 4); on y est mal en selle et cette conformation amène souvent des tumeurs douloureuses et longues à guérir.

La beauté de l'**épaule** dépend de sa longueur et de sa

direction oblique (fig. 2). Ces conditions indiquent un jeu plus grand dans l'angle scapulo-huméral et une plus grande intensité d'action dans les muscles dont l'insertion est plus perpendiculaire.

Les conditions de hauteur du garrot et de longueur et

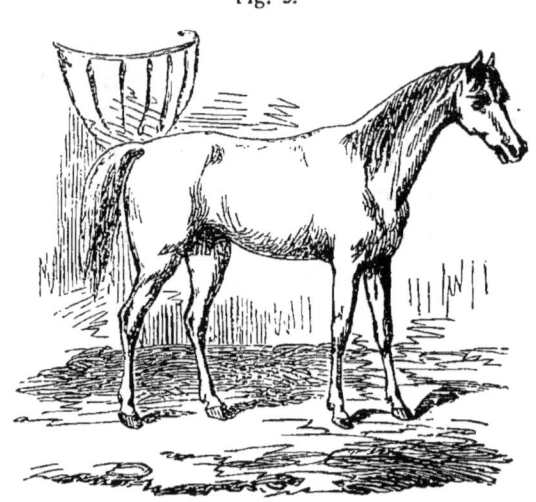

Fig. 2.

Bel avant-main.—Encolure rouée.—Beau garrot et belle épaule. — Bonne attache de rein. — Croupe relativement courte.—Un peu écarté dans ses membres.

direction d'épaule sont celles qui permettent le mieux de préjuger les allures d'un cheval à l'examen.

Certains chevaux ont les *épaules froides* au départ; on appelle *épaules chevillées* les épaules constamment froides.

Le **bras** a pour base l'humérus; son étude se confond avec celle de l'épaule, leurs caractères de beauté tenant aux mêmes causes.

L'**avant-bras** est formé par le cubitus et et les muscles

qui meuvent le reste du membre. Sa direction doit être verticale. Le développement des muscles indique leur force.

L'avant-bras doit être long au détriment du canon. On voit en effet que le cheval embrassera d'autant plus de terrain à chaque temps de trot, que l'avant-bras sera plus long. Si au contraire le cheval a le canon long, et l'avant-bras court, il relèvera bien davantage, trottera du genou, comme on dit, et avancera moins.

Toutefois ce dernier aura souvent plus de sécurité dans les allures : le cheval qui a l'avant-bras long, marchant près de terre, *en rasant le tapis*.

Vers le milieu de la face interne de l'avant-bras, on distingue la *châtaigne*, qui est d'autant plus petite que le cheval est plus distingué.

Le **coude** qui est formé par l'apophyse olécrane, doit être proéminent et dans un plan parallèle à l'axe du corps.

Certains chevaux qui se couchent en vache déterminent à cette partie, par le contact répété du fer, une tumeur plus ou moins volumineuse, connue sous le nom d'*éponge*.

Le **genou** est formé par l'articulation des carpiens avec le cubitus et les métacarpiens. Il importe que toutes ces parties, qui à l'extérieur sont l'avant-bras, le genou et le canon, soient dans le prolongement l'une de l'autre et dans une direction verticale : c'est une condition de solidité.

Si le genou est porté en avant, il est dit *arqué*. C'est presque toujours suite d'usure. Les jambes fléchissent sous le poids du cavalier, et les chutes sont à craindre ; déjà elles ont laissé au genou des traces qui font dire que le cheval est couronné.

Quelquefois le genou est en avant par conformation de naissance; le cheval est dit alors *brassicourt*. On ne trouve pas chez ce cheval de traces d'usure comme dans le cheval arqué, ni le tremblement particulier qui caractérise ce défaut.

Si au contraire le genou est porté en arrière, on l'ap-

Fig. 3.

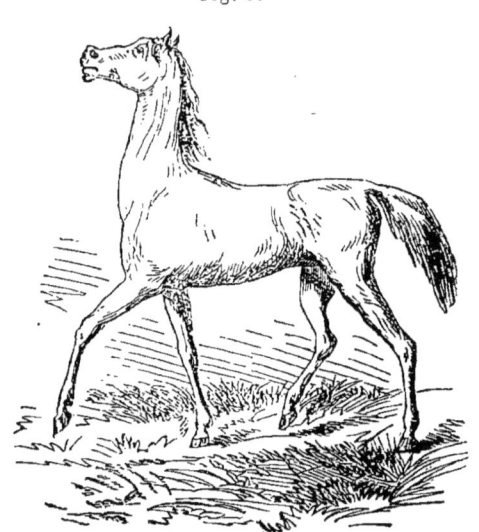

Cheval grêle.—Encolure renversée. —Très-belle ligne de croupe.—Flanc retroussé.—Tendon failli.—Droit jointé.

pelle *genou creux*. Ce défaut, toujours congénial, est bien moins sérieux.

Le genou peut aussi être porté en dedans, ce qui s'appelle *genou de bœuf*, ou en dehors, *genou cambré*.

Bien fait, le genou présente une surface large, unie, légèrement arrondie d'un côté à l'autre.

Le **canon**, vu de face, doit être mince, car la solidité tient à la densité de l'os et non à son volume.

Vu de profil, au contraire, il ne saurait présenter trop de largeur, ce qui revient à dire que les tendons fléchisseurs qui passent sur les sésamoïdes doivent être bien détachés dans cette partie, pour s'insérer plus perpendiculairement sur les phalangiens.

Il arrive parfois que ces tendons, tout en étant bien détachés par les grands sésamoïdes, sont resserrés dans leur partie supérieure contre le genou. Cette conformation, qui a pour conséquence une déperdition de force, s'appelle *tendon failli* (fig. 3).

Chez les chevaux de race on distingue, entre le canon et les tendons, le *ligament suspenseur du boulet*.

On a compris par ce qui précède l'importance de l'articulation du **boulet**. On remarquera que les phalangiens sont placés dans une direction oblique, au lieu de supporter verticalement le poids considérable du corps du cheval; il faut donc que les ligaments soient très-forts, et ils auront d'autant plus de force que les grands sésamoïdes les détacheront davantage des phalangiens.

Il se produit un autre effet qui vient diminuer l'action du poids du corps (action d'autant plus destructive que l'allure est plus rapide) : c'est l'élasticité de ces trois articulations du boulet et des phalangiens. Elle décompose la résistance.

Le boulet sera dans les meilleures conditions de solidité lorsqu'il présentera beaucoup de largeur d'avant en arrière.

L'arrière du boulet est pourvu d'un petit bouquet de poils dit *fanon* qui est d'autant moins développé que le cheval est plus fin de race. Au milieu du fanon, à la pointe du boulet, se trouve l'*ergot*, petite production cornée.

Le **paturon** et la **couronne** se font suite et peuvent être étudiés ensemble. Ils forment avec le sol un angle de 50° à 60°. Le paturon court offre évidemment les meilleures conditions de force, mais il rendra les réactions plus dures. Il est dit alors *droit-jointé* (fig. 3).

L'exagération opposée est appelée *long-jointé*. Cette conformation fatigue doublement les tendons. Une conformation intermédiaire est préférable.

Le **pied** fera l'objet d'une prochaine leçon. Nous n'avons point parlé non plus des *tares*, elles seront traitées dans un chapitre spécial.

CINQUIÈME LEÇON.

SUITE DE L'EXTÉRIEUR : 2° LE CORPS. — 3° L'ARRIÈRE-MAIN.

2° Le corps.

Le corps comprend : le dos, le rein, les côtes, le passage des sangles, le ventre, les flancs.

Le **dos** est la partie du corps sur laquelle repose la selle et tout le poids du cavalier. Il est donc important qu'il soit fort, c'est-à-dire court, bien musclé et droit.

Quelquefois le dos est dévié et s'infléchit en bas, ce qu'on appelle *ensellé*. Ce défaut vient presque toujours de l'excès de longueur. Il en résulte des réactions plus douces, mais la force de progression est moindre et les blessures provenant du paquetage sont plus à craindre, bien qu'il y ait des selles appropriées à cette conformation.

Si au contraire le dos est voussé en contre-haut, on le nomme *dos de Carpe* ou *dos de Mulet*. Cette conformation est évidemment beaucoup plus propre au support des fardeaux. Mais elle est contraire à la vitesse et entraîne souvent des réactions fatigantes pour le cavalier.

Le dos est *double* quand il présente de chaque côté de la ligne médiane des muscles qui font saillie ; il est plus favorable au maintien de la selle qu'il soit *tranchant*.

Ces dispositions du dos tiennent presque toujours à la conformation du **rein** qui lui fait suite. C'est une des parties les plus importantes à considérer dans le cheval de service.

La bonne direction du rein (fig. 2), son attache forte et bien musclée, son peu de longueur assurent au cheval la puissance pour supporter le poids qu'on lui impose, la bonne harmonie entre l'impulsion qui vient de l'arrière-main et le soutien que donne l'avant-main : il en résulte docilité, régularité d'allures, durée du cheval.

Le rein long au contraire amène une prompte usure, des allures irrégulières, des souffrances à chaque mouvement un peu violent, souffrances auxquelles nous attribuerons des défenses que le dressage ne saurait empêcher.

Si entre le rein et la croupe, on voit une ligne de démarcation qui semble séparer ces deux parties, on dit que le rein est *mal attaché* ou *plongé*.

Cette conformation prédispose le cheval à *l'effort de rein*, maladie grave qui est une distension des muscles et des ligaments sous-lombaires.

La compression du porte-manteau, ou même simplement de la selle, détermine quelquefois au rein une plaie, longue à guérir, nommée *mal de rognon*.

La souplesse du rein est un indice de santé utile à constater ; on la constate en pinçant légèrement le rein.

La cavité formée par les *côtes* correspond au développement des organes pectoraux. Hauteur et largeur seront donc, comme pour le poitrail, des indices favorables. Toutefois pour le cheval de selle, on préférera la *côte plate*, qui présente un meilleur appui aux bandes de la selle, à la *côte en cerceau* qui occasionne souvent le ber-

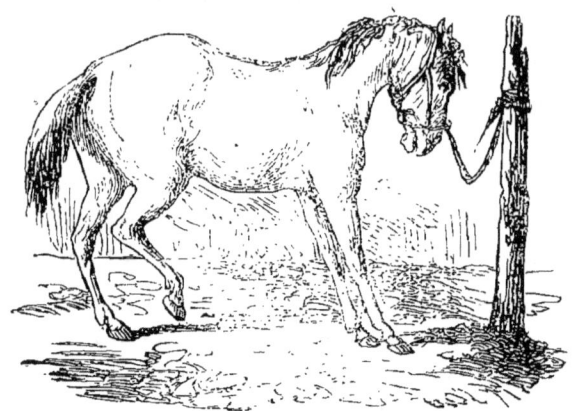

Fig. 4. — Tête lourde, encapuchonnée ; encolure courte. — Garrot bas. — Croupe avalée et trop forte.

cement des allures et qui est plus sujette aux indurations (*cors*) ou blessures qu'occasionne la selle.

Le **passage des sangles** a pour base le sternum et l'insertion des côtes. Il doit être cylindrique et exempt de traces de vésicatoires, lesquelles seraient l'indice d'affections graves à la poitrine.

Le **ventre** fait suite à la poitrine et contient les intestins. Les chevaux communs élevés dans les pâturages humides ont souvent le *ventre de vache*, c'est-à-dire très-volumineux, ce qui nuit aux allures, mais peut se modifier par le régime sec.

Dans l'exagération opposée, le cheval est dit *levretté*,

il manque de boyau. C'est souvent un cheval qui se nourrit mal ou qui souffre d'une ancienne maladie.

C'est aussi quelquefois l'effet d'un tempérament trop irritable.

Le ventre est quelquefois le siége de hernies, sortes de tumeurs produites par la sortie plus ou moins volumineuse des viscères, par une ouverture accidentelle des parois de l'abdomen. Cette affection peut être grave.

Les **flancs** sont la partie supérieure du ventre comprise entre les côtes et la hanche. Ils doivent être courts comme le rein dont ils dépendent.

Les chevaux malades ou épuisés ont le *flanc creux*, presque toujours même *cordé*, c'est-à-dire qu'ils présentent une saillie en forme de corde qui s'attache à la hanche. On dit aussi que le flanc est *retroussé* (fig. 3).

Le mouvement du flanc est très-important à examiner comme indiquant l'état de la poitrine. Un arrêt, un brusque soubresaut qui coupe l'expiration est l'indice de la *pousse*, affection qui se classe dans les vices rédhibitoires.

3° Arrière-main.

La **croupe** fait suite au rein et s'étend entre les hanches jusqu'à la queue et les cuisses. C'est elle qui transmet à la masse du corps les efforts produits par les membres postérieurs. La direction et la longueur des leviers, le développement des masses musculaires qui la composent sont donc fort importants. Ce sont eux qui détermineront les caractères de beauté de la croupe.

Les coxaux fortement liés au sacrum, s'articulent vers leur milieu sur le fémur ; les ischions qui se prolongent en arrière vers la pointe de la fesse forment avec les ilions, base de la hanche, les extrémités d'un levier qui sera d'autant plus fort qu'il sera plus long. Ceci indique comme qualité la longueur de la croupe (fig. 2).

La croupe est *horizontale*, ou *avalée* (fig. 4); ce sont les limites extrêmes de direction. Avalée, elle est défectueuse parce que les muscles qui la forment seront courts et ont peu d'action sur des leviers qui tendent à prendre une direction parallèle. Horizontale, elle sera plus apte à chasser en avant par les raisons opposées. Cette dernière conformation est aussi la plus gracieuse à l'œil, mais elle laisse moins de force à la ligne supérieure du corps pour résister au poids du cavalier et elle est moins favorable au rassembler. On lui préférera une direction un peu oblique de la pointe de la hanche à la pointe de la fesse, tandis que la ligne supérieure de la croupe restera horizontale par l'attache et le port de la queue (fig. 3).

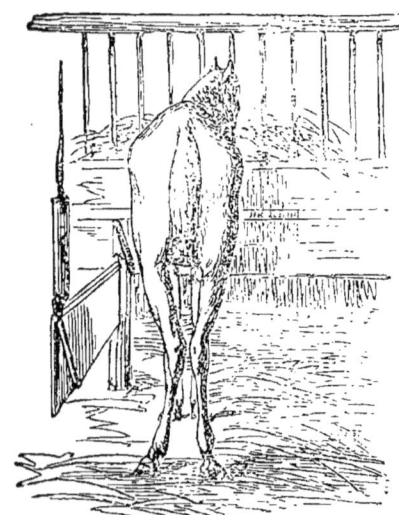

Fig. 5. — Croupe tranchante. — Cuisse de grenouille. — Jarrets clos. — Pieds panards.

La croupe peut être *tranchante* (fig. 5) ou *double* comme le dos.

La **queue** doit être attachée haut. Elle est soyeuse et d'un port élégant chez le cheval de race.

Les chevaux communs l'ont basse, pendante et formée de crins ondulés et bourrus. On en peut rectifier le port par une opération qui consiste à couper une partie des muscles abaisseurs.

Si on a retranché une partie du tronçon et les crins, le cheval est dit *courte queue*.

Le cheval *queue de rat* est celui dont les poils sont clairsemés.

L'**anus** est l'orifice postérieur du canal de l'intestin. Il doit former un petit bourrelet serré, qu'on dit *bien bondé* ou *bien marronné*. Volumineux et béant, il est l'indice d'un tempérament lymphatique. Il est quelquefois environné de tumeurs noires, dites *mélaniques*, qui rendent un suintement fétide. Ces tumeurs existent surtout chez les chevaux de robe claire.

La **hanche** est placée en arrière du flanc. Sa saillie très-prononcée fait dire du cheval qu'il est *cornu*. Ce n'est un défaut que pour l'œil.

On remarquera quelquefois une différence dans les deux hanches (ce que l'on nomme *éhanché*); cela vient presque toujours d'un choc violent que le jeune cheval s'est donné.

La **fesse** sera d'autant plus belle qu'elle sera plus développée, ce que l'on nomme *bien culotté*.

Chez les chevaux maigres ou d'un tempérament nerveux, elle porte quelquefois un sillon longitudinal : c'est la *raie de misère*.

On y trouve quelquefois aussi des traces de sétons qui sont l'indice d'une maladie ancienne des membres ou des organes intérieurs.

La **cuisse** a comme le bras pour caractères de beauté : longueur et développement musculaire. On la dit *bien gigottée* ou *cuisse de grenouille* (fig. 5) suivant qu'elle est bien musclée ou maigre.

Le **grasset** a pour base la rotule. Celle-ci se luxe quelquefois, ce qui est grave chez le cheval adulte et occasionne toujours des boiteries.

La **jambe** doit être longue, oblique et bien musclée. On répétera à son sujet les considérations qui s'appliquent aux membres antérieurs.

Le **jarret** tient le premier rôle dans l'étude de la locomotion. Son épaisseur, sa largeur, la longueur du calcanéum, la sécheresse des os et des tendons sous la peau sont les signes de la force et de la détente de l'articulation.

La direction du jarret est aussi à étudier :

Le *jarret coudé* est plus favorable à la force, puisque les muscles extenseurs agissent plus normalement ; mais les allures gagnent plus en hauteur qu'en rapidité. Les extrémités postérieures étant plus engagées sous la masse, il en résulte une plus grande légèreté dans l'avant-main.

Le *jarret droit* est moins puissant, mais il est plus favorable à la vitesse des allures, au détriment de la souplesse.

Plus que toute autre articulation le jarret est sujet à des lésions graves que nous étudierons dans une prochaine leçon.

La description du canon, du boulet, des phalangiens qui a été faite pour les membres antérieurs s'applique aux membres postérieurs.

Les *organes de la génération* chez le cheval sont ainsi composés :

Le **fourreau** est un pli de la peau qui enveloppe le pénis. Il doit laisser celui-ci entrer et sortir librement. Trop étroit, il peut causer un étranglement de cet organe. Trop large, il laisse entrer une grande quantité d'air que le ballottement du pénis chasse avec un bruit désagréable.

Le **pénis** est contenu dans le fourreau d'où il ne sort que dans l'érection qui sert à l'accouplement dont nous n'avons pas à nous occuper, ou pour conduire l'urine au dehors.

Le fourreau et le pénis sont souvent le siége de *verrues* ou *poireaux* qui proviennent de la malpropreté.

Le **scrotum** forme une sorte de bourse qui contient les *testicules*. La plupart de nos chevaux de cavalerie étant *hongres*, c'est à dire castrés, n'ont point cet appendice. Il n'y a d'exception que pour les chevaux arabes.

Chez la jument, les organes de la génération se composent de : .

La **vulve** qui s'ouvre verticalement en dessous de l'anus. Elle présente quelquefois des excroissances charnues nommées *polypes*. Certaines juments ouvrent fréquemment la vulve pour rejeter un liquide purulent qui peut être l'indice de maladie de la matrice. C'est aussi l'effet des *fureurs utérines* qui rendent ces juments chatouilleuses, irritables et parfois dangereuses.

Les **mamelles** se trouvent dans la région inguinale. Elles sont à peine apercevables dans l'état ordinaire.

On appelle **périné** l'espace qui sépare l'anus du scrotum ou de la vulve.

SIXIÈME LEÇON.

DES PROPORTIONS. — DES APLOMBS. — DES ALLURES.

Des proportions.

L'étude de toutes les régions du corps prises isolément n'est point suffisante pour juger les aptitudes d'un cheval ; il faut comparer entre elles ces différentes parties et chercher leurs bonnes proportions.

La tête a été prise comme unité de mesure, et des méthodes anciennes l'ont divisée en fractions et sousfractions à l'infini. Sans tomber dans ces exagérations, nous accepterons volontiers la tête comme base de comparaison, parce qu'il est facile de déterminer ses caractères de beauté. Encore faut-il ajouter que l'habitude d'examiner des chevaux forme l'œil et dispense bien vite de ces mesures comparatives.

On admet que le cheval aura la longueur du corps (de la pointe de l'épaule à la pointe de la fesse) à peu près égale à la hauteur mesurée au garrot ; ces deux dimensions donnent chacune 2 têtes $\frac{2}{3}$.

L'épaule mesure 1 tête.

La hauteur du tronc, au garrot, pas tout à fait 1 tête $\frac{1}{3}$. Le membre antérieur un peu plus de 1 tête $\frac{1}{3}$. L'encolure à peu près la même mesure.

Ce sont les seules dimensions qui soient facilement comparables.

Avec cela, nous chercherons la croupe longue, le rein court, les rayons supérieurs des membres longs, au détriment des inférieurs ; le pied dans une bonne direction oblique, les premiers phalangiens plutôt courts que longs, les articulations larges, les tendons bien détachés.

Les défauts de proportions peuvent affecter les membres ou le corps.

L'excès de hauteur des membres fait dire d'un cheval qu'il est *haut perché*. Si, au contraire, le cheval a les membres courts, on le dit *près de terre*.

7.

La disproportion entre l'avant-main et l'arrière-main fait le cheval *trop haut du devant* ou *bas du devant*. Dans l'un ou l'autre cas, il y a défaut d'équilibre entre l'avant et l'arrière-main, et, par suite, usure probablement plus rapide du bipède le moins fort. Il en pourra résulter aussi une défectuosité dans les allures, défectuosité que le cavalier devra combattre, soit en asseyant son cheval davantage, si c'est l'avant-main qui est plus faible, soit en ralentissant les allures, si l'arrière-main trop faible ne peut suivre les mouvements de l'avant-main.

Le garrot bas, défaut que nous avons signalé en étudiant le garrot, vient, à proprement parler, du défaut de longueur des membres antérieurs. Si ceux-ci sont assez longs et que cependant le garrot soit peu saillant, on dira qu'il est *mal sorti* ou *empâté.*

Les défauts : *trop haut* ou *trop bas* du derrière, donnent lieu à des considérations semblables.

Il faut remarquer encore que le cheval qui n'aura point de disproportion dans la hauteur de l'avant ou de l'arrière-main, peut cependant être mal équilibré par le désaccord de l'épaule et de l'avant-bras, d'une part, de la croupe et du jarret, de l'autre.

Le corps trop long est presque toujours accompagné de faiblesse et d'allures décousues. Si le corps est trop court, le cheval aura les allures ralenties, forgera souvent, mais comme compensation il présentera beaucoup plus de force.

Des aplombs.

On appelle *aplombs* la direction que prennent les

membres du cheval, soit comme supports dans la station, soit comme agents de la progression.

Comme supports, la meilleure direction sera évidemment la verticale, les membres étant examinés de face, de profil ou par derrière. (Cette direction pour les membres antérieurs s'applique à l'avant-bras, au genou et au canon; pour les membres postérieurs, au canon seul.)

Si les membres antérieurs vus de profil sont déviés en arrière et plus engagés sous la masse, le cheval est dit *sous lui du devant* ; il est plus susceptible de tomber et de forger.

La déviation en avant est plus rare. On dresse quelquefois les chevaux à prendre cette attitude comme plus élégante, mais le cheval qui, de lui-même, est *campé du devant* souffre souvent des pieds ou des épaules.

Lorsque les phalangiens sont dans une direction qui se rapproche de la verticale, le cheval est dit *droit jointé*; s'ils sont, au contraire, dans une direction trop oblique (ce qui vient presque toujours de l'excès de longueur du paturon), on le dit *long jointé*.

Le cheval vu de face est *serre du devant* si les pieds sont trop rapprochés; s'ils sont éloignés avec excès, on le dit *écarté du devant* (fig. 2).

Ces deux déviations de la colonne de sustentation sont presque toujours accompagnées de celle du pied, qui est *cagneux* ou *panard*, suivant qu'il est en dedans ou en dehors de la verticale. Ces défauts peuvent aussi exister dans les pieds seulement.

Le cheval cagneux fait l'appui surtout sur le quartier externe qui, par conséquent, s'use davantage : c'est l'inverse pour le cheval panard.

Au point de vue des allures, le cheval cagneux est

disposé à se couper, ce qui peut amener des chutes.

Panard et cagneux ont aussi le défaut de ne pas mouvoir leurs membres dans le plan parallèle à celui de la progression. Il en résulte une perte de temps et de force. On dit de l'un qu'*il billarde* et de l'autre qu'*il fauche*.

Les membres postérieurs ont des défectuosités analogues.

Un cheval est *sous lui du derrière* ou *campé du derrière*. Dans le premier cas, il y a fatigue inutile des tendons et des jarrets, des allures cadencées, un enlevé facile de l'avant-main sur l'arrière-main. Dans le second, il y a surcharge dans l'avant-main, ralentissement dans les allures.

Vu par derrière, le cheval peut être *serré du derrière* ou *trop ouvert*.

Si ce sont les jarrets qui sont en dedans, on dit que le cheval a les *jarrets clos* (fig. 5) ; s'il les a en dehors de la verticale, ils sont *trop ouverts*. Presque toujours, le pied est en même temps panard ou cagneux.

Ces défauts ont des conséquences semblables à ce qu'on a dit des membres antérieurs.

Lorsqu'on examine un cheval, il faut le voir en station et en mouvement.

La station.

En station, on observe chacune des parties, les proportions, les aplombs, enfin l'âge et les tares que l'on étudiera plus loin.

Il faut distinguer dans la station la *station forcée*, qu est le *rassemblé*, et la *station libre*, qui est l'attitude que

CONNAISSANCE DU CHEVAL.

le cheval prend de lui-même. Les marchands de chevaux nous laisseront difficilement étudier cette dernière, dans laquelle nous surprendrions des défauts cachés.

Les allures.

Les allures naturelles comprennent le pas, le trot et le galop.

Sans vouloir entrer dans les discussions sans nombre qu'a provoquées le mécanisme des allures, nous en donnerons une description sommaire.

Le pas.

Bien que le pas soit l'allure la plus lente, c'est la plus compliquée et celle qui a donné lieu à plus de controverse. Il s'exécute en quatre temps très-légèrement rapprochés deux à deux, qui se succèdent en diagonale, de telle sorte que chaque extrémité fasse entendre sa battue séparément.

Ainsi, au poser du membre antérieur droit succède le poser de la jambe gauche postérieure, et de même pour le diagonal gauche. Mais les extrémités postérieures n'attendent pas pour se lever que les antérieures qui les précèdent en diagonale aient effectué leur poser; c'est lorsque les antérieures sont arrivées vers le milieu de leur soutien que les postérieures commencent à se lever.

Il en résulte que la masse est supportée alternativement par un bipède latéral et par un bipède diagonal.

La station sur les diagonaux est plus longue, parce que l'équilibre est assuré.

La station sur les latéraux est plus courte, parce que

LE PAS.

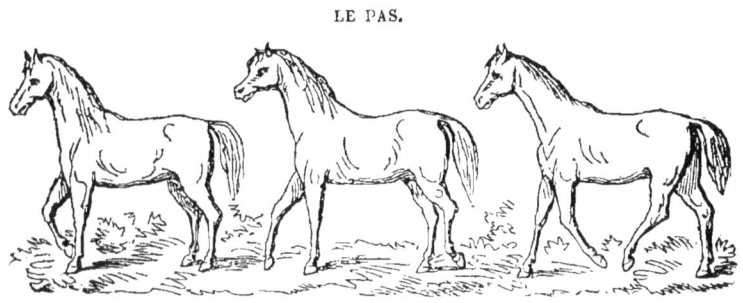

1° Départ. Lever du membre antérieur droit.

2° Lever du postérieur gauche. Station sur le diagonal gauche.

3° L'antérieur droit posé, lever de l'antérieur gauche. Station sur le latéral droit, le postérieur gauche arrive au secours de la masse.

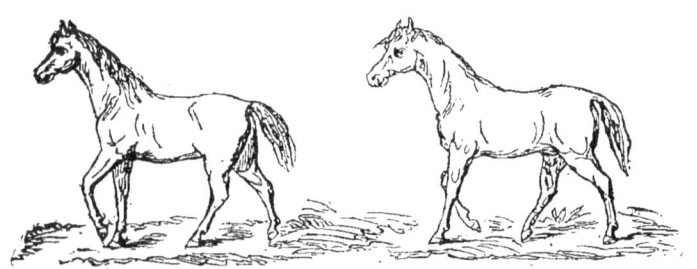

4° Le diagonal droit à terre; le postérieur droit se lève lorsque l'antérieur gauche est à mi-chemin de sa course.

5° Le latéral gauche à terre; le postérieur droit prend la place de l'antérieur comme au n° 3. Pour un instant il y aura appui sur trois membres, etc.

l'équilibre est instable; nous voyons même qu'au moment où le corps est supporté par un bipède latéral, un des membres de l'autre bipède arrive aussitôt au secours de la masse, et pendant un instant — très-court, il est vrai — la station se fait sur trois jambes. Cet effet se produit au moment où la masse passe des diagonaux sur les latéraux et des latéraux sur les diagonaux. (Voir le tableau des allures.)

Il est une autre remarque à faire sur cette allure : c'est que, dans le pas ordinaire ou pas soutenu, les membres postérieurs couvrent exactement les empreintes qu'ont laissées les membres antérieurs.

Dans le pas allongé, les empreintes se croisent. Si, au contraire, l'allure se ralentit, la trace des pieds postérieurs n'atteint pas celle des pieds antérieurs.

LE TROT.

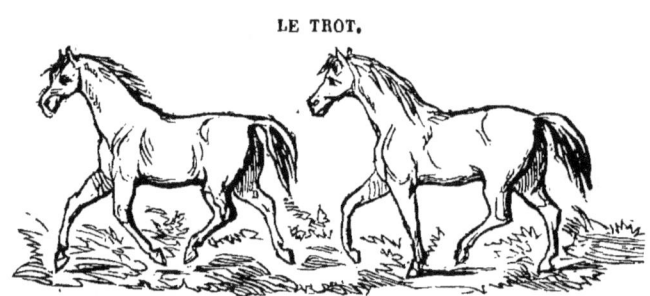

En l'air.   A terre : diagonal droit.

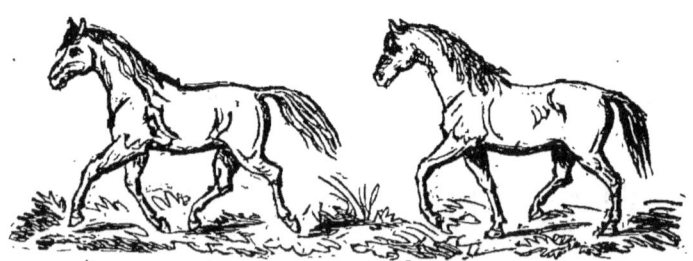

En l'air.   A terre : diagonal gauche.

Le trot.

Le trot s'opère en deux temps, les extrémités se suivant par bipède diagonal avec un ensemble parfait. Chaque battue est suivie d'un soutien plus ou moins long dans l'espace.

Dans le trot soutenu, les pieds postérieurs viennent prendre sur le sol la place des antérieurs.

Dans le trot allongé, le trajet dans l'espace est beaucoup plus long et les foulées se croisent. Certains chevaux, qui parcourent le kilomètre en moins de 2 minutes, couvrent dans un pas complet $3^m,20$ à $3^m,40$.

Les chevaux poussés hors de leur allure se détraquent, et chaque battue arrive à se décomposer en deux.

Le galop.

Le galop est une allure à trois temps, dont le mécanisme est parfaitement expliqué par l'ordonnance de cavalerie.

Dans le galop à droite, le 1er temps est marqué par le membre postérieur gauche qui pose seul à terre, les autres s'enlevant comme pour le cabrer; le 2e temps est marqué par le bipède diagonal gauche; enfin, au moment où ce diagonal gauche termine son appui, la jambe antérieure droite effectue le sien, ce qui constitue le 3e temps.

La masse, ayant alors acquis une grande vitesse par la détente des extrémités, progresse dans l'espace, pendant un temps plus ou moins long, en décrivant un mouvement de bascule, pour recommencer ensuite les foulées dans le même ordre.

Le galop de course s'exécute de la même manière, seulement les foulées sont considérablement plus espacées et le temps de suspension dans l'espace plus long.

LE GALOP (sur le pied droit).

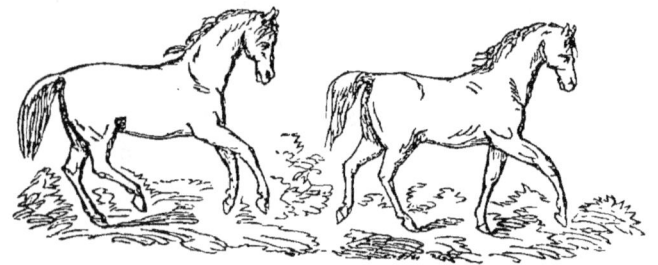

1re Foulée : postérieur gauche.   2e Foulée : diagonal gauche.

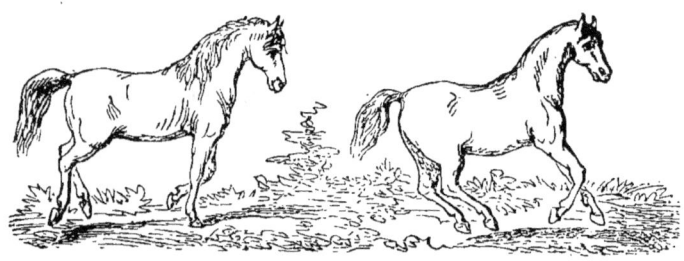

3e Foulée : antérieur droit.   en l'air.

Quelques auteurs ont voulu faire du galop de course une allure particulière, qui s'exécuterait en deux temps. Nous ne pouvons classer comme allure les bonds que quelques rares chevaux d'élite ont su faire dans un moment de surexcitation suprême.

Allures défectueuses.

Toutes les autres allures sont considérées comme défectueuses ou artificielles.

Ces dernières, que l'on appelle aussi airs de manége, peuvent se varier à l'infini par le dressage; nous n'avons pas à les étudier dans ce cours.

Les allures défectueuses sont les suivantes :

L'*amble* s'exécute en deux temps, comme le trot, mais par bipèdes latéraux et en rasant le sol avec vitesse. Lorsque les quatre battues se font entendre séparément, on appelle cette allure *amble rompu*. Ces deux allures extrêmement douces étaient recherchées autrefois pour les bidets de poste.

Il en était de même du *pas relevé*. Le pas relevé est un pas précipité, dans lequel les quatre battues sont espacées deux à deux.

Le *traquenard* est une sorte de trot décousu et désagréable pour le cavalier, que les chevaux prennent lorsqu'on les pousse hors de leur allure.

L'*aubin* est un mode de progression dans lequel le cheval semble galoper du devant et trotter du derrière. Il résulte presque toujours d'excès d'usure.

Enfin, certains chevaux communs ont un *galop à quatre temps*; il ne diffère de celui que nous avons étudié qu'en ce que les membres du bipède diagonal, au lieu de frapper le sol en même temps, arrivent l'un après l'autre.

SEPTIÈME LEÇON.

TARES OSSEUSES.

Étude des tares.

Un grand nombre de causes, trop souvent impossibles à saisir, viennent troubler la régularité des allures.

Les boiteries déprécient le cheval, le mettent même tout à fait hors de service. Il est donc de première importance de les reconnaître.

Certaines de ces boiteries pourront provenir de tares qu'on aura découvertes à l'examen du cheval en station; dans d'autres cas, nous verrons un cheval, jugé parfaitement sain des membres, boiter plus ou moins bas.

Les *tares* sont des affections congéniales ou accidentelles qui atteignent les os, les tendons, les capsules synoviales et quelquefois simplement la peau.

Celles qui se produisent sur les os sont dites *tares dures* ou *exostoses*; les autres s'appellent *tares molles*. Les unes et les autres ont les membres pour siége.

Tares dures.

Les tares dures sont presque toujours produites par une lésion du périoste, qui a amené une sécrétion anormale de la matière osseuse.

Les membres antérieurs peuvent être atteints des tares suivantes.

Exostose du genou.

Le genou est formé, comme on l'a vu, des os carpiens et de leur articulation, avec le cubitus d'une part, et le métacarpe de l'autre. L'exostose peut atteindre un ou plusieurs de ces os; quelquefois elle les soude ensemble, ce qui empêche la flexion du membre.

Les ligaments et les tendons n'ont plus leur liberté d'action, le cheval boite.

A l'extérieur, nous ne trouverons plus la surface du genou nette comme nous l'avons demandé; il y aura inflammation locale, gêne dans le mouvement.

L'exostose est presque toujours incurable.

Suros.

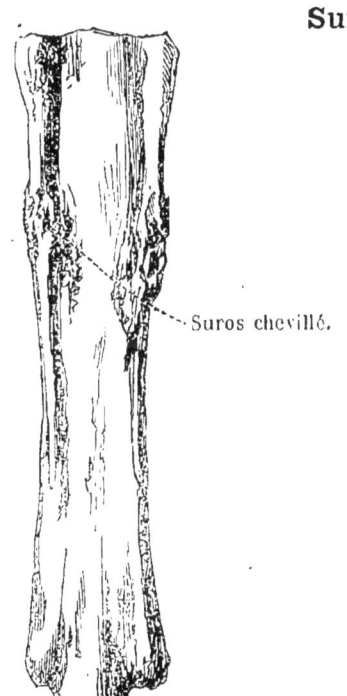

Fig. 7. — Face postérieure du canon.

Lorsqu'en examinant le canon, de face ou de profil, on aperçoit une saillie plus ou moins prononcée qui adhère à l'os, on dit que le cheval a un suros.

Les suros peuvent affecter un, deux ou les trois métacarpiens. Si le suros est simple, c'est-à-dire qu'il n'existe que sur un point du métacarpe et sur la partie latérale, il est peu grave parce que les tendons et les ligaments ne passent point en cette place.

S'il descend le long du métacarpe, on le dit *en fusée* ou *en chapelet*.

Enfin, il peut être *double* ou *chevillé* s'il existe des deux côtés à la fois (fig. 7). Presque toujours alors les deux suros tendent à se rejoindre, soit en arrière sous les tendons fléchisseurs, soit en avant sous les extenseurs; il les soulève en raison de son développement et nuit à leurs fonctions.

La boiterie est incurable.

Formes.

Les formes sont des exostoses qui affectent les phalangiens. Si petites qu'elles soient, elles sont toujours graves, cette région couverte de ligaments et de tendons, étant le siége d'un travail continuel.

Dans les membres postérieurs, les canons et phalangiens sont sujets aux mêmes suros et formes.

TARES DU JARRET.

Le jarret est le siége de tares toujours sérieuses qui prennent, suivant leur place, les noms de *courbe*, *éparvin* ou *jarde*.

La **courbe** se développe sur la tubérosité interne de l'extrémité inférieure du tibia, au point où viennent s'attacher les ligaments latéraux du tarse (fig. 8 et 9 : C-1).

Elle atteint parfois un volume considérable, contournant l'articulation et gagnant la poulie et les autres tarsiens. On la dit alors *cerclée*.

L'éparvin est beaucoup plus grave. Il se produit également à la face interne du jarret, mais en bas sur le métatarsien rudimentaire et au point d'insertion du ligament latéral. Souvent il s'étend plus en avant, sous l'attache du tendon fléchisseur (fig. 8 et 9 : D-2).

Mais comme toutes les tumeurs osseuses tendent

toujours à envahir les parties voisines, il est rare que l'éparvin se circonscrive dans les limites que nous venons d'indiquer

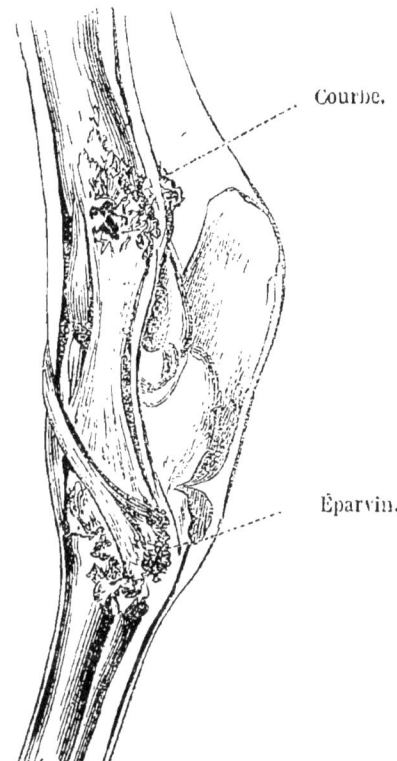

Fig. 8. — Jarret, face interne.

La boiterie sera d'autant plus dangereuse qu'elle viendra plus en avant et plus près de l'articulation.

Lorsque l'induration de la matière osseuse est complète, l'éparvin est dit *calleux*.

D'autres fois les tissus sont imprégnés de phosphate calcaire non solidifié et qui, à la dissection, présente l'apparence de plâtre délayé. C'est ce qu'on appelle l'*éparvin de bœuf*.

La **jarde** se produit à la face externe du jarret, à l'extrémité supérieure du canon, par conséquent à l'opposé de l'éparvin (fig. 9 : E-3).

Cette tare prend généralement naissance sur la tête du métatarsien rudimentaire externe (que nous avons aussi appelé péroné); lorsqu'elle se limite à cette partie, elle prend le nom de *jardon*.

Lorsque l'exostose prend plus de développement et s'étend à la partie postérieure du jarret sous les tendons

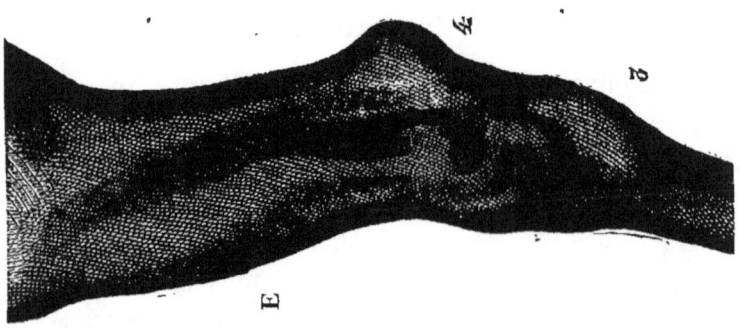

Jarret sain { vu par derrière.
             vu par devant.

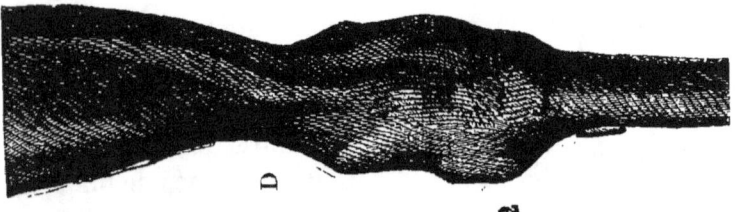

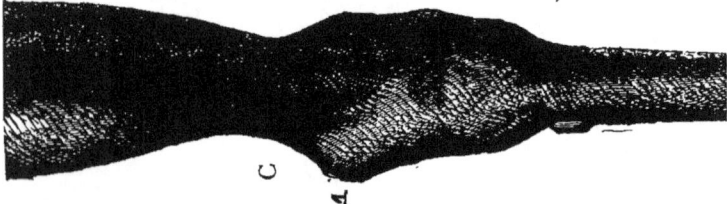

Jarrets tarés vus par devant.

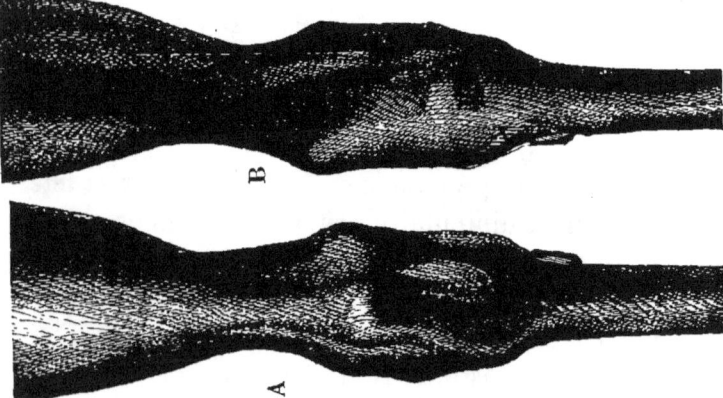

Fig. 9.

fléchisseurs des phalangiens, on l'appelle *jarde*. Cette tare est alors très grave.

Moyens de les reconnaître.

Ces différentes tares forment une éminence plus ou moins prononcée ; mais il faut convenir qu'il est difficile de discerner cette éminence anormale de celle qui est naturelle et dont souvent elle occupe la place.

Le meilleur moyen d'y arriver est de comparer les deux jarrets ou les deux membres, et de bien s'assurer si la forme, la grosseur, la position des éminences sont parfaitement identiques (comparer fig. 9 les jarrets A, B, C, D, E.)

Il pourra arriver que l'identité parfaite soit maintenue entre les deux membres, par suite de deux tares semblables survenues exactement à la même place ; mais ce ne peut être évidemment qu'un cas très-rare tout à fait exceptionnel.

Il ne faut pas exagérer l'importance des tares, car on voit des chevaux positivement tarés continuer à faire un très-bon service. Les Anglais même en tiennent peu compte, lorsque, après avoir essayé le cheval, ils ont constaté que la tare n'occasionnait aucune boiterie. Mais il faut songer que la sécrétion anormale du phosphate calcaire qui constitue la tare s'arrête rarement, que dans un temps plus ou moins long elle atteindra le passage des tendons ou les points d'attache des ligaments, et qu'alors le cheval deviendra boiteux et peut-être de valeur nulle.

Il est donc très-important d'observer la position actuelle de la tare et de mesurer, pour ainsi dire, l'extension qu'elle peut prendre sans inconvénient grave.

HUITIÈME LEÇON.

TARES MOLLES. — CAUSES DES TARES, LEUR TRAITEMENT. — BOITERIES.

Tares molles.

Les capsules synoviales qui enveloppent les articulations, les tendons, les ligaments, les cartilages sont exposées à des inflammations graves qui amènent des sécrétions séreuses anormales et des infiltrations des tissus.

C'est ce qui constitue les tares molles, causes fréquentes de boiteries.

Les inflammations capsulaires peuvent se produire au genou, au jarret ou au boulet. Elles n'ont pas de nom particulier au genou ; au jarret, elles portent le nom de *vésigons;* au boulet, celui de *molettes.*

L'affection du genou est très-grave à cause de la grande quantité de tissus blancs qui se trouvent dans cette articulation. Elle se présente sous forme d'un gonflement mou que l'on reconnaît au toucher et qui est surtout apparent pendant l'appui du membre.

Le **vésigon articulaire** se présente à la partie antérieure et interne du jarret et quelquefois dans le vide du jarret.

Les **molettes** se montrent au-dessus du boulet. Elles sont dénommées simples, doubles ou chevillées comme les suros.

Vésigons et molettes peuvent aussi être causés par l'inflammation des tendons.

Le **vésigon tendineux** se place dans le vide formé entre le tibia et le calcanéum.

Les **molettes tendineuses** se forment le long du ligament suspenseur du boulet ou du tendon d'Achille.

L'inflammation des gaînes tendineuses donne lieu à des effets analogues à celle des capsules synoviales.

Les **capelets** sont dus à une infiltration de la peau et du tissu cellulaire à la pointe du jarret (fig. 9 : E-4).

Lorsqu'ils se limitent à ces parties, ils sont peu graves. Ils sont alors mollasses et vacillants au toucher ; mais ils sont quelquefois le produit d'une sécrétion anormale et peuvent être même adhérents au tendon qui couvre la pointe du calcanéum. Le capelet est alors plus grave ; il se manifeste par une fluctuation d'humeurs que l'on sent en palpant la pointe du jarret.

Causes des tares, leur traitement.

Les tares molles ou dures ont pour causes principales : les arrêts brusques, les efforts violents, les coups.

Le travail forcé, la pente trop grande du sol des écuries qui met les chevaux sur les jarrets, l'humidité constante des écuries ou des terrains marécageux occasionnent des molettes.

Leur traitement fait partie de l'art vétérinaire ; il comprend sommairement l'application d'astringents, d'émollients et de narcotiques pendant la période inflammatoire ; puis, comme résolutifs, les frictions d'alcool camphré ou mercurielles, les réactifs violents comme le sublimé corrosif, le feu anglais et enfin la cautérisation par le fer rouge.

Les molettes et l'engorgement des membres apparaissent quelquefois à la suite d'un repos prolongé à l'écurie ; les bains dans l'eau courante, les lotions d'eau blanche, les émollients et un exercice modéré sont alors les meilleurs moyens curatifs.

Éparvin sec.

Il ne faut pas confondre les éparvins, tares osseuses dont il a été question dans la leçon précédente, avec ce qu'on appelle *éparvin sec*.

L'éparvin sec consiste en une flexion brusque, saccadée du jarret que l'on appelle *harper*.

Il n'a pas de cause apparente et n'a d'autre inconvénient que d'être fort disgracieux et d'augmenter en pure perte le travail du membre qui en est affecté.

Effort du boulet.

L'effort du boulet consiste en une rétraction plus ou moins sensible des tendons fléchisseurs des phalangiens qui se produit à la suite d'excès de fatigue ou d'efforts violents. Le boulet s'engorge et se porte en avant, l'appui du pied ne s'opère plus qu'en pince. On dit que le cheval est *bouleté*.

Il faut un long temps de repos et beaucoup de soins pour calmer l'inflammation et ramener les tendons à leur longueur normale.

Nerf-ferrure.

La nerf-ferrure est produite par une atteinte aux tendons ou par un effort violent qui y occasionne une grande inflammation. C'est un accident à redouter pour les chevaux de course. La guérison est lente et se termine souvent par un engorgement induré.

Boiteries.

L'examen du cheval peut n'amener la découverte d'aucune tare, et cependant, soit que la tare ait échappé à nos recherches, soit que la cause se produise à l'intérieur, le cheval boite.....

Il faudra alors rechercher soigneusement le membre malade, afin de l'examiner avec plus d'attention encore; mais cette recherche elle-même est souvent très-difficile.

On distingue généralement trois degrés de boiterie : le cheval *feint*, il *boite*, ou il *boite bas*.

C'est surtout lorsque la boiterie est légère qu'elle est plus difficile à constater.

Le cheval cherche à soulager le membre malade en diminuant le temps et la force de l'appui.

Une oreille exercée saisit l'inégalité de la battue, et nous voyons le cheval se servir de son encolure comme d'un levier pour rejeter le poids du corps sur l'avant ou l'arrière-main, suivant qu'il souffre d'un membre postérieur ou d'un membre antérieur.

Mais ce symptôme lui-même peut nous induire en erreur : car si le cheval a levé la tête pour soulager un membre antérieur, il faut bien qu'il la baisse ensuite, et nous pourrons prendre ce deuxième mouvement comme indice d'une boiterie d'un membre postérieur.

On observera le jeu alternatif des épaules pour une boiterie antérieure et des hanches pour une boiterie postérieure. On verra l'une ou l'autre se soulever pour éviter la réaction au moment où s'opère l'appui, et s'élever ensuite pour que le membre malade participe moins à la progression.

Enfin, si la marche a fait soupçonner une boiterie, il faut observer longtemps le cheval en station libre : le cheval se place naturellement de façon que le membre atteint participe moins que les autres au soutien du corps.

Lorsqu'on n'aura pu déterminer la cause de la boiterie, on l'attribuera, presque toujours avec raison, au pied, surtout pour les membres antérieurs.

On pourra quelquefois s'en assurer en faisant passer le cheval au trot de la terre molle sur le pavé : la différence dans l'intensité de la boiterie sera beaucoup plus sensible si elle vient du pied, que si elle vient des régions supérieures. L'épreuve inverse donnera des résultats opposés : la boiterie du pied sera moindre en arrivant sur le sol mou ; la boiterie augmentera, au contraire, si elle vient des membres, à cause de l'extension plus grande du mouvement sur ce terrain mou.

NEUVIÈME LEÇON.

LE PIED. — CONFORMATIONS BELLES ET DÉFECTUEUSES. — MALADIES DU PIED. — LA FERRURE.

Le pied.

En suivant l'ordre naturel, le pied aurait dû prendre place dans l'étude de l'extérieur; on l'a rejeté à la suite des tares et des boiteries, parce que trop souvent, comme on l'a déjà dit, c'est le pied lui-même qui est le siége de la boiterie ; trop souvent aussi c'est la ferrure qui a occasionné l'inflammation du pied.

Pour supporter le poids énorme du corps du cheval, poids qui s'augmente considérablement par la vitesse, il est nécessaire que le pied soit très-résistant et en même temps élastique afin de neutraliser l'effet destructif du choc multiplié contre le sol. La description anatomique montre que ces conditions sont parfaitement remplies.

Parties internes.

L'*os du pied* et le *petit sésamoïde*, dit aussi *os naviculaire*, sont les bases du pied. (Voy. la description du squelette.) Des ligaments très-forts unissent ces os.

L'extrémité du *tendon extenseur* vient s'implanter en avant sur la crête supérieure de l'os du pied.

Le *tendon fléchisseur* (appelé aussi *perforant*) descend en arrière du paturon et de la couronne, passe sur les coulisses du petit sésamoïde et s'attache à la face plantaire de l'os du pied.

Des *brides ligamenteuses* maintiennent en place ces deux tendons.

L'os du pied est prolongé latéralement par deux *fibro-cartilages*, sorte de coussins élastiques qui aident à la dilatation du sabot.

Un *coussinet plantaire*, production fibreuse et mollasse, remplit le même office en arrière.

Ces parties sont lubrifiées par des poches synoviales.

Le tout est enveloppé par la chair du pied, foyer de nutrition de la corne, que l'on nomme *tissu réticulaire*. Ce tissu prend différents noms et présente une texture particulière suivant la place qu'il occupe :

Sur les parties latérales du pied, on trouve la *chair cannelée* ou *feuilletée*, qui se présente sous forme de lamelles longitudinales extrêmement minces et nombreuses, lesquelles s'engrènent dans des lamelles semblables de la corne. Aussi l'union de ces parties est-elle très-solide. Ces lames de chair et de corne forment comme des soupentes pour suspendre le pied dans l'intérieur du sabot.

La *chair du bourrelet* se trouve à la partie supérieure du pied, dans une gouttière ménagée au bord de la paroi qu'elle secrète en grande partie.

Cette chair est ferme et présente une apparence veloutée.

La *chair de la sole et celle de la fourchette* offrent la même apparence, mais à un degré moindre, et sont moins fermes.

Les vaisseaux sanguins et les nerfs ont des ramifications très-nombreuses dans tout le pied ; aussi l'inflammation s'y propage-t-elle rapidement, lorsqu'une lésion quelconque vient atteindre une des parties que nous venons de décrire.

Parties externes.

On appelle *sabot* la matière cornée, insensible, résistante et élastique qui enveloppe le pied.

Le sabot se compose de trois parties qui se distinguent par leur place, leurs fonctions et la nature de leur corne. Ce sont la paroi, la sole et la fourchette.

La *paroi* ou muraille est la portion de corne apparente lorsque le pied est posé à terre.

La paroi est formée de filaments longitudinaux, sorte de poils agglutinés ensemble par un vernis que l'on nomme le *gluten*. Ce gluten est sécrété par le *périople*, bande de corne qui unit la paroi à la peau. Le gluten joue un rôle important dans la bonne conservation du pied.

La partie antérieure de la paroi s'appelle *la pince ;* de chaque côté de la pince sont les *mamelles* à la suite desquelles viennent les *quartiers*. La paroi se replie ensuite à angles aigus pour former les *talons*. La partie repliée qui se perd dans la sole, se nomme *arcs-boutants*.

L'extérieur de la paroi est lisse et luisant dans le pied en santé. La face interne s'unit étroitement avec la chair du pied par de nombreuses lamelles, comme on l'a déjà dit.

La *sole* est la plaque de corne qui constitue la face plantaire du sabot. Elle est formée de feuillets superposés. Elle s'incruste par son bord extérieur dans une échancrure de la paroi. Le bord intérieur se réunit à la fourchette.

La *fourchette* est formée de deux branches qui s'appuient sur les talons et se réunissent au centre de la sole. La fourchette est d'une corne flexible et sans filaments, comme serait du caoutchouc.

Ces trois parties de la corne sont élastiques, non-seulement par nature, mais en raison de leur conformation. La sole, qui forme une voûte, s'aplatit sous le poids du corps et presse sur le bord inférieur de la muraille; celle-ci, qui est quasi cylindrique, résiste à cette pression dans une proportion qui n'est pas la même dans ses différentes parties : l'épaisseur, et en même temps qu'elle, la force de résistance diminuent graduellement de la pince jusqu'aux talons. Les talons, d'ailleurs, n'étant pas unis l'un à l'autre, cèdent plus facilement.

La fourchette s'ouvre et aide à ce mouvement de dilatation.

Lorsque le pied se lève, la paroi se resserre à la façon d'un ressort et rend à la sole sa concavité primitive. Ce mouvement alternatif est en rapport avec la violence du choc qu'il décompose; il contribue à la conservation du pied et en même temps à la vitesse de l'allure.

On voit dès maintenant le danger et la difficulté de la ferrure : le fer n'a aucune élasticité; il importe cependant de ne pas détruire cette qualité essentielle dans le pied du cheval.

Il faut observer que les pieds antérieurs et les pieds postérieurs ne sont point semblables. Les sabots antérieurs, dont les fonctions comme organe de support sont plus étendues, sont plus larges et plus élastiques.

Dans les sabots postérieurs, la forme est moins arrondie, la pince fait saillie, les talons sont plus serrés et plus hauts, la sole est plus creuse et la corne généralement moins dure.

Conformations belles et défectueuses.

Le pied bien fait est proportionné comme grosseur à l'ensemble du corps, la muraille forme en pince un angle de 50 à 60 degrés avec le sol; sa surface est lisse, unie, liante, plus large en bas qu'en haut; la sole est bombée sans excès, la fourchette bien nourrie et nette.

Le pied peut être *trop grand*, ce qui n'est guère un défaut que pour l'œil; les chevaux élevés dans les prairies marécageuses ont souvent le pied grand, tandis que les chevaux de montagne ou des pays rocailleux ont généralement le pied petit.

Le *pied petit* peut devenir une difformité grave, en ce sens qu'elle augmente presque toujours avec le séjour dans l'écurie et qu'elle occasionne des boiteries (1).

Dans le *pied plat,* la muraille est trop oblique, la sole abaissée. Il y a peu d'élasticité dans ce pied ; l'appui se fait en talons, il y a tiraillement des tendons et prédisposition aux oignons et aux bleimes.

Le *pied comble* présente une sole convexe au lieu d'être concave. Les boiteries sont fréquentes et le cheval presque toujours hors de service.

Les *pieds dérobés* sont ceux dont la muraille est cassante. Ils sont souvent difficiles à ferrer.

Le *pied rampin* a la paroi verticale et une grande hauteur de talons. Cette conformation est plutôt disgrâcieuse que nuisible.

Telles sont les difformités naturelles.

D'autres sont accidentelles.

Les pieds sont dits *encastelés* lorsque les talons sont trop resserrés l'un contre l'autre. L'élasticité du pied a disparu, les parties contenues sont comprimées ; il en résulte des boiteries. L'encastelure se produit souvent dans les pieds petits et plutôt dans les membres antérieurs.

Les *pieds étroits* sont ceux dont le diamètre latéral est rétréci. Ce défaut coïncide souvent avec l'encastelure.

Le raccourcissement des tendons suspenseurs, des douleurs continues rendent les pieds *pinçards,* c'est-à-dire ne portant sur le sol que par la pince.

(1) Ce qu'on a dit du pied trop grand indique le remède : si un cheval boite parce que ses pieds se sont resserrés, on l'enverra pour quelque temps dans une prairie basse; ou bien on garnira l'écurie de terre glaise molle, dans laquelle ses pieds reprendront leur élasticité et leur forme.

Les pieds *cerclés* présentent sur leur muraille des éminences ou des dépressions circulaires qui sont le témoignage de l'irritation dont la couronne a été le siége. Cette altération se rencontre souvent dans les pieds plats ou dans les pieds encastelés.

Maladies du pied.

Les pieds, enfin, peuvent être atteints des maladies suivantes :

Les *seimes* sont des fentes qui se produisent longitudinalement dans la paroi.

Elles proviennent de la mauvaise nature de la corne qui perd sa cohésion, se sèche et se fend; elles sont aussi quelquefois occasionnées par la maladresse des maréchaux, qui enlèvent avec la rape le vernis protecteur du pied... La seime est longue à guérir.

La *fourbure* consiste dans l'inflammation du tissu réticulaire. Elle a généralement pour cause les marches forcées; quelquefois aussi le resserrement trop grand du fer et l'excès d'alimentation avec des substances échauffantes.

La *bleime* est une affection grave qui consiste en une meurtrissure des talons ou des quartiers. Les tissus intérieurs s'enflamment, il se produit un épanchement de sang dans les pores des talons ou de la sole, et presque toujours une suppuration.

Cette affection est d'autant plus grave que, même après guérison complète, le retour en est à craindre.

La fourchette peut être atteinte d'une décomposition très rebelle nommée *crapaud*. Cette affection débute par un suintement fétide qui fait dire que la *fourchette* est *échauffée* ou *pourrie*.

Un accident assez fréquent est le *clou de rue* ou corps étranger quelconque qui a pénétré dans la face plantaire du pied, — presque toujours dans la fourchette ou entre la sole et la fourchette. — La boiterie est immédiate. Le premier remède est d'extirper le corps étranger, avec soin, pour qu'il ne se casse pas dans la blessure. Quelquefois il s'établit par suite une suppuration que l'on favorise en creusant en entonnoir la partie affectée.

La ferrure.

Pour garantir le pied du cheval et prévenir la dégradation de la corne qu'entraînerait la marche sur des terrains durs, on a été amené à fixer sous le pied une bande de fer préparée à cet effet.

C'est ce qui constitue la ferrure.

Il n'entre pas dans le plan de ce cours de traiter à fond de la ferrure. On ne donnera dans cette leçon que quelques principes. On y reviendra dans la dernière leçon, à propos de l'hygiène.

Le fer est fixé par des clous spéciaux. Les instruments qui servent à l'opération sont le *brochoir*, les *tricoises*, le *repoussoir*, le *boutoir*, le *rogne-pied* et la *râpe*.

Le but de la ferrure étant de prévenir l'usure du sabot, on peut poser comme principe que, pour un pied bien fait, il faut le plus possible respecter sa forme, conserver la rectitude des aplombs, ménager l'élasticité du pied.

Ces règles qui semblent si simples sont souvent difficiles à appliquer.

La corne ayant poussé, il faut, avec le boutoir et le

rogne-pied, enlever l'excédant qui se serait usé naturellement si le cheval n'avait pas eu de fers.

C'est ce qu'on appelle *parer le pied*. Il importe de le faire bien également et ne pas parer plus en pince qu'en talons, ou inversement, car l'aplomb serait évidemment changé.

Une observation analogue s'applique au choix du fer : le pied étant dans un bon aplomb, le fer doit être également épais dans toutes ses parties.

Dans ces conditions, on verra le fer s'user régulièrement; mais si l'aplomb a été détruit par une précédente ferrure, parce que les talons auront été trop abattus, par exemple (ce qui arrive souvent), on verra le fer irrégulièrement usé, le sabot portant plus en pince qu'en talons. Le maréchal alors devra ménager les talons, et, en attendant que la corne repousse, il donnera à son fer plus d'épaisseur en cette partie pour soulager le pied et ne point augmenter la fatigue des tendons fléchisseurs (1).

Quant à l'élasticité du pied, on voit que le fer ne permet pas de la conserver entièrement. On peut du moins la laisser aux quartiers et aux talons, en rapprochant plutôt les étampures de la pince.

Il importe enfin que le fer soit préparé pour le pied et non pas le pied ajusté pour le fer, pratique trop fréquente des maréchaux qui abusent de la râpe pour façonner le pied et détruisent ainsi le vernis protecteur de la corne, dont l'action est si importante.

---

(1) Quelques maréchaux font le raisonnement inverse et disent que le cheval ayant plus usé en pince, il faut augmenter l'épaisseur du fer en cette partie. — Ils augmentent le mal au lieu de le guérir.

DIXIÈME LEÇON.

GÉNÉRALITÉS SUR L'AGE. — FORME ET ANATOMIE DES DENTS.

De l'âge.

On conçoit qu'il est très-important de pouvoir déterminer l'âge du cheval. L'estimation des services qu'il peut rendre et par suite sa valeur pécuniaire ont l'âge pour base principale.

Dans l'étude de l'extérieur on a signalé certains indices qui accompagnent la vieillesse, mais ces signes sont vagues et très-irréguliers. On a trouvé dans la dentition des indices beaucoup plus sûrs et dont la succession s'établit assez régulièrement pour tous les âges.

Les dents sont divisées en trois séries, les *incisives*, les *crochets* et les *molaires*.

Les *incisives* sont placées à l'extrémité inférieure de la tête. On les distingue en *pinces*, qui sont les deux dents placées au centre; en *mitoyennes*, qui sont placées de chaque côté des pinces, et en *coins*, qui forment les extrémités.

Les *crochets* sont placés isolément sur les barres, entre les incisives et les molaires.

Les *molaires*, au nombre de vingt-quatre, sont disposées par rang de six sur les quatre côtés des arcades dentaires. Les trois dernières molaires de chaque rang, appelées arrière-molaires, sont persistantes. Les avant-molaires ainsi que les incisives du poulain sont *caduques* et tombent à époques déterminées. Elles sont remplacées par des *dents de cheval*.

Les dents, sauf les crochets, sont terminées par une section plus ou moins régulière que l'on nomme la *table de la dent* et qui frotte sur la dent opposée.

En observant les irrégularités de cette surface, on voit qu'elles proviennent de la réunion en une même dent de deux substances d'inégale densité : l'ivoire et l'émail.

L'ivoire, d'aspect jaunâtre, forme la base de la dent; il est recouvert par l'émail, matière blanche excessivement dure qui le pénètre et l'entoure.

Les molaires présentent une large table garnie de bandes transversales qui servent à triturer les aliments.

La partie enchâssée se termine par trois ou quatre racines.

Comme il est à peu près impossible de les observer en raison de leur place, il n'en sera plus question ici.

Les incisives de la mâchoire inférieure sont les dents qu'on observe pour déterminer l'âge; celles de la mâchoire supérieure ont des caractères trop irréguliers pour être utilement consultées.

Trois points principaux sont à considérer : l'*éruption de la dent*, la *forme de la table*, son *degré d'usure*.

On verra plus loin les époques de l'éruption des dents. Quant à la forme et au degré d'usure, il importe pour les bien comprendre de connaître la structure de la dent.

Forme et anatomie des dents.

Les incisives de lait n'ont pas la même forme que celles du cheval; les premières sont petites, très-plates d'avant en arrière, d'un blanc laiteux ; enfin, entre la partie libre et la partie enchâssée, il y a un étranglement marqué nommé *collet*.

Les dents de cheval sont plus volumineuses et plus longues, elles n'ont pas de collet.

Les incisives sont recourbées d'une extrémité à l'autre, présentant une convexité en avant. Leur forme varie suivant les différents points de la longueur (qui est d'environ 70 millimètres) : à l'extrémité libre, la dent est aplatie d'avant en arrière, tandis qu'à l'autre extrémité elle est aplatie d'un côté à l'autre. En sorte que si l'on sciait une incisive à différents points de sa longueur, les sections intermédiaires seraient d'abord ovales, puis arrondies, puis triangulaires et enfin aplaties d'un côté à l'autre. Or, la dent s'use annuellement de deux à trois millimètres et sort de l'alvéole d'une quantité à peu près égale ; les différentes sections se présenteront donc naturellement au regard de l'observateur. Vers l'âge de huit ans, l'étude de cette conformation de la table deviendra d'importance capitale.

Si maintenant on sciait une dent non encore usée longitudinalement, et suivant une direction parallèle au plan médian de la tête, on verrait qu'elle présente deux cavités. La première externe, profonde de 12

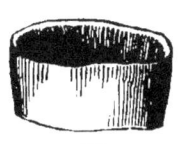
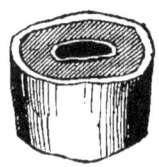
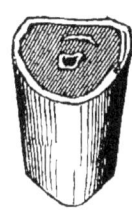
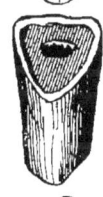
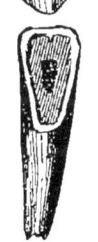

Fig. 10.
Incisive sciée à différents points de sa longueur.

à 15 millimètres, et limitée par deux bords tranchants, antérieur et postérieur. Le bord antérieur dominant le postérieur d'environ 2 millimètres.

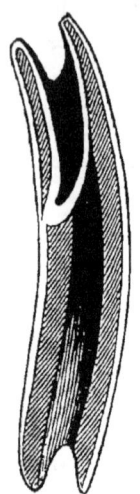

Fig. 11.
Incisive sciée longitudinalement.

La seconde cavité plus étroite, lui est opposée. Elle part de la racine, monte dans l'ivoire et croise en avant le cornet dentaire sans le toucher. Elle contient la pulpe de la dent, substance plus jaune et moins dure que l'ivoire, organe secréteur de la dent, que l'on verra apparaître à un certain âge.

L'émail tapisse la première de ces cavités : il en résulte qu'à un certain degré d'usure la table présentera deux cercles d'émail, l'un extérieur enveloppant l'ivoire, l'autre central limitant le cornet dentaire externe.

Un peu plus tard, on verra apparaître entre le cornet central et le bord tranchant antérieur le cul-de-sac de la cavité dentaire interne, que l'on nomme *cornet radical*.

Le mot *raser* est employé pour désigner le degré d'usure de la dent. Les auteurs n'étant pas d'accord sur la valeur et l'emploi de ce mot, il importe de le bien définir.

Pour nous conformer au cours de M. Vallon, qui a été publié avec l'attache officielle, nous dirons qu'une dent est rasée lorsque l'usure est telle que sur tout le pourtour de la table, l'ivoire apparaît entre l'émail d'encadrement et l'émail central, — ou en d'autres termes, lorsque l'émail aura été assez usé pour que la partie repliée à l'intérieur du cornet dentaire soit entièrement séparée de la partie qui recouvre la muraille. — C'est le degré d'usure qui a été signalé ci-dessus.

ONZIÈME LEÇON.

DE L'AGE (SUITE). — ÉRUPTION DES DENTS, LEUR RASEMENT, LEUR USURE.

Les dents ne se montrent pas toutes en même temps et, comme conséquence, les phénomènes d'usure et de variation de forme dont il a été question dans la leçon précédente se produisent successivement : dans les pinces d'abord, puis dans les mitoyennes et enfin dans les coins, ordre dans lequel ces dents ont fait leur éruption.

Le jeune âge est marqué par l'éruption des dents de lait, leur rasement, leur chute et leur remplacement par les dents de cheval.

Pendant cette première période, les qualités du cheval se développent peu à peu, mais il est mou, impropre au travail et sous le coup d'une crise dépuratoire, *la gourme*, occasionnée par le travail fluxionnaire auquel donne lieu la dentition. Cette crise est suivie d'une grande faiblesse qui parfois réagit sur la vie entière.

L'âge adulte, que l'on pourrait aussi appeler la période stationnaire, vient ensuite. Malheureusement l'époque où le cheval a acquis la plénitude de ses forces n'est pas la même pour tous : certains chevaux sont faits à cinq ans; pour d'autres il faut attendre jusqu'à six, sept et même huit ans.

Toutefois les remontes ont dû prendre une base fixe et les règlements de cavalerie prescrivent que les chevaux seront mis en dressage à l'âge de cinq ans.

Cette période se marque par le rasement des inci-

CONNAISSANCE DU CHEVAL.

sives d'abord, puis par l'arrondissement de la table de la dent.

On peut fixer à sept ans en moyenne la durée de l'âge stationnaire. Ce n'est pas à dire que la vieillesse commence à douze ans, nous voyons, au contraire, beaucoup de chevaux continuer à faire un très-bon service, mais l'ardeur n'est plus la même, l'usure laisse ses traces qui seront des indices de l'âge. Les dents en fourniront de plus précis par leur forme triangulaire d'abord, puis aplatie d'un côté à l'autre.

Première période.

Éruption des dents de lait. Huit ou dix jours après la naissance, les pinces commencent à percer la gencive, si le poulain ne les a déjà en naissant.

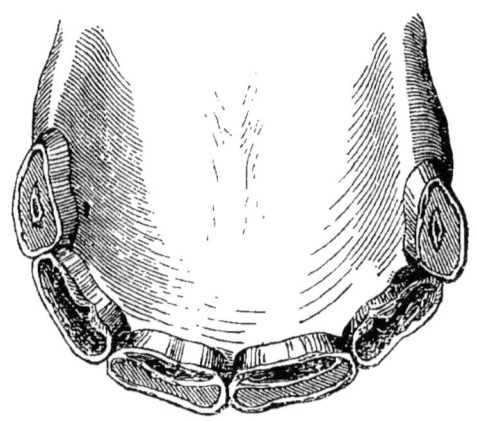

Fig. 12. — 4 ans.

Les mitoyennes apparaissent du vingtième au quarantième jour.

Les coins à six ou dix mois.

Rasement des dents de lait. Aussitôt que l'éruption d'une incisive est accomplie, le frottement commence et la table se forme.

Le rasement est assez irrégulier dans les dents caduques.

En général, les pinces ont rasé de huit à dix mois.

Les mitoyennes à douze ou quatorze mois.

Les coins de dix-huit à vingt-deux mois.

Éruption des dents de remplacement. Vers deux ans et demi, les pinces caduques tombent et l'on voit appa-

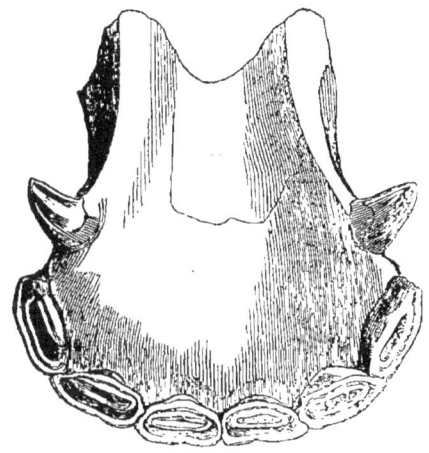

Fig. 13. — 5 ans.

raître les pinces de remplacement, qui arrivent à hauteur des mitoyennes de lait à trois ans.

Celles-ci disparaissent à leur tour et sont remplacées à trois ans et demi.

En sorte qu'*à quatre ans* le cheval n'a plus que ses coins de lait, rasés, tandis que les mitoyennes ne le sont pas du tout, et les pinces ne le sont pas encore complétement.

Les coins de lait tombent à quatre ans et demi, et *à cinq ans* le cheval aura toutes ses dents d'adulte : les pinces rasées; les mitoyennes usées sur le bord antérieur et présentant déjà une bande d'ivoire de ce côté; les coins à hauteur des mitoyennes mais n'ayant pas encore frotté.

Deuxième période.

A six ans, les mitoyennes sont rasées à leur tour, les coins ne sont usés que par leur bord antérieur.

A sept ans, toutes les incisives sont rasées.

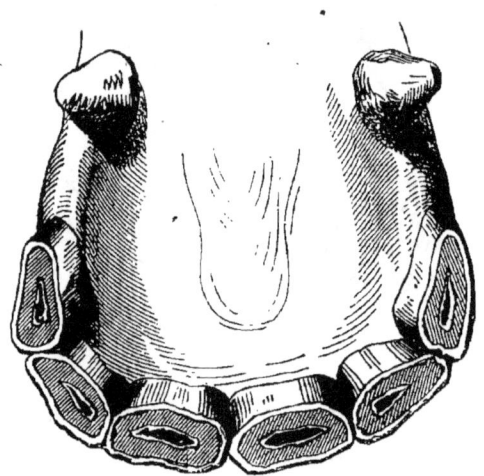

Fig. 14. — 7 ans.

La mâchoire supérieure présente généralement à cet âge un indice utile. L'arc de cercle formé par les incisives dans la mâchoire supérieure est un peu plus grand que dans la mâchoire inférieure; il en résulte qu'une partie des coins supérieurs ne frotte pas sur les inférieurs et ne s'use pas également. La saillie qui se présente aux coins supérieurs s'appelle la *queue d'hirondelle*.

A huit ans, les incisives sont devenues ovales; le cornet dentaire s'est rapproché du bord postérieur, la queue d'hirondelle est bien marquée.

Les crochets, dont il n'a pas encore été question parce que leur éruption est irrégulière (ils sortent de quatre à sept ans), sont généralement émoussés. Le rasement n'existe pas dans les crochets.

A neuf ans, les pinces s'arrondissent; le cornet dentaire, devenu rond, s'est approché davantage du bord

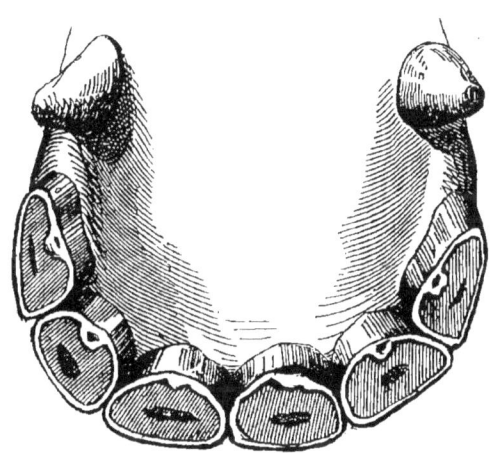

Fig. 15. — 11 ans.

postérieur; entre lui et le bord antérieur on distingue nettement, sous forme d'une bande jaunâtre, l'étoile radicale ou cul-de-sac de la cavité dentaire interne.

A dix ans, les mêmes transformations se produisent dans les mitoyennes.

A onze ans, mêmes transformations dans les coins, le cornet dentaire externe n'est plus qu'une petite exubérance d'émail qui touche le bord postérieur.

A douze ans, les incisives sont arrondies; l'émail central a disparu; tout au plus existe-t-il encore dans les coins; l'étoile radicale occupe le centre de la table.

Troisième période.

A treize ans, disparition absolue de l'émail central. Les pinces prennent la forme triangulaire, qui devient nettement accusée *à quatorze ans*. L'angle formé par les deux mâchoires est beaucoup plus aigu.

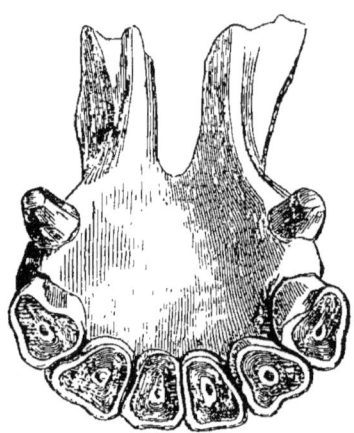

Fig. 16. — 16 ans

A quinze ans, les mitoyennes sont triangulaires à leur tour.

A seize ans, les coins le sont aussi, l'étoile radicale se présente sur toutes les tables en un point rond central.

A dix-sept ans, les pinces commencent à s'aplatir d'un côté à l'autre.

C'est vers cette époque que l'émail central disparaît dans toutes les incisives supérieures.

A dix-huit ans, la table des pinces est plus longue d'avant en arrière que d'un côté à l'autre.

A dix-neuf ans, cette configuration se présente dans les mitoyennes.

A vingt ans, même changement dans les coins : toutes les incisives sont devenues bi-angulaires.

Au-delà de cet âge les dents n'offrent plus de caractère

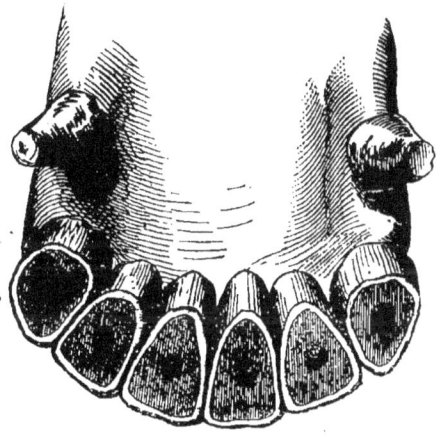

Fig. 17. — 20 ans.

précis. Le degré d'aplatissement, la direction de plus en plus oblique des deux mâchoires l'une sur l'autre fourniront encore quelques indices qui n'ont d'ailleurs plus grande importance, le cheval étant généralement hors de service.

Les règles qu'on vient de voir s'appliquent à une dentition normale. La pratique présente des exceptions fréquentes qu'il faut savoir discerner.

En principe, la dernière dent sortie ou rasée offre des caractères plus certains que les dents précédentes.

La partie libre de la dent doit être de 18 millimètres environ dans les pinces, 15 dans les mitoyennes, 12 dans les coins. Si l'usure est irrégulière et que les dents soient trop longues ou trop courtes, le cheval paraîtra évidemment plus jeune ou plus âgé qu'il ne l'est réellement.

Une autre exception qui trompe plus facilement est la profondeur plus grande du cornet dentaire ou de l'émail qui le tapisse et par suite leur persistance au-delà du temps fixé pour leur disparition. Dans le premier cas, le cheval est qualifié de *bégu ;* dans le second, de *faux-bégu.*

C'est surtout la forme de la dent qui permettra de rectifier l'erreur.

Chez les chevaux tiqueurs, il deviendra presque impossible d'apprécier l'âge par l'inspection des dents. On examinera attentivement les signes extérieurs.

Il est bon aussi de se prémunir contre les ruses des marchands de chevaux, qui vieillissent ou rajeunissent leurs chevaux pour en augmenter la valeur et en favoriser la vente.

Les dents de lait sont arrachées pour faire paraître plus tôt les dents de remplacement.

Mais il n'y aura plus accord entre l'éruption prématurée des dents de remplacement et l'usure des dents non arrachées.

La lime et le burin sont employés pour produire artificiellement un cornet dentaire ou modifier la forme de la table. L'absence d'émail d'encadrement permettra de discerner facilement cette grossière supercherie.

DOUZIÈME LEÇON.

DES ROBES. — ROBES SIMPLES ET ROBES COMPOSÉES.

Des robes.

On entend par robe la couleur de l'ensemble des poils et des crins d'un cheval.

Les couleurs se distinguent entre elles par leurs nuances, et les robes se varient en outre par un grand nombre de signes particuliers.

Ces signes particuliers seront étudiés après les robes elles-mêmes.

Pour faciliter cette étude, nous réunirons dans une première division les robes simples, ou d'une seule couleur; la seconde division comprendra les robes composées. Cette seconde division se partage elle-même en plusieurs classes qui seront indiquées plus loin.

Première division. — Robes simples.

Cette première division comprend quatre robes : le *noir,* le *blanc,* le *café au lait* (1), l'*alezan.*

Les nuances qui les modifient sont :

1° *Noir :* — *Mal teint.* — *Franc.* — *Jaïet.*
2° *Blanc :* — *Mat.* — *Sale.* — *Argenté.* — *Porcelaine.*
3° *Café au lait :* — *Clair.* — *Foncé.*
4° *Alezan :* — *Clair.* — *Doré.* — *Foncé.* — *Brûlé.*

(1) Certains auteurs considèrent le café au lait comme un isabelle a crins lavés et ne comptent par conséquent que trois robes dans cette première division.

Le *noir* est dit mal teint lorsqu'il est roussâtre ;

Il est franc lorsqu'il est d'une nuance bien prononcée et mate ;

Il est jaïet ou jais lorsqu'il a le brillant de cette substance.

Le *blanc* est mat lorsqu'il a une teinte de lait ;

Il est sale quand il semble jauni par de la poussière ;

Il est argenté lorsqu'il a l'éclat de l'argent neuf ;

On le dit porcelaine lorsqu'il prend les reflets bleuâtres de la porcelaine.

Cet effet est produit par la coloration foncée de la peau qu'on aperçoit à travers les poils, quand ils sont fins.

Le *café au lait* se rapproche de la nuance du mélange de ces deux substances. — Il se divise naturellement en clair et foncé.

L'*alezan* est une robe d'un brun-rouge-jaunâtre dont les nuances sont caractérisées par l'intensité plus ou moins grande de ces trois couleurs.

Il est clair lorsqu'il est presque jaune ;

On le dit doré lorsqu'il prend l'éclat brillant de l'or neuf ;

Il est foncé lorsqu'il tire sur le roux ;

Brûlé lorsqu'il prend une nuance de café torréfié.

Deuxième division. — Robes composées.

Les robes composées comprennent quatre subdivisions :

1° Les robes d'une couleur avec l'extrémité inférieure des membres et les crins d'une autre couleur que la robe ;

2° Deux couleurs intimement mélangées ;

3° Trois couleurs intimement mélangées ;

4° Mélange par plaques distinctes du blanc avec une autre couleur.

1° EXTRÉMITÉ INFÉRIEURE DES MEMBRES ET CRINS D'UNE AUTRE COULEUR QUE LA ROBE.

Cette classe comprend trois robes : le *bai*, l'*isabelle*, le *souris*.

Elles sont ainsi nuancées :

1° *Bai :* — Clair. — Cerise. — Châtain. — Marron. — Brun.

2° *Isabelle* : — Clair. — Foncé.

3° *Souris* : — Clair. — Foncé.

Le *bai* a le fond de la robe brun-rouge plus ou moins foncé, avec les extrémités et les crins noirs.

Il est clair ou lavé lorsqu'il a une teinte rousse peu prononcée.

Cerise, châtain ou *marron*, il présente la coloration plus ou moins rapprochée de ces fruits.

Le *bai-brun* est d'une couleur foncée qui se rapproche du noir mal teint.

L'*isabelle* est la nuance café au lait modifiée par les extrémités et les crins noirs.

Il se divise en clair et en foncé.

Le *souris* a le fond de la robe gris cendré de l'animal de ce nom. Il est clair ou foncé.

2° MÉLANGE INTIME DE DEUX COULEURS.

Trois robes : *Gris.* — *Aubère.* — *Louvet.*

Les nuances sont :

1° *Gris* : clair, — sale, — foncé, — ardoise, — tourdille, — étourneau.

2° *Aubère* : *clair*, — *mille-fleurs*, — *foncé*, — *fleur de pêcher*.

3° *Louvet* : *clair*, — *foncé*.

Le *gris* est formé du mélange de poils noirs et blancs en variable proportion.

Dans le gris clair, les poils blancs dominent.

Le gris sale prend un ton jaunâtre.

Le gris est foncé si les poils noirs sont en plus grand nombre.

On le dit ardoisé lorsqu'il a la teinte de l'ardoise ou de la cassure récente du fer, ce qui le fait aussi nommer *gris de fer*.

Le gris tourdille est parsemé de petits bouquets de poils noirs.

Le gris étourneau est mélangé de petits bouquets blancs et noirs semblables au plumage de l'étourneau.

L'*aubère* est l'union de poils blancs et de poils alezans.

La prédominance du blanc fait l'aubère clair.

Le mille-fleurs est parsemé de petits bouquets blancs.

L'aubère foncé ou vineux a les poils alezans en plus grand nombre.

Le fleur de pêcher est parsemé de petits bouquets de poils rouges.

Le *louvet* est formé du mélange de poils noirs et alezans. Ces deux teintes sont aussi quelquefois réunies sur le même poil.

Dans le louvet clair, les poils alezans dominent ; dans le louvet foncé, ce sont les noirs.

3° TROIS COULEURS INTIMEMENT MÉLANGÉES.

Une seule robe : le *rouan*, mélange de poils blancs, alezans et noirs. Il peut être *clair*, *vineux*, ou *foncé*.

Le *rouan* est clair lorsque le blanc domine. Il est vineux si c'est le rouge; il est foncé quand c'est le noir.

Il faut remarquer que les poils peuvent n'être pas mélangés également sur tout le corps, mais que très-souvent les poils noirs sont réunis aux extrémités, le fond de la robe étant composé de blanc et d'alezan.

4° MÉLANGE PAR PLAQUES DU BLANC AVEC UNE AUTRE COULEUR.

Ce mélange par plaques plus ou moins grandes du blanc avec une autre robe simple ou composée, est ce qui constitue la robe *pie*.

Selon la robe avec laquelle le blanc s'est allié, on dit : *pie-alezan*, *pie-noir*, *pie-bai*, *pie-gris*, etc., etc.

Les robes ne sont pas nettes dès leur jeune âge; ce n'est que vers la deuxième année qu'il devient possible de préciser la robe d'un poulain.

Les saisons ont une grande influence sur les robes : le poil d'hiver est long et terne, il rend parfois méconnaissable un cheval que l'on a vu avec le poil éclatant de l'été. Certains caractères cependant sont à peu près invariables : la nuance de la tête, celle des jambes et des crins. On y joindra les particularités qui nuancent les robes à l'infini et sont comme la marque propre de l'individu.

TREIZIÈME LEÇON.

PARTICULARITÉ DES ROBES. — SIGNALEMENTS.

Particularité des robes.

Les robes simples comme les robes composées, indé-

CONNAISSANCE DU CHEVAL.

pendamment de leur nuance, ont presque toujours quelques particularités.

Ces particularités sont divisées en quatre classes qui sont formées suivant les parties du corps qu'elles affectent.

1° PARTICULARITÉS QUI SE TROUVENT SUR TOUTES LES PARTIES DU CORPS.

Les *miroitures* sont des reflets partiels qui se trouvent les uns à côté des autres et séparés par des poils de couleur moins vive.

Les *pommelures* présentent des dispositions à peu près analogues s'appliquant aux robes grises ou rouannes. On dit pommelé clair ou pommelé foncé suivant que ce sont les poils blancs ou les poils noirs qui dominent.

Les *mouchetures* sont de petits bouquets de poils plus foncés que le fond de la robe; elles se produisent dans les gris, les aubères et les rouans.

Si ces bouquets de poils sont alezans, on les appelle des *truitures*.

Le *tisonné* ou *charbonné* sont des marques noires qui semblent faites par le frottement d'un charbon.

Marqué de feu désigne des taches d'un rouge plus ou moins vif qui se trouvent plus particulièrement aux naseaux, aux flancs ou aux fesses.

Lavé est la décoloration de certaines parties de la robe; c'est plutôt au ventre, aux flancs, aux ars, que cette marque se produit.

Les *zébrures* sont des lignes noirâtres transversales comme celles du zèbre. Elles se trouvent plutôt aux membres.

Les *tigrures* sont des mouchetures de grande dimension.

Le mot *rubican* est employé pour désigner la présence d'un certain nombre de poils blancs disséminés sur la robe sans en changer la teinte générale.

On désigne par le mot *ladre* une partie de peau colorée en rose tendre et couverte de poils très-fins. Le ladre existe par taches circonscrites près des ouvertures naturelles. S'il est veiné de noir, on le dit *marbré*.

Rouanné exprime la teinte rousse de l'extrémité des poils noirs dans certaines robes grises qui par suite paraissent rouannes en quelques parties.

Le mot *bordé* désigne le mélange des poils de différentes couleurs au pourtour d'une marque particulière comme les pelotes en tête ou les balzanes.

Mélangé s'applique aux mêmes particularités qui, au lieu d'être tranchées par plaques, présentent un mélange de poils blancs avec ceux de la robe.

Les *épis* méritent quelquefois aussi d'être signalés; toutefois on y attache généralement très-peu d'importance parmi nous. Les Orientaux en tiennent grand compte.

L'absence complète de poils blancs sur une robe, fait dire que le cheval est *zain*.

Pour les particularités qui peuvent être générales, on a soin, dans les signalements, d'indiquer si elles se trouvent effectivement sur toutes les parties du corps, ou quelles sont les parties où elles sont placées.

2° Particularités de la tête.

Certaines particularités ne se rencontrent qu'à la tête; elles ont été réunies en une classe.

Cap de More exprime la couleur noire de la tête avec une robe d'autre couleur (rouan, gris ou louvet).

Nez de renard indique des marques de feu aux naseaux et aux lèvres.

Les *marques en tête* sont des taches blanches qui se présentent sur le front, le chanfrein, le nez ou les lèvres. Elles portent différents noms suivant leur place et leur dimension.

Une marque de moyenne dimension au front fait dire que le cheval est *en tête*, — expression qui se modifie ainsi : *légèrement en tête* ou *fortement en tête*, si la tache est petite ou très-grande.

On dit aussi *quelques poils en tête* lorsqu'il n'y en a qu'un petit nombre et que la tache est à peine visible.

La marque en tête peut être appelée *pelote, étoile, croissant*, etc., suivant sa forme, qu'il faut toujours indiquer. On y ajoute aussi les qualificatifs, *bordée, mélangée, truitée*, etc.

Le prolongement de la marque en tête sur le chanfrein porte le nom de *lisse*.

On indique la forme et la dimension de la lisse.

Lorsqu'elle descend à droite et à gauche du chanfrein, le cheval est dit *belle face*; souvent ces grandes marques se terminent par du ladre aux lèvres. On dit alors que le cheval *boit dans son blanc*.

L'œil *véron* doit être signalé.

3° Particularités du tronc.

La *raie de mulet*, bande noire, ou plus foncée que la robe, va du garrot à la queue, on la trouve dans les chevaux isabelles, souris, bais ou louvets.

Ventre de biche indique la coloration jaunâtre du ventre.

Les crins peuvent être blancs ou mélangés, ce qu existe surtout dans la robe alezane.

Si les crins blancs se présentent par mèches, il faut en indiquer le nombre et la place.

4° Particularités des membres.

La *balzane* est une tache blanche plus ou moins étendue, qui est située immédiatement au-dessus du sabot Si la tache n'atteint pas le boulet, on dit *balzane* simplement. Plus petite, on dit *principe de balzane* ou *balzane incomplète*, ou moins encore : *trace de balzane*.

Au-dessus du boulet, la balzane est dite *chaussée;* on dit *très-haut chaussée*, si elle monte au jarret et au-dessus.

Les balzanes peuvent être *régulières, irrégulières, bordées, dentelées, truitées*, etc. On dit *herminée* lorsqu'elles présentent des bouquets de poils foncés, comme seraient ceux des fourrures d'hermine.

On désigne avec soin le membre ou les membres qui portent les balzanes ; pour deux balzanes, on désigne le bipède ; pour trois, on dit trois balzanes, dont une à tel membre antérieur ou postérieur.

La corne du sabot est généralement noire ; quand elle est blanche, c'est à signaler.

Indices fournis par les robes.

Les robes sont bien loin de donner des indices certains sur les qualités d'un cheval; cependant on trouve dans plusieurs races les chevaux d'une ou de certaines robes généralement bons, tandis que ceux d'autres robes sont moins bons et se vendent moins cher. Ces préférences des gens du pays sont basées sur l'expérience, et on en peut tenir compte.

En général les robes franches, d'un ton intense, sans pelotes ni balzanes, sont l'apanage des chevaux énergiques, tandis que les robes lavées, les café au lait, les alezans clairs, les blancs dès le jeune âge, le ladre, les balzanes haut-chaussées se rencontrent plutôt parmi les chevaux mous, lymphatiques, souffreteux.

En Bretagne, les rouans et les aubères se vendent plus cher que les autres. Les Arabes attachent une grande importance aux mouchetures et aux truitures. L'alezan clair, l'isabelle, le bai lavé sont pour eux en grand dédain.

Signalements.

Les signalements sont l'énumération des caractères extérieurs qui permettent de reconnaître un cheval.

Les signalements établis sur les registres matricules des corps donnent le nom, le sexe, l'âge, la robe et ses particularités.

La taille se mesure à la potence. Lorsqu'elle a été mesurée autrement, on doit l'indiquer.

Dans l'énoncé des particularités, on dit d'abord celles du corps, puis celles de la tête, et enfin celles des membres.

Voici un exemple de signalement :

Espérance, jument, 7 ans en 1873, $1^m,55$, alezan brûlé, légèrement rubican aux flancs, quelques poils en tête, petite balzane postérieure gauche herminée.

Il y a un autre genre de signalement qu'on appelle signalement composé ou d'appréciation. (Il n'est pas en usage dans les corps de troupe.)

Aux renseignements ci-dessus indiqués, on ajoute des détails sur la race, la conformation, le tempérament, le caractère, le genre de service que l'animal peut rendre ; — enfin les tares ou marques accidentelles dont il peut être affecté : traces de feu, opérations chirurgicales, suros, etc.....

Parmi ces marques accidentelles, il en est une dont il n'a pas encore été question, c'est le coup de lance.

Le *coup de lance* est une dépression musculaire, une sorte de trou comme aurait pu en faire une pointe de lance et sans lésion de la peau.

Il existe à l'encolure ou à l'épaule.

QUATORZIÈME LEÇON.

NOTIONS ÉLÉMENTAIRES D'HYGIÈNE

La conservation du cheval en santé, comme celle de l'homme, tient à bien des causes que les exigences du service ou de la guerre ne permettent pas toujours de rendre conformes aux règles de l'hygiène. Il faut du moins chercher à s'en rapprocher, et c'est surtout lorsque les chevaux seront au bivouac ou éparpillés dans des cantonnements que l'initiative individuelle pourra s'exercer et modifier par des soins intelligents des conditions fâcheuses par elles-mêmes.

Les influences principales viennent de l'air, des aliments, de la boisson, du pansage et des bains, du travail ou du repos et de la ferrure.

De l'air.

On a vu le rôle de l'air dans la respiration; son action est donc incessante.

L'air est chimiquement composé d'un mélange de 21 parties d'oxygène et de 79 parties d'azote.

Ce mélange se modifie toujours par une addition de vapeur d'eau et d'acide carbonique, et par différents gaz et corpuscules solides dont la proportion est variable suivant les milieux dans lesquels on se trouve.

On peut admettre en principe que, à part le voisinage de certains marais fangeux et les émanations que les industries répandent autour de nos villes, l'air extérieur est sain et pur.

Cet air est profondément vicié à l'intérieur, et on peut dire que les miasmes impurs de nos écuries, par leur influence débilitante, sont la principale source des maladies.

Le cube de l'air est nécessairement fort restreint, le renouvellement difficile et incomplet; au bout de peu d'instants la respiration a transformé une partie notable d'oxygène en acide carbonique; l'odeur du fumier, l'ammoniaque qui s'en dégage, la vapeur d'eau qui vient de la transpiration cutanée ou des urines s'y ajoutent, et le cheval respire pendant la plus grande partie de sa vie cet air empoisonné. Là est sans doute la principale cause de la morve et du farcin.

Le vent, la pluie, le chaud, le froid, toutes les incommodités du bivouac n'ont jamais eu ces funestes résultats.

Aussi ne peut-on trop recommander l'aération et la

propreté des écuries, et les sorties des chevaux aussi fréquentes que possible.

Les écuries.

Pour se rendre compte de l'aération que doit avoir une écurie, il faut savoir qu'un cheval de taille moyenne absorbe environ 4 litres d'air par aspiration (la capacité des poumons étant à peu près de 25 litres). La respiration se renouvelle 16 fois par minute, ce qui demande près de 4 mètres cubes d'air par heure. Mais la transpiration pulmonaire et cutanée, les déjections et les exhalaisons qui s'en dégagent, la fermentation des litières vicient l'air dans une proportion bien plus considérable.

Les hygiénistes estiment qu'il faut introduire dans l'écurie 36 mètres cubes d'air nouveau par heure et par cheval pour maintenir celui-ci dans de bonnes conditions. Quelle différence, cependant, entre cette quantité dite suffisante, et l'espace sans bornes dans lequel respire le cheval en liberté !

L'aération se donne par les portes ou par les fenêtres. Le mieux est d'ouvrir tout en permanence, à moins qu'il n'en résulte un courant d'air direct sur les chevaux, ce qui pourrait être cause de maladies. L'aération par les fenêtres, qui sont d'ordinaire placées très-haut, est préférable pour cette raison que nous venons d'indiquer, et ensuite parce que l'air chaud et vicié montant toujours se dégage plus facilement.

Le sol des écuries doit être pavé plutôt que bitumé ou dallé, afin que le cheval ne glisse pas; les interstices des pavés cimentés ou bitumés, afin d'éviter les infiltrations. On donne une pente de 2 centimètres par mètre pour l'écoulement des urines.

La litière est nécessaire pour les chevaux qui se couchent et pour former sous les pieds des chevaux une sorte de matelas élastique qui compense la dureté du pavage.

Son bon entretien est important. Les couches inférieures s'imprègnent de l'urine et forment à la longue un fumier qu'il faut enlever de temps en temps (on le fait ordinairement tous les huit jours). On sèche la paille encore bonne et on la remet dans les écuries.

On évite de laisser séjourner le crottin sur la litière, parce qu'il la pourrit, et aussi parce qu'il donne à l'écurie une mauvaise odeur.

L'aménagement intérieur de l'écurie n'est pas indifférent. Les mangeoires de pierre, les râteliers, le mode d'attache des chevaux, les bat-flancs et leur suspension... toutes ces questions doivent être étudiées et mises dans les meilleures conditions pour que les chevaux mangent leur ration, qu'il n'y ait pas de prise de longe, pas de coup de pied, et que les chevaux embarrés soient facilement dégagés. Sans développer ces points, qui sont toujours en dehors de notre action, nous renvoyons le lecteur à l'examen des modèles adoptés dans nos modernes quartiers de cavalerie.

La désinfection des écuries qui ont été occupées par des chevaux morveux ou farcineux est fort importante. Elle se fait au moyen de lavages avec des chlorures et de l'eau.

Les aliments.

Les aliments que reçoivent les chevaux de l'armée sont uniformément composés de paille, de foin et d'avoine (celle-ci étant remplacée par l'orge pour les chevaux arabes). Les quantités seules varient suivant les armes.

Cette alimentation, toujours la même, sauf les rares exceptions qu'amène un état morbide, offre un inconvénient sérieux.

L'estomac se blase, les facultés digestives s'émoussent en opérant toujours sur les mêmes substances. L'assimilation diminue à la longue, et la ration paraît insuffisante.

Pour introduire un peu de variété, on donne tous les ans, pendant une période de quatre à six semaines, le vert à un certain nombre de chevaux. Cette mesure serait avantageusement étendue à tous, en continuant, comme l'usage en est adopté actuellement, une ration d'avoine en même temps que le vert.

Dans l'alimentation on peut considérer deux parties distinctes : l'une de travail, qui est l'avoine; l'autre d'entretien, qui est représentée par la paille et le foin. La quantité d'avoine peut et doit se proportionner aux fatigues imposées, sans oublier que le cheval marche avec la nourriture de la veille, et non avec celle du jour.

Quant à la répartition de la ration sur l'ensemble de la journée, il faut beaucoup tenir compte du temps qui sera consacré au travail; c'est pendant le repos que le cheval reconstitue ses forces et assimile le mieux. Les Arabes disent que l'avoine du matin va au fumier, tandis que celle du soir va à la croupe.

Le *foin* est l'herbe des prairies naturelles fauchée et desséchée de manière à pouvoir se conserver. Il se compose d'un grand nombre de plantes, les unes bonnes, les autres inutiles, quelques autres enfin nuisibles (1), dont les proportions sont variables suivant le climat, l'élévation relative des prairies, leur engrais. Ces mêmes causes modifient la qualité du fourrage.

L'époque où il a été fauché, les circonstances atmosphériques, pluie ou sécheresse, qui ont précédé ou accompagné la fenaison ont une grande influence. Les longues pluies, les débordements font les foins lavés ou envasés. Lorsque des brouillards épais et persistants paraissent peu avant la fenaison, ils font naître sur le foin de petits champignons qui se produisent sous forme de taches rousses. On dit le foin *rouillé*.

(1) Voici un classement sommaire des plantes qui se trouvent dans le foin.

Plantes bonnes.
- Légumineuses. (Pois, gesses, fèves, lentilles, trèfle, luzerne, sainfoin.)
- Graminées. (Les avenacées, fétuques, paturin, flouve, vulpin, amourette.)

Plantes inutiles.
- Ombellifères. (Céleri, persil, cerfeuil, anis, angélique, carotte, panais.)
- Rosacées. (Arbres fruitiers, spiriacées (reine des prés), le sanguisorbe, vulgairement pimprenelle.)
- Labiées. (Sauge, mélisse, menthe, thym, serpolet, marjolaine.)
- Joncacées. (Joncs des prairies marécageuses.)

Plantes nuisibles.
- Crucifères. (Radis, moutarde, navette, colza, giroflée.)
- Renonculacées. (Aconit, ellébore, anémone, clématite, renoncule, bouton d'or.)
- Colchicacées. (Safran des prés, tue-chien, veillotte.)

La dessiccation incomplète occasionne la moisissure, ou tout au moins une fermentation nuisible qui fait le foin échauffé.

Le bon foin est d'un vert jaunâtre foncé, légèrement lustré, composé en majeure partie de graminées et de légumineuses, dont les tiges sont souples, garnies de leurs feuilles et de leurs fleurs. L'odeur en est agréable.

Au bout de dix-huit mois le foin a perdu beaucoup de ses qualités.

La *paille* est la tige desséchée du blé garnie de ses feuilles et de son épi, duquel on a extrait la graine.

La paille ne se présente pas toujours sous le même aspect. Quand elle est battue au fléau, elle reste entière ; les tiges alors doivent être égales, flexibles, brillantes et sans odeur. La paille battue à la mécanique ou dépiquée au rouleau est toute brisée, et ses bottes se font un peu comme les bottes de foin. Les deux procédés sont bons au point de vue de l'alimentation du cheval comme au point de vue de la séparation du grain. La paille brisée est peut-être plus favorable à la mastication, mais elle occasionne toujours plus de déchet.

Les plantes fourragères que l'on rencontre quelquefois dans la paille sont plutôt une amélioration.

Les qualités et les défauts de la paille sont les mêmes que pour le foin.

L'*avoine* contient non-seulement un principe nutritif considérable, elle a aussi des propriétés excitantes qu'elle doit aux parties résineuses et aromatiques de son enveloppe.

Il existe plusieurs variétés d'avoines. Les meilleures sont les plus lourdes (elles doivent peser au moins 45 kilogrammes l'hectolitre). Les grains bien remplis glissent facilement l'un sur l'autre quand on la presse dans la main. Elle doit être lisse, luisante, d'une saveur agréable, sans odeur, et soigneusement débarrassée de la poussière ou des cailloux qui y sont souvent mélangés.

Celle qui est ridée, humide, germée ou noircie, d'une odeur désagréable, doit être rejetée.

Les régiments montés en chevaux arabes reçoivent de l'orge au lieu d'avoine. Cette graine est aussi nourrissante que l'avoine sans avoir ses principes excitants.

On appelle *vert* la nourriture fournie par l'herbe des prairies naturelles, soit prise sur pied par le cheval en liberté, soit transportée à l'écurie. Les chevaux soumis à ce régime rafraîchissant reçoivent en même temps une ration d'avoine.

On donne aussi en vert l'herbe des prairies artificielles (le trèfle, la luzerne et le sainfoin).

L'eau.

La meilleure eau est celle de pluie. Quelle que soit son origine, voici les qualités qu'elle doit réunir pour être potable : être limpide, aérée, incolore, sans odeur ni saveur.

Elle doit dissoudre le savon et bien cuire les légumes.

Les eaux qui contiennent du sulfate de chaux ne dissolvent pas bien le savon, il se forme des grumeaux. On les qualifie d'eaux dures ou crues.

L'eau courante surtout, lorsque c'est sur un fond pierreux ou sablonneux, est généralement bonne.

Les eaux trop froides ou croupies peuvent occasionner des maladies.

Le cheval boit une ou deux fois par jour, de 15 à

30 litres. On le fait boire avant de manger l'avoine ; il faut avoir soin de couper l'eau, surtout si elle est froide. On évite aussi de faire boire un cheval en sueur ; toutefois, si c'est au milieu d'une marche et qu'on doive se remettre en mouvement tout de suite, il n'y a pas d'inconvénient à faire boire modérément.

Le Pansage. — Les Bains.

Le pansage est l'action méthodique des instruments spéciaux destinés à entretenir la propreté du cheval. Il favorise la transpiration, active la circulation générale et contribue à l'entretien du cheval en santé.

Mais si un pansage rationnel est utile, sa trop longue durée et l'emploi d'instruments trop durs peut être nuisible. Il faut mesurer cette action à l'irritabilité du cheval. L'étrille ne doit être employée qu'un moment, pour désunir les poils agglutinés par la sueur ou par la boue. La brosse en chiendent est préférable : elle excite la peau sans l'irriter. On achève de nettoyer le cheval avec la brosse et on lustre le poil avec l'époussette. On emploie aussi avantageusement (suivant la méthode orientale reprise par les Anglais) un gant de crin ou un gros bouchon de foin légèrement mouillé que l'on appuie fortement.

L'éponge est employée pour laver toutes les ouvertures naturelles. Il faut avoir soin de l'entretenir très-propre. En été, les lotions et les bains complets ne sauraient être trop recommandés ; ils calmeront l'excitation que cause la chaleur, tonifieront les muscles et favoriseront l'appétit comme rafraîchissant général. Les chevaux en éprouvent toujours un grand bien-être.

Une très-bonne pratique au retour du travail est de laver les jambes jusqu'au genou et au jarret. Mais il faut avoir soin de bien sécher ensuite, surtout dans le pli du paturon où l'humidité constante occasionne des crevasses.

L'usage de tondre les chevaux en hiver est maintenant à peu près général dans l'armée. Cette opération présente des avantages réels qui sont surtout de donner plus d'énergie au cheval en diminuant les pertes occasionnées par la transpiration. La sueur ne séjourne pas sur la peau, le cheval est promptement sec et le pansage en est facilité. Mais il faut aussi plus de précautions, éviter les courants d'air et les refroidissements, couvrir le cheval, qui est devenu plus susceptible.

QUINZIÈME LEÇON.

SUITE DE L'HYGIÈNE.

Le Travail et le Repos.

Après l'air et des aliments sains, ce qui contribue le plus à maintenir le cheval en santé, c'est un travail proportionné à ses forces. Il excite l'appétit, rend la digestion meilleure, active la respiration, rend enfin la vie plus complète. L'excès de travail a les effets les plus funestes : on en a déjà vu les résultats en parlant des tares ; ce n'est pas tout, les fonctions ne se font plus dans les conditions ordinaires, indépendamment des boiteries, le cheval est usé avant l'âge. Le cheval que l'on pousse longtemps à une allure vive sans lui laisser reprendre haleine ne répare pas les forces perdues, sa respiration devient haletante, le sang veineux n'a plus le temps de se revivifier. A la longue, ce cheval devient poussif, ou bien, tout d'un coup il tombe après une course, on le dit pris de chaleur....

Le repos prolongé est nuisible comme l'excès de travail. La circulation se ralentit, les rouages perdent leur liberté, les membres s'engorgent, le cheval devient bouffi de mauvaise graisse et tout à fait impropre à supporter la moindre fatigue. C'est un cheval de boucherie.

On doit donc s'attacher à partager raisonnablement le travail et le repos et remplacer au besoin le travail par des promenades hygiéniques.

Les chevaux rustiques et habitués aux fatigues sont ceux qui résistent le mieux en campagne.

La Ferrure.

On a déjà parlé de la ferrure ; nous ne reviendrons pas sur les principes qui ont été donnés. Il nous reste seulement à signaler les ferrures particulières et leur objet.

On appelle *fer couvert* un fer dont la surface de couverture est plus large que les fers ordinaires. On l'emploie pour les pieds plats, pour ceux atteints de bleimes et d'oignons dont la sole a besoin d'être ménagée.

Le *fer à planche* a les deux branches réunies par une traverse soudée : on s'en sert pour soulager les talons, les relever ou aider à leur écartement. Il sert aussi à protéger la fourchette.

Pour les chevaux panards ou cagneux ou qui se coupent en talons, on emploie le *fer à la turque*, dont une des branches est plus épaisse, plus courte et moins large. On y met aussi moins d'étampures.

Pour les chevaux encastelés, ou qui ont simplement les talons serrés, on emploie le *fer à éponges tronquées* qui favorise l'expansion des talons. On s'en sert aussi pour les chevaux qui forgent ; dans ce cas on peut mettre en même temps, aux pieds de derrière, un *fer à pince tronquée*.

Les étampures ne sont pas forcément placées à égale distance les unes des autres. Il est indiqué que pour les pieds dérobés, il faudra les percer irrégulièrement et suivant les parties saines de la corne. On a déjà vu que le nombre des étampures peut aussi être diminué.

La ferrure se pratique ordinairement à chaud, mais en route, en campagne, on peut ferrer à froid. Chaque cheval est à cet effet muni d'une ferrure ajustée à l'avance que le cavalier place dans les poches à fers. Cette ferrure permet de remettre à l'instant, au milieu d'une marche et sans feu de forge, un fer qui se casse ou toute une ferrure neuve ; là est son avantage. Mais les difficultés d'ajustage sont plus grandes et par suite le résultat est plus difficile à obtenir, tout en y employant un temps plus long.

Les indications que nous avons données ci-dessus, particulièrement sur les écuries, l'alimentation, l'aération, s'appliquent surtout au service intérieur de garnison dans lequel ces questions sont prévues, réglementées et un peu en dehors de l'action des cavaliers ou sous-officiers. Le temps de guerre et même les routes à l'intérieur laissent une beaucoup plus large part à l'initiative individuelle.

On cherchera à se rapprocher des préceptes généraux

que nous avons posés dans ce cours, tout en tirant le meilleur parti des circonstances du moment.

Les écuries qu'on trouve dans les villages sont souvent petites et insuffisantes, l'air y manque, les barres sont réduites à de mauvaises poutrelles appuyées contre la mangeoire d'un côté et posant à terre par l'autre bout, souvent même elles n'existent pas.... Si l'écurie est trop petite, le hangar à côté sera souvent meilleur, n'eût-il ni mangeoire ni litière.... S'il faut quand même entrer dans l'écurie et que les barres manquent, il vaut mieux serrer les chevaux les uns contre les autres, en ayant soin de placer côte à côte ceux qui sont voisins d'ordinaire, que donner plus d'espace et laisser les chevaux se traverser. Surtout, que l'écurie soit nettoyée dès l'arrivée et qu'on y donne de l'air le plus possible.

On ne peut donner ici aucune indication de traitements qui sont du ressort des vétérinaires ; mais il est certaines précautions, quelques premiers soins que tout le monde doit savoir appliquer.

Les maladies sont rares en route ; les accidents sont plus à redouter : c'est un coup de pied, une atteinte, un harnachement mal ajusté ou mal paqueté qui fait naître une tumeur au garrot ou sur le rein......

On n'a pas toujours un vétérinaire à portée et il faut marcher quand même. Il est un remède que l'on a toujours à portée, c'est l'eau. Quelques autres denrées se trouveront dans le moindre cantonnement.

Le cheval qui a reçu une *atteinte* ou un *coup de pied*, quelquefois même un effort léger, marchera le lendemain si on l'envoie faire une longue station dans la rivière.

Si le garrot s'enfle après que la selle est enlevée, ce qui est le commencement du *mal de garrot*, le cavalier y mettra de suite son éponge imbibée, ou mieux encore un carré de gazon enlevé avec les racines et la terre. Si c'est possible, il mêlera à l'eau un astringent quelconque et entretiendra fraîche cette compresse élémentaire. Presque toujours la grosseur disparaîtra dans la nuit. — Le cavalier verra avec soin son paquetage ou son harnachement pour que la cause de l'enflure disparaisse. — S'il y a plaie, il faut mettre la selle aux bagages. Le cheval est indisponible et ne doit plus être monté.

L'eau trop froide donne souvent des coliques, surtout le matin. Il faut la faire séjourner au soleil, ou la battre, ou y mêler une poignée de son. Si un cheval a des *coliques*, il faut le bouchonner fortement sous le ventre, lui mettre la couverte et le faire marcher. Supprimer la nourriture, faire boire tiède, administrer des lavements émollients.

Un chef de détachement de remonte pourra avoir à soigner *la gourme* qui atteint les jeunes chevaux.

Cette maladie se caractérise par l'engorgement des glandes de l'auge et le jetage par les naseaux (ne pas confondre avec le jetage verdâtre de la morve qui ne se produit que d'un côté). Il faut supprimer l'avoine et le foin, tenir le cheval chaudement, lui donner des barbotages clairs et une pâte composée de miel et de poudre de réglisse.

Le vétérinaire appliquera des sétons, etc.

Si un cheval a des *crevasses* dans les paturons comme il a été dit ci-dessus, on peut les enduire d'un corps gras (*saindoux*), ou, mieux encore, y appliquer un peu d'étoupe enduite de miel et de vin blanc. Ce mélange astringent (et facile à faire) amènera la guérison.

Lorsqu'un cheval se couronne, il faut bien laver la

plaie, la graisser ensuite chaque jour, ce qui aide à la cicatrisation et fait repousser le poil.

Les atteintes demandent surtout des soins de propreté.

Quelques accidents proviennent de la ferrure :

La *piqûre* vient d'un clou mal planté qui a atteint les parties internes du pied. Le premier soin est de retirer le clou ; on met dans le trou qu'il a fait quelques gouttes d'essence de térébenthine. Il faut déferrer si l'inflammation est grande et laisser le cheval au repos.

Quelquefois en essayant leur fer, les maréchaux tiennent ce fer chaud trop longtemps sur le pied. Il en résulte un accident que l'on nomme la *sole brûlée* ou *échauffée* dont le caractère principal, outre la boiterie, est le dépôt dans la sole d'une humeur séreuse qui suinte à travers. Il faut déferrer et appliquer des cataplasmes émollients.

Enfin, un cheval peut boiter en sortant de la forge, simplement parce que le fer est trop serré. Comme dans toute boiterie dont la cause est inconnue, il faut toujours commencer par déferrer, le remède est appliqué du même temps

Si le maréchal a paré trop à fond, les pieds resteront sensibles jusqu'à ce que la corne se soit suffisamment reconstituée. Il faudra nécessairement du repos pendant ce temps.

FIN DU COURS.

TROISIÈME PARTIE

TOPOGRAPHIE.

TOPOGRAPHIE

AVERTISSEMENT.

Si elémentaires que soient les cours de topographie et de fortification, il était nécessaire de les faire précéder de quelques notions de géométrie sans lesquelles il eût été impossible de s'entendre.

Le but à atteindre n'est point d'apprendre la géométrie, aussi a-t-on donné ici comme vérités acquises beaucoup de théorèmes qui ont d'ordinaire besoin de démonstration.

On divisera ces préliminaires en autant de leçons qu'on le jugera convenable.

Un des points les plus difficiles à comprendre en topographie, pour ceux qui ont fait peu de géométrie dans l'espace, est la projection des courbes de nivellement.

On trouvera dans la deuxième leçon un exposé très-simple du système des sections horizontales. Pour le rendre encore plus palpable, nous avions fait construire, en fil de fer, un petit modèle analogue à la figure 6 (Topographie), sorte de carcasse de montagne, avec ses courbes de niveau maintenues par un ou deux profils et quelques verticales. — Nous recommandons le procédé à ceux qui ont besoin de toucher pour bien comprendre.

Une fois ce point acquis, chaque leçon doit se doubler d'un ou de plusieurs exercices extérieurs.

Ainsi, après la troisième leçon qui traite des formes du terrain, on ne saurait, croyons-nous, mieux faire que d'aller dans la campagne, sur un terrain choisi à l'avance présentant des mouvements extrêmement restreints et faciles à voir d'un coup d'œil, et là, faire jalonner des courbes de niveau par les élèves eux-mêmes; leur faire dessiner à vue, sans échelle, et tout à leur fantaisie le mamelon, la vallée ou le col qu'ils ont sous les yeux ; corriger ces croquis et recommencer un peu plus loin.

Voici au surplus, une progression d'exercices que l'on pourra exécuter.

1re Promenade (*à pied*) Étude des formes du terrain. — Orientation par le soleil.

2e — — Usage de la boussole. — Étalonner son pas. — Échelle de pas. (Ceci peut se faire dans la cour du quartier.)

3ᵉ	—	— Étude de planimétrie. — Mesure des distances au pas. — Usage du déclinatoire et de l'alidade.
4ᵉ	—	— Planimétrie. — Tracé des détails. — Appréciation de quelques distances à vue. — Étude de nivellement.
5ᵉ	—	— Exécution complète d'un levé expédié.
6ᵉ	—	(*à cheval*) Itinéraire. — Mesure des distances à vue et d'après les allures du cheval.
7ᵉ	—	—. Croquis à vue et de mémoire.
8ᵉ	—	— Usage de la carte sur le terrain, s'orienter, etc.
9ᵉ	—	et suivantes. Reconnaissance d'un bois, d'un village, d'un cours d'eau, d'un chemin de fer, etc. — Mémoires à l'appui. — Applications militaires.

On réserve pour les jours de mauvais temps les exercices de dessin des signes conventionnels, d'après le tableau inséré dans le cours, et la copie des cartes.

INTRODUCTION

AUX COURS DE TOPOGRAPHIE ET DE FORTIFICATION

NOTIONS ÉLÉMENTAIRES

DE GÉOMÉTRIE.

Avant de commencer le cours de topographie, il est nécessaire de rappeler certains éléments de géométrie indispensables.

La géométrie n'entre pas dans le programme de ces cours. On laissera donc de côté toute démonstration, et on se bornera à l'énoncé des propositions confirmant au besoin celles-ci par la méthode expérimentale.

La réflexion, le raisonnement rendront facile la compréhension de ces vérités, dont tout homme un peu intelligent a la notion inconsciente, quelles que soient ses études.

Définitions.

La géométrie a pour objet l'étude de l'étendue et de ses propriétés.

L'étendue a trois dimensions : longueur, largeur et profondeur.

Un corps quelconque réunit également ces trois dimensions.

Si on les suppose infiniment réduites, on aura un *point* qui n'a ni longueur, ni largeur, ni profondeur.

L'étendue en longueur seulement est une *ligne* qui n'a ni largeur, ni profondeur.

L'étendue en longueur et en largeur, sans profondeur, est une *surface*.

La longueur, la largeur et la profondeur réunies constituent un *volume*.

Un point se définit aussi l'intersection de deux lignes.

On distingue différentes lignes : la ligne droite, la ligne brisée, la ligne courbe.

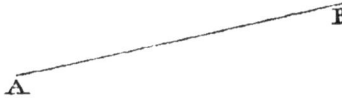

Fig. 1.

Une droite est le plus court chemin d'un point à un autre. On voit, par cette définition même, que deux points suffisent pour déterminer une droite, et que par ces deux points on ne peut mener qu'une droite.

Pour mesurer une droite, on compare sa dimension avec une autre choisie arbitrairement, mais qu'il est plus commode de prendre toujours la même : le mètre et ses multiples.

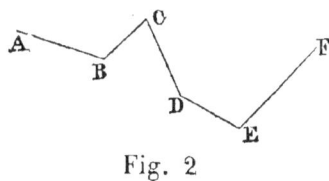

Fig. 2

Fig. 3.

Une *ligne brisée* est composée de fractions de droites, à chacune desquelles on appliquera ce qui a été dit de la droite.

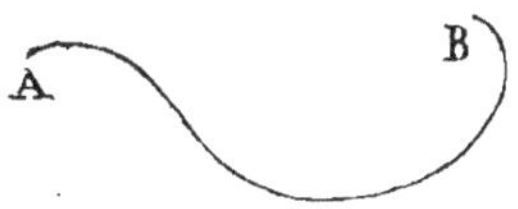

Si un point se meut en changeant de direction à chaque instant, sa trace sera une *ligne courbe*.

NOTIONS PRÉLIMINAIRES DE GÉOMÉTRIE.   191

La courbe la plus simple est la *circonférence*, dont
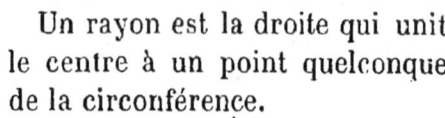
tous les points sont également distants d'un point intérieur appelé centre.

Un rayon est la droite qui unit le centre à un point quelconque de la circonférence.

Un diamètre se compose de deux rayons dans le prolongement l'un de l'autre.

Fig. 4.

Il suit de la définition de la circonférence que tous les rayons sont égaux entre eux dans une même circonférence. Les diamètres sont aussi égaux.

Pour mesurer la circonférence, on l'a graduée en 360 degrés. Le degré se subdivise en 60 minutes et la minute en 60 secondes.

Ces graduations s'appliquent à toutes les circonférences, quelles que soient leurs dimensions.

Des fractions semblables de ces circonférences, moitié, quart, etc., seront mesurées par les mêmes nombres de degrés, 180°, 90″, etc.

Des angles.

Si une droite en rencontre une autre et qu'elle ne
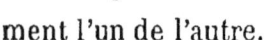
penche ni d'un côté ni de l'autre sur la ligne donnée, on dit qu'elle lui est perpendiculaire. Dans le cas contraire, elle est oblique.

Fig. 5.

L'espace compris entre ces droites, l'écartement des lignes s'appelle *angle*. Le sommet d'un angle est à l'intersection des deux lignes.

La mesure d'un angle est indépendante de la dimension des lignes qui le forment. Cette mesure se fait au moyen d'arcs de cercle, en plaçant le centre du cercle au sommet de l'angle.

Si une droite est perpendiculaire à une autre, les angles formés s'appellent des angles droits et sont égaux entre eux. On voit qu'on n'en peut former que quatre autour d'un même point comme centre.

On démontre, par suite, que la somme des angles quelconques que l'on peut faire d'un même côté d'une droite est égale à deux angles droits.

Les angles opposés par le sommet sont égaux.

Pratiquement, les angles se mesurent au moyen du *rapporteur*. Cet instrument consiste en un demi-cercle en corne ou en cuivre, sur lequel on a tracé les graduations du cercle dont il a été question ci-dessus.

Un *polygone* est une figure limitée par des lignes droites. Suivant le nombre de côtés, les polygones prennent des noms différents : le *triangle* a trois côtés, le *quadrilatère* en a quatre, le *pentagone* cinq, l'*hexagone* six, etc...

La circonférence peut être considérée comme un polygone d'un nombre infini de côtés.

Nous nous occuperons particulièrement du triangle.

Le triangle.

Le triangle s'appelle *équilatéral* lorsqu'il a ses trois côtés égaux ; s'il n'a que deux côtés égaux, il est *isocèle* ; lorsqu'il a un angle droit, on l'appelle triangle *rectangle*.

Egalité des triangles.

Deux triangles sont égaux :
1° Lorsqu'ils ont un angle égal compris entre deux côtés égaux chacun à chacun ;
2° Lorsqu'ils ont un côté égal adjacent à deux angles égaux ;
3° Lorsqu'ils ont les trois côtés égaux chacun à chacun.

Problèmes sur le triangle.

Il y a sur les triangles un certain nombre de problèmes qui se présentent assez fréquemment dans la pratique sur le terrain. La trigonométrie donne les moyens de les résoudre exactement.

Les procédés graphiques en donnent une solution suffisante pour la topographie élémentaire et pour le levé des détails :

1° Etant donnés deux côtés *ab* et *ac*, et l'angle *a* compris, décrire le triangle (Fig. 6).

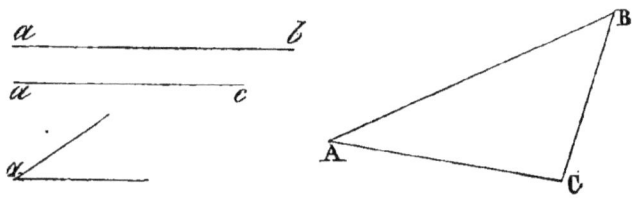

Fig. 6.

On trace un angle A égal à l'angle *a*; sur les côtés de cet angle on porte les longueurs données *ab* et *ac*, on joint les points B et C, et le triangle est construit.

2° Etant donnés un côté ab et les deux angles a et b adjacents à ce côté, décrire le triangle (Fig. 7).

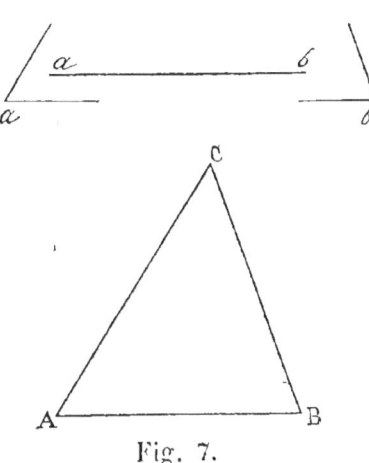

Fig. 7.

On trace une ligne AB de la longueur donnée ab; à l'extrémité A on fait un angle égal à l'angle a donné, et on prolonge indéfiniment le côté; à l'extrémité B de la ligne, on construit un angle B égal à l'autre angle donné b, et le côté BC indéfiniment prolongé rencontre en un point C le côté de l'autre angle. Le triangle est résolu.

3° Etant donnés les trois côtés d'un triangle, construire le triangle (Fig. 8).

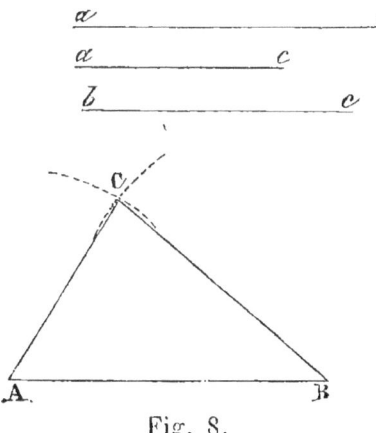

Fig. 8.

Sur une droite quelconque on prend AB $=ab$; du point A comme centre, avec ac pour rayon, on décrit un arc de cercle; du point B comme centre, avec bc pour rayon, on décrit un autre arc de cercle qui coupe le premier en un point C. On joint ce point C aux points A et B, et le triangle est construit.

4° Etant donnés deux côtés *ab* et *bc*, et l'angle *a* opposé à *bc*, décrire le triangle (Fig. 9).

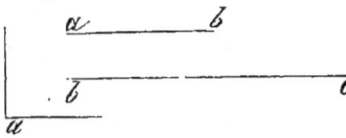

On trace l'angle A = *a* et on prend la longueur AB = *ab* ; du point B comme centre, avec *bc* pour rayon, on

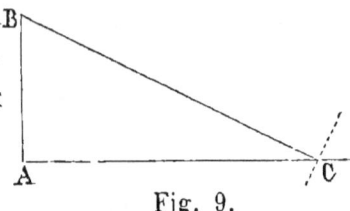

arc de cercle qui coupe en un point C le côté AC. On joint BC, le triangle est construit.

Il faut remarquer qu'il peut y avoir ici deux solutions. L'angle A étant aigu et le côté *bc* plus petit que AB

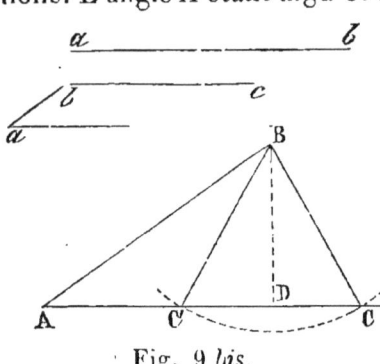

Fig. 9 bis.

(Fig. 9 *bis*), l'arc de cercle décrit du point B comme centre coupera la ligne AC en deux points C et C'.

Il y aura impossibilité si le côté *bc* n'est pas plus grand que la perpendiculaire BD.

Parallèles.

On appelle *parallèles* deux lignes qui, étant dans un mêmu plan et indéfiniment prolongées, ne se rencontrent jamais. Par suite, les perpendiculaires à une même ligne sont parallèles ; les parallèles sont toujours à la même distance l'une de l'autre, et si deux parallèles en coupent

196 TROISIÈME PARTIE.

deux autres (Fig. 10), les portions de lignes parallèles interceptées sont égales : AC=DB et AB=CD.

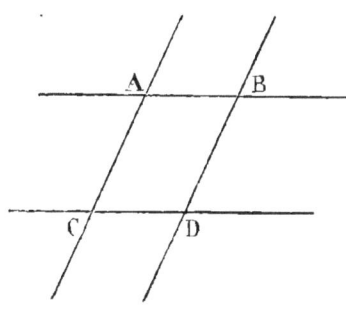

Lorsque deux droites parallèles sont coupées par une sécante (Fig. 11), les angles formés sont égaux ou supplémentaires (supplémentaire signifie que leur somme est égale à deux droits) :

Fig. 10.

EGB = GHD = CHF = AGH.
AGE = HGB = FHD = CHG.
EGB+BGH = deux droits; par suite :
BGH+GHD = deux droits, etc.

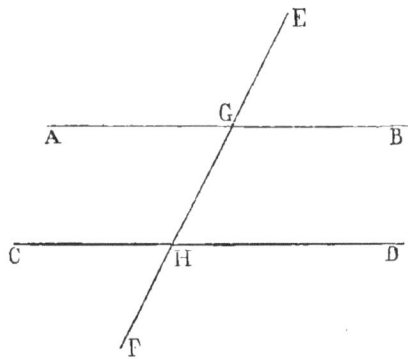

Fig. 11.

Sur ces propriétés des angles formés par deux parallèles coupées par une sécante, on démontre que la somme des angles d'un triangle est égale à deux droits.

Mesure des surfaces.

Les surfaces planes se mesurent par la comparaison avec un carré pris pour unité de mesure.

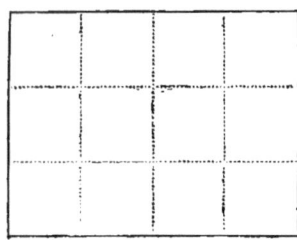

Fig. 12.

C'est, dans la pratique, le mètre carré et ses multiples.

On démontrera facilement que la surface d'un rectangle s'obtient en multipliant la base par la hauteur.

Un parallélogramme se mesure de la même manière; en effet, on prouve que le parallélogramme équivaut à un rectangle de même base et de même hauteur.

Fig. 13.

Un triangle a pour mesure la moitié du produit de sa base par sa hauteur. On voit, d'après la figure 14, qu'un triangle peut être considéré comme la moitié d'un parallélogramme de même base et de même hauteur.

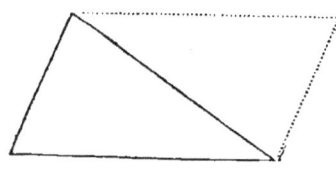

Fig. 14.

(La hauteur d'un triangle est la perpendiculaire abaissée du sommet sur la base.)

Un trapèze a pour mesure la demi-somme des bases parallèles multipliée par la hauteur.

On peut, en effet, décomposer un trapèze en deux

triangles qui auront même hauteur et pour base chacun des côtés parallèles.

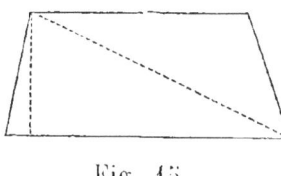
Fig. 15.

On peut aussi construire un parallélogramme de surface équivalente qui aura même hauteur et une base égale à la demi-somme des bases du trapèze.

$$EF = \frac{AB + CD}{2}$$

Ces notions suffisent pour mesurer la superficie d'un
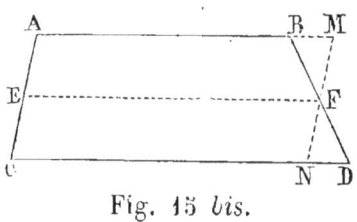
Fig. 15 bis.
terrain d'une forme quelconque, que l'on pourra toujours décomposer en un certain nombre de rectangles, trapèzes ou triangles que l'on mesurera séparément.

Figures semblables.

Des figures *semblables* sont celles qui, n'ayant pas la même surface, ont exactement la même forme, c'est-à-dire que ces figures ont leurs angles égaux chacun à chacun et leurs côtés homologues proportionnels.

Dans un triangle on appelle côtés homologues ceux qui sont opposés à des angles égaux.

Les figures semblables sont d'une application constante dans le dessin réduit. Nous n'aurons à parler ici que des triangles; tout polygone pouvant se décomposer en un certain nombre de triangles, on voit que les propriétés des figures semblables lui sont applicables.

NOTIONS PRÉLIMINAIRES DE GÉOMÉTRIE.

Une ligne parallèle à l'un des côtés d'un triangle partage les deux autres en parties proportionnelles.

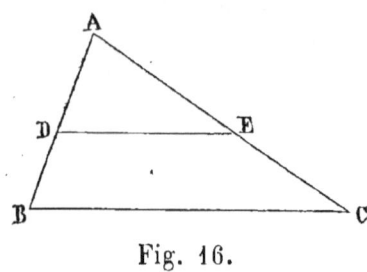

Fig. 16.

Dans le triangle ABC, DE étant parallèle à BC, on a

$$\frac{AD}{DB} = \frac{AE}{EC},$$

ou $\dfrac{AD}{AB} = \dfrac{AE}{AC} = \dfrac{DE}{BC}$

Il y a cinq cas de similitude entre deux triangles : deux triangles sont semblables quand ils ont les angles égaux chacun à chacun; quand ils ont les côtés homologues proportionnels ou parallèles; quand ils ont un angle égal compris entre deux côtés proportionnels; quand ils ont les côtés homologues perpendiculaires.

Géométrie dans l'espace. Les Plans.

Un *plan* est une surface sur laquelle on peut appliquer une droite dans tous les sens.

Mais une droite n'est pas suffisante pour déterminer un plan, puisque le plan peut tourner autour de la droite comme charnière; un point suffit pour l'arrêter, d'où on conclut qu'un plan est déterminé par une droite et un point, ou par trois points, ou par deux droites qui se coupent, ou par deux droites parallèles.

(Remarquons que deux droites infiniment prolongées peuvent ne pas se rencontrer sans être pour cela parallèles ; elles seront alors dans des plans différents. Voir plus haut la définition des parallèles.) (1).

L'intersection d'une droite et d'un plan forme un point.

Si deux plans se coupent, leur intersection est une ligne droite.

Par suite si un plan en coupe deux autres, il suffira de connaître les intersections pour que le plan de section soit parfaitement déterminé. Ces intersections s'appellent les *traces* du plan.

Pour qu'une droite soit perpendiculaire à un plan, il est nécessaire et il suffit qu'elle soit perpendiculaire à deux droites passant par son pied dans le plan.

On appelle *verticale* une droite perpendiculaire à un plan horizontal. Elle est donnée par le fil à plomb.

L'horizontalité est donnée par le niveau de l'eau abandonnée à elle-même.

On voit que tous les plans horizontaux sont parallèles.

Plans cotés.

Le dessin ordinaire, même avec la perspective la plus exacte, est insuffisant. Il donne l'idée générale de l'objet, mais pas les mesures précises qui permettent, par

---

(1) Un plan peut également être considéré comme engendré par une droite qui se transporte parallèlement à elle-même en s'appuyant à une autre droite fixe. Le plan est alors assimilé aux surfaces cylindriques.

Un plan est encore engendré par une droite qui tourne autour d'un point fixe en s'appuyant à une autre droite.

Ce mode de génération le classe dans les surfaces coniques.

NOTIONS PRÉLIMINAIRES DE GÉOMÉTRIE.   201

exemple, la construction d'un objet semblable. Si tel est le but poursuivi, il faudra substituer au dessin en perspective la représentation de l'objet sous toutes ses dimensions : longueur, largeur, profondeur. Ainsi font les architectes lorsqu'ils tracent le plan, l'élévation et la coupe d'une maison.

En topographie et en fortification élémentaire, où il n'est pas nécessaire d'entrer dans des détails aussi grands que pour la construction d'un bâtiment, on se sert simplement de la méthode dite des *plans cotés,* qui est plus expéditive, très-claire, et peut d'ailleurs se compléter par des profils.

Dans cette méthode, tous les objets sont rapportés à un seul plan de repère horizontal sur lequel ils sont projetés verticalement. C'est ainsi qu'un observateur placé à une grande élévation au-dessus du sol verrait les objets placés verticalement au-dessous de lui.

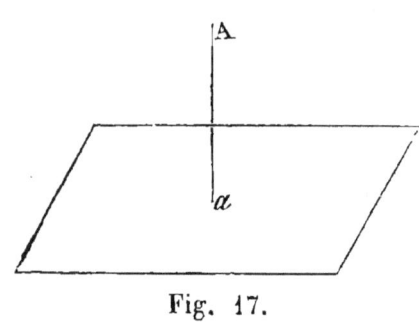

Fig. 17.

Un point étant donné dans l'espace, si de ce point on abaisse une perpendiculaire sur le plan de repère, cette perpendiculaire tombera en un point qui est la projection du point donné.

a est la projection de A.

On conçoit que si à cette projection on ajoute la hauteur de la verticale abaissée, la position du point A dans l'espace sera parfaitement déterminée.

Ainsi un point sera représenté par sa projection sur le

plan horizontal avec la cote, ou hauteur au-dessus du plan.

Si, de chacun des points d'une droite donnée, on
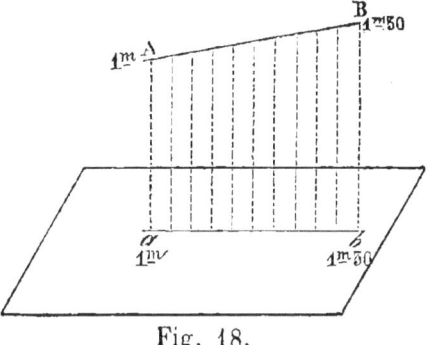
Fig. 18.
abaisse une perpendiculaire sur le plan de repère, toutes ces perpendiculaires engendrent un plan (Voir la note page 200) qui coupe le plan de repère suivant une droite.

Celle-ci donne évidemment la direction
de la droite donnée, mais ce n'est pas suffisant pour la déterminer, car toutes les droites du plan vertical auront la même projection. L'indication sera complète si on ajoute à cette trace les cotes de deux des points de la droite; en effet, deux points suffisent pour déterminer une droite.

On pourra sur le plan de repère mesurer la distance horizontale des deux points; ce n'est pas la distance
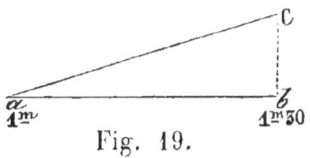
Fig. 19.
réelle. Si on veut connaître celle-ci, on ne peut la mesurer que sur le plan vertical, et il faudra donc reconstruire celui-ci en le rabattant sur le
plan horizontal. Soit (Fig. 19) ab la projection d'une droite AB; ces deux points sont cotés 1^m et $1^m 30$. Au point b, on élève une perpendiculaire bC, sur laquelle on prend une longueur $0^m 30$, égale à la différence des deux cotes; on joint aC qui est égal à AB et que l'on peut mesurer.

La projection d'une courbe dans l'espace sera évidemment une courbe, à moins que la courbe donnée ne soit tracée dans un plan perpendiculaire ; la projection de la courbe serait alors la trace de ce plan, c'est-à-dire une ligne droite.

On a vu comment un plan dans l'espace est déterminé. La projection de ses éléments et leur cote fera connaître le plan.

Il peut être nécessaire de mesurer l'angle formé par deux plans et particulièrement par un plan sur le plan horizontal.

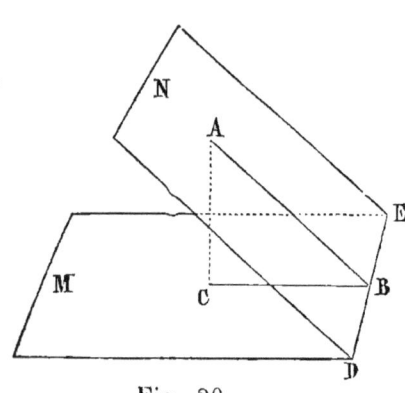

Fig. 20.

Soit (Fig. 20) M le plan horizontal et N un plan quelconque, qui coupe le plan horizontal suivant DE.

Si, sur un point B de cette intersection, on élève dans chacun des plans une perpendiculaire à DE, les lignes AB et BC peuvent être considérées comme les traces d'un plan perpendiculaire aux deux autres, et l'angle ABC mesure l'angle formé par les plans M et N.

On remarquera que, de tous les plans passant par la verticale AC, l'angle ABC est le plus grand que l'on puisse former.

La ligne AB, perpendiculaire à la ligne d'intersection DE, s'appelle la *ligne de plus grande pente* (ce sera, par exemple, le chemin que suivra la goutte de pluie tombant sur un toit).

La ligne de plus grande pente étant cotée et projetée sur le plan horizontal suffira pour déterminer le plan N. Dans ce cas, on l'appelle *échelle de pente*. On la repré-

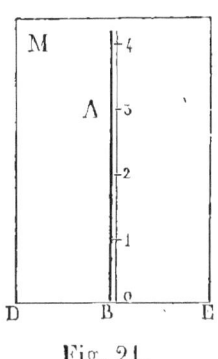

Fig. 21.

sente alors par un trait double près duquel on met les cotes de niveau.

On a vu plus haut qu'une ligne seule n'est pas suffisante pour déterminer un plan ; ici, la trace DE du plan sur le plan horizontal complète l'indication, et, à défaut de cette trace, toute ligne perpendiculaire à l'échelle de pente sera évidemment la projection d'une des horizontales du plan qui est par conséquent exactement déterminé.

Ainsi, étant donnée une échelle de pente, si, par les points cotés 0, 1, 2, 3, etc., on lui mène des perpendiculaires, on aura la projection des horizontales du plan :

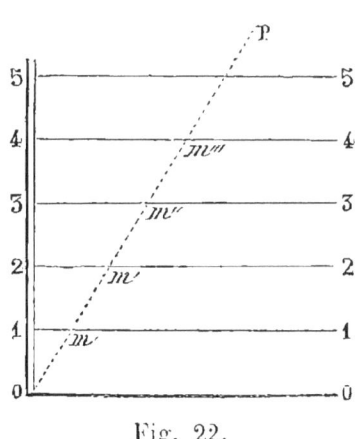

Fig. 22.

les lignes 0-0, 1-1, 2-2, 3-3, etc., seront parallèles et équidistantes, et d'autant plus rapprochées que la pente sera plus grande.

Si maintenant on veut se rendre compte de la pente du plan et mesurer l'angle qu'il fait avec l'horizontale, on se reportera à ce qui a été dit ci-dessus pour mesurer la distance réelle de deux points d'une droite : sur la ligne 1-1 on prendra une distance 1-m, égale à l'unité de mesure ; on

NOTIONS PRÉLIMINAIRES DE GÉOMÉTRIE.   205

joindra O*m* et on prolongera indéfiniment. L'angle AOP est l'angle de pente du plan donné.

De plus, la ligne OP coupe les horizontales aux points *m*, *m'*, *m''*, *m'''*, etc., en parties proportionnelles, puisque ce sont des figures semblables. On pourra, par ce moyen, mesurer la hauteur d'un point donné au-dessus de l'horizon.

Les lignes *m m'*, *m' m''*, etc., sont les distances vraies des points cotés 2, 3, etc. Nous insistons sur ce point, qu'il ne faut pas confondre la *distance horizontale* des points 1 et 2, par exemple, indépendante de leur hauteur au-dessus du plan horizontal, avec leur *distance réelle*, qui est égale à *m m'*.

Ces considérations sur la pente d'un plan, sur sa mesure, sur la projection des horizontales du plan sont de première importance. La représentation de la forme du terrain en topographie est basée sur cette théorie. Si on l'a bien comprise, les courbes et les hachures employées deviendront d'une lecture facile.

Mesure des volumes.

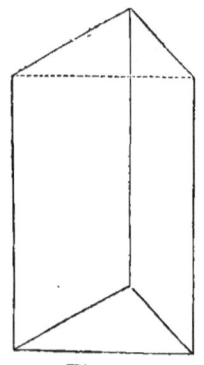

Fig. 23.

On a déjà dit qu'un corps solide quelconque réunit les trois dimensions : longueur, largeur et profondeur. Ces trois données sont nécessaires pour mesurer le volume des corps.

(On ne parlera ici que de quelques solides terminés par des plans ou des faces planes.)

Un prisme est un solide dont les faces sont formées

par des plans parallélogrammes, terminés aux extrémités par des plans polygones égaux et parallèles.

Un prisme est droit lorsque les faces sont perpendiculaires aux plans des bases. Le prisme est dit oblique dans tout autre cas.

La hauteur d'un prisme est la distance prise par une perpendiculaire d'une base à l'autre.

Une pyramide est le solide formé, en joignant un point pris dans l'espace à tous les sommets d'un polygone plan.

Ce polygone prend le nom de base de la pyramide; la hauteur est donnée par une perpendiculaire abaissée du sommet sur la base.

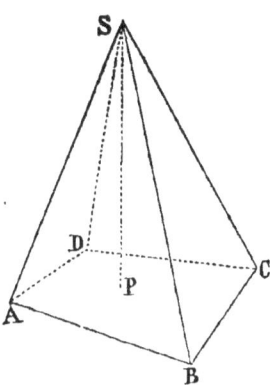

Fig. 24.

Mesurer un volume, c'est chercher le rapport de ce volume à un autre pris pour unité (le mètre cube et ses multiples).

Étant donné (Fig. 25) un parallélipipède rectangle (on appelle parallélipipède le prisme dont la base est un parallélogramme), si l'on divise la base en carrés égaux (suivant le mètre), on pourra élever sur chacun d'eux un cube; il est facile de voir qu'on superposera ainsi sur chaque carré de la base autant de cubes que l'unité de longueur adoptée entre de fois dans la hauteur.

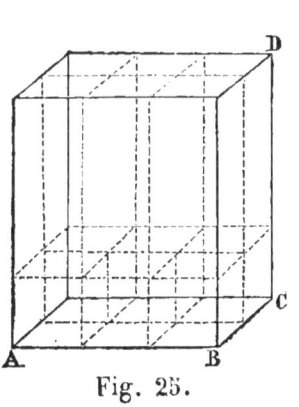

Fig. 25.

NOTIONS PRÉLIMINAIRES DE GÉOMÉTRIE. 207

Par conséquent la mesure d'un parallélipipède rectangle est égale au produit de la base par la hauteur.

Un parallélipipède quelconque est équivalent à un parallélipipède rectangle de même hauteur et de base équivalente.

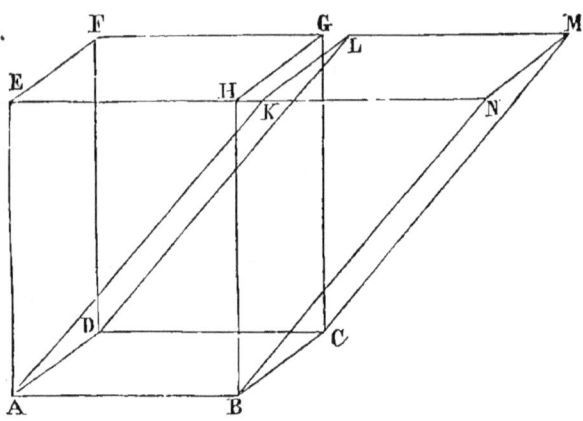

Fig. 26.

La mesure ci-dessus énoncée est donc applicable à tout parallélipipède. Elle l'est aussi à un prisme triangulaire, qui peut être considéré comme la moitié d'un parallélipipède de même hauteur et de base double.

On en déduira facilement que, quelle que soit la base d'un prisme, son volume est égal au produit de la surface de la base par la hauteur.

Une pyramide triangulaire est le tiers d'un prisme de même base et de même hauteur.

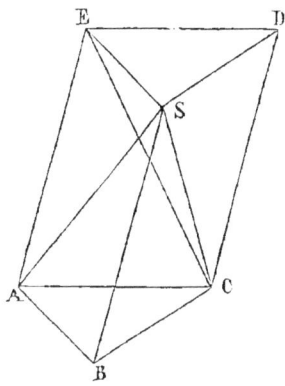

Fig. 27.

Par suite, la pyramide a pour mesure le tiers du produit de sa base par sa hauteur.

Ceci s'applique également à une pyramide quelconque.

FIN DES NOTIONS ÉLÉMENTAIRES DE GÉOMÉTRIE.

TOPOGRAPHIE.

PREMIÈRE LEÇON.

CARTES. — GÉNÉRALITÉS. — ÉCHELLES.

Une *carte* est la représentation géométrique d'une portion de la surface de la terre.

On appelle cartes *géographiques* celles qui comprennent une certaine étendue de la surface de la terre ou même tout l'ensemble de cette surface.

Les cartes *chorographiques* représentent avec plus de détails des provinces ou des contrées limitées.

Enfin, les cartes *topographiques* n'embrassent qu'une petite étendue de terrain, en donnant tous les détails possibles de cours d'eau, accidents du sol, routes, constructions, cultures, etc.

La surface de la terre étant sphérique, ou à très-peu près, il est impossible de la reporter exactement sur un plan, en conservant à chaque partie ses dimensions relatives. Différents modes de projection ou de développement ont été adoptés pour tourner cette difficulté. — Nous n'avons pas à en parler ici.

Pour la topographie, il n'y a pas lieu de tenir compte de la sphéricité de la terre. Et, en effet, on calcule que pour un arc de cercle de 1 degré, qui donne une étendue de plus de 25 lieues, la tangente CD (Fig. 1) mesure 111,113^{m}92, tandis que l'arc lui-même AB est égal à 111,111^{m}11. Soit une différence tout à fait négligeable de 2^{m}81.

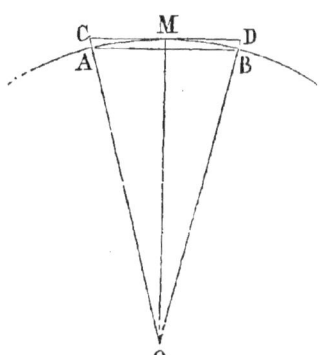

Fig. 1.

La *topographie* est l'art de représenter dans tous ses détails un terrain de moyenne étendue.

Cette représentation se fait par la méthode des plans cotés.

Il y a deux objets à considérer : La projection sur le plan horizontal de toutes les lignes du plan, routes, cours d'eau, constructions, séparations de cultures, etc., constitue la *planimétrie*.

Le *nivellement* a pour objet d'indiquer le relief du terrain. Il se rend par des cotes de niveau ou altitudes qu'on prend généralement au-dessus du niveau de la mer, et plus ordinairement par des courbes ou des hachures dont on exposera plus loin la construction.

Un plan ne peut être exact qu'à condition de présenter une figure semblable à celle que forment les différentes parties du terrain, c'est-à-dire que les lignes conservent sur la carte leur relation naturelle.

Pour assurer cette proportion, on se sert d'une échelle.

L'*échelle* est donc le rapport constant d'une ligne du terrain à son homologue sur le plan.

Ce rapport est évidemment tout de convention : on

le choisit en raison de l'étendue du terrain qu'on veut représenter et de l'avantage d'avoir des cartes maniables, tout en étant suffisamment claires.

On préfère les rapports simples, multiples de 10, qui permettent de trouver sans calcul la longueur d'une ligne du terrain, connaissant son homologue sur le plan, et réciproquement.

Ainsi, quand on parle d'une échelle à $\frac{1}{250}$, ou à $\frac{1}{1000}$, ou à $\frac{1}{80000}$, etc., cela veut dire que 1 mètre de la carte représente 250 mètres, ou 1000 mètres, ou 80,000 mètres de terrain.

Par suite, on déduira la valeur des sous-multiples du mètre et d'une longueur quelconque prise sur la carte.

Prenons, pour fixer les idées, une échelle à $\frac{1}{5000}$, et supposons qu'on ait mesuré sur la carte une longueur de 133 millimètres; que représente-t-elle sur le terrain?

1 mètre de la carte équivaut à		5,000^m
donc 0^{m}1 —	—	500^m
— 0^{m}01 —	—	50^m
— 0^{m}001 —	—	5^m

1 millimètre équivalant à 5^m, 133^{mm} vaudront $133 \times 5 = 665$ mètres.

On peut aussi remarquer que 133^{mm} = 0^{m}1 + 0^{m}03, + 0^{m}003, et en prenant sur le tableau ci-dessus les valeurs de 0^{m}1, 0^{m}03, 0^{m}003 et en faisant l'addition, on reviendra au même chiffre 665 mètres.

0^{m}1	équivaut à	500^m
0^{m}03	—	150^m
0^{m}003	—	15^m
Total. 0^{m}133		665^m

Bien que ces calculs soient extrêmement simples, il

est encore plus expéditif de tracer à l'avance une règle sur laquelle les longueurs seront portées avec leur valeur proportionnelle : c'est l'échelle simple.

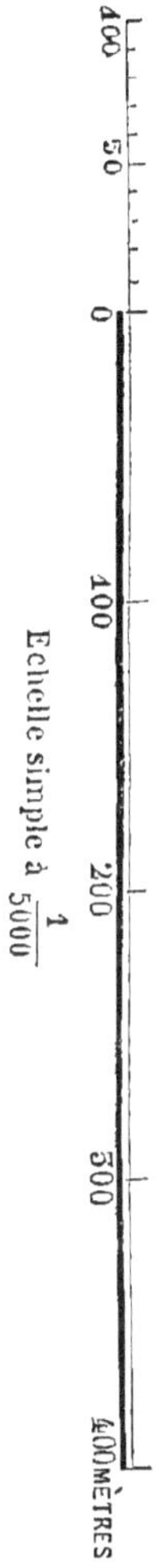

La longueur prise avec le compas sur la carte sera reportée sur l'échelle, et on lira immédiatement sa valeur.

Pour construire cette échelle, on trace une droite ; d'un point d'origine marqué 0, on porte à droite les longueurs de 100 mètres en 100 mètres, suivant l'échelle donnée (ou de 1000 en 1000 mètres). Dans l'exemple que nous avons pris, 100 mètres de terrain sont représentés par une longueur de 0^m02 ; c'est donc cette longueur que nous porterons à partir de 0, et successivement, pour avoir la longueur 100, 200, 300 mètres, etc. Cette première partie de l'échelle est doublée d'un second trait plus fort.

Pour pouvoir mesurer les fractions inférieures à 100 mètres, la ligne est prolongée, à gauche du 0, d'une longueur égale à 100 mètres et on la divise en dizaines de mètres. Les fractions plus faibles seront appréciées à l'œil ; on ne les a pas portées pour ne pas faire de confusion. Cependant, il peut être utile pour certains plans d'avoir ces mesures exactes. On construit alors une autre échelle, dite *échelle des dixmes*.

Fig. 2.

On trace 11 lignes parallèles et également espacées (généralement à 0^m002 d'intervalle); les divisions, étant portées d'un côté, sont marquées sur toutes les lignes par des perpendiculaires. Les divisions par dixième sont portées, dans le premier casier, sur la ligne du haut et sur celle du bas, puis on

TOPOGRAPHIE. 213

joint les points 0, 10, 20, 30, etc., de la ligne du bas, aux points 10, 20, 30, 40, etc., de la ligne du haut. On voit que chacune des parallèles horizontales varie de $\frac{1}{10}$ avec la précédente. En effet, dans le triangle 10-0-0, les horizontales qui coupent la hauteur 00 en parties proportionnelles, sont elles-mêmes proportionnelles à la base.

Supposons que nous ayons à prendre une longueur de 274 mètres, nous trouverons sur la ligne du bas, comme sur une échelle simple, la longueur 270, puis, remontant quatre lignes plus haut, nous placerons une pointe de compas sur la perpendiculaire 200 et l'autre pointe sur l'intersection de l'oblique 70-80 et de l'horizontale. La longueur ainsi prise est égale à 274 mètres.

Dans cet exemple, on a pu mesurer la longueur à 1^m près, c'est-à-dire à la dixième partie d'une des petites divisions portées à gauche du 0.

On voit, d'après cela, que l'approximation dépendra de l'échelle.

On admet que la longueur de deux dixièmes de millimètre est la limite des distances appréciables à l'œil ou au compas. On pourra donc calculer, pour une échelle quelconque, l'approximation des mesures prises.

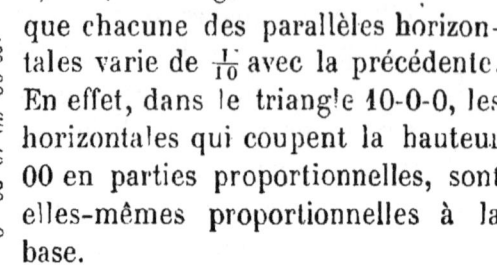

Fig. 3.

A l'échelle de $\frac{1}{20000}$ par exemple, deux dixièmes de millimètre représentent quatre mètres. On ne pourra donc pas mesurer de distances plus faibles.

On remarquera, à ce sujet, que dans l'exécution des cartes, certains signes conventionnels ne sont pas réduits aux dimensions qu'ils devraient avoir d'après l'échelle. Ainsi, dans la carte de l'état-major, qui est au $\frac{1}{80000}$, une route de 10 mètres de largeur ne devrait avoir que $\frac{1}{8}$ de millimètre, et on la représente par deux traits qui sont espacés de 0^{m}00075, ce qui fait une différence sensible. La facilité de lecture de la carte exige de semblables écarts, qui n'ont, d'ailleurs, aucun inconvénient.

DEUXIÈME LEÇON.

EXPOSÉ SOMMAIRE DE LA PLANIMÉTRIE ET DU NIVELLEMENT.

La planimétrie est la base d'un levé quelconque. Nous commencerons donc par donner un exposé sommaire de ses procédés. Ce sera la marche la plus simple pour arriver à la lecture des cartes, objectif de cette étude. On reviendra plus tard sur le levé des détails et la pratique sur le terrain, qu'il faut connaître pour être à même de rectifier une carte ou de la compléter.

La même méthode s'appliquera au nivellement.

Pour exécuter une carte, on commence par déterminer, d'une façon aussi exacte que possible, à l'aide d'instruments plus ou moins perfectionnés, ce que l'on appelle le canevas.

Le canevas se compose d'une série de triangles, dont

les sommets, choisis à l'avance, sont des points remarquables, faciles à reconnaître et à apercevoir de plusieurs endroits. On résout ces triangles géométriquement ou trigonométriquement. Cette méthode d'intersection et de calcul dispense de la mesure d'un certain nombre de côtés, qui ne sont d'ailleurs pas toujours accessibles. On évite aussi les erreurs de mesure, qui sont quelquefois assez considérables.

La mesure des angles est aussi fort importante; elle donne également lieu à des erreurs, que l'on restreindra en diminuant le nombre des triangles. Les lignes qui se coupent à angle droit ou à peu près, sont celles dont les intersections sont le mieux déterminées.

On évite donc, autant que possible, les angles trop aigus.

L'établissement du canevas comprend :

Le choix d'une base, — en terrain horizontal, autant que possible;

Mesure exacte de cette base;

Choix des points principaux;

Mesure de certains côtés nécessaires;

Mesure des angles.

Si élémentaire que soit une carte, on retrouve à peu près la même série d'opérations.

Il faut en outre que le plan soit orienté, c'est-à-dire que les points cardinaux y soient indiqués.

On se contente ordinairement de l'orientation magnétique que donne la boussole. — On verra plus tard l'usage de cet instrument.

Différents procédés sont employés pour mesurer la base et les côtés. On peut se servir de la chaîne d'arpenteur qui donne une mesure directe ; on préfère généralement, comme plus expéditifs et moins sujets à erreur, l'emploi d'appareils connus sous le nom de *stadias* qui permettent d'apprécier les distances sans les parcourir (1).

Mais ce qu'il importe de connaître, c'est la projection horizontale d'une ligne et non sa longueur elle-même. Cette distance horizontale se trouve par un calcul trigonométrique, ou plus simplement au moyen de tables qui donnent les projections d'une longueur donnée sous différentes inclinaisons.

Pour mesurer un angle, il faut d'abord en viser exactement les deux côtés, puis lire sur un cercle gradué la valeur de l'arc intercepté.

Plusieurs instruments sont en usage ; nous n'avons pas à en donner ici la description, leurs éléments principaux

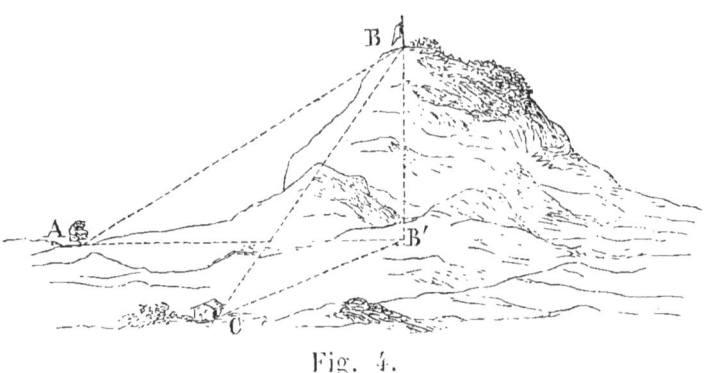

Fig. 4.

(1) Il y a différents modèles de *stadias*. Elles reposent généralement sur ce principe que, si d'une extrémité d'une ligne on vise avec une lunette, sous un angle donné, une règle divisée placée à l'autre extrémité, le nombre des divisions interceptées par les rayons visuels sera d'autant plus grand que la longueur de la ligne sera plus considérable. Cette longueur se déduit alors par une simple proportion.

sont des lunettes astronomiques pour faire les visées, et un cercle gradué. La boussole, comme on le verra plus loin, est aussi avantageusement employée à cette mesure des angles.

De même que pour les longueurs, la mesure des angles doit être réduite à l'horizon.

Soit une montagne M; si du point B situé sur le sommet de cette montagne, on a visé les points A et C situés dans la plaine, on voit clairement que l'angle ABC n'est pas égal à sa projection sur le plan horizontal AB'C. De même que le côté AB est plus grand que sa projection AB'.

Il est beaucoup plus simple et plus expéditif de ne pas chercher la mesure des angles, mais de les tracer de suite sur le plan. L'emploi d'une *alidade plongeante* placée sur une planchette horizontale donne immédiatement la projection de l'angle, sans avoir à le mesurer.

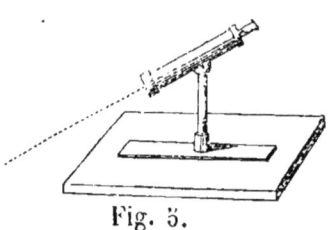

Fig. 5.

Cette alidade se compose d'une lunette montée sur un axe, de manière à tourner dans un plan vertical, dont la trace sur la planchette est donnée par une règle qui sert de support à l'alidade. Quelle que soit l'inclinaison de la ligne de visée, la projection horizontale sera toujours donnée par la règle.

Revenons à notre montagne. Il importe d'indiquer sur la carte que le point B n'est pas situé sur le plan horizontal; nous sommes donc tenus d'introduire ici un nouvel élément qui est la forme du terrain.

Si, à côté du point B, on mettait sur la carte sa cote

d'altitude, ce serait suffisant et l'on pourrait ainsi, en multipliant les cotes, donner une certaine notion du nivellement.

Toutefois ce serait surcharger la carte d'un grand nombre de chiffres qui la rendraient confuse, et il serait toujours difficile de se faire une idée exacte des formes du terrain.

On préfère un autre système qui est celui des *sections horizontales*.

Pour bien comprendre ce système, reprenons cette même colline et supposons que la rivière qui coule au pied déborde et élève son niveau de 5 mètres.

La base de la colline disparaîtra et la surface de l'eau qui forme un plan horizontal tracera sur la croûte terrestre une courbe plus ou moins régulière suivant la forme de la colline; nous aurons ainsi une première section horizontale dont nous conserverons la trace.

Supposons maintenant que le niveau de l'eau s'élève encore de 5 mètres : une nouvelle portion de la colline aura disparu; nous tracerons encore soigneusement les points où l'eau vient affleurer et nous aurons ainsi déterminé une nouvelle section horizontale dont les dimensions seront moindres que celles de la section qui est en dessous.

Et si nous faisons monter ainsi l'eau de 5 mètres en 5 mètres nous aurons des sections parallèles horizontales de plus en plus étroites jusqu'à ce que la montagne ait disparu complétement.

Ces courbes projetées sur le plan de repère se reproduiront avec leur dimension réelle, puisqu'elles sont déterminées par l'intersection de plans parallèles. Chacune d'elles est le lieu de tous les points de la colline

TOPOGRAPHIE. 219

cotés 5 mètres, 10 mètres, 15 mètres, etc. Il suffira par conséquent de mettre une seule cote par courbe.

L'écartement des courbes (c'est-à-dire leur distance

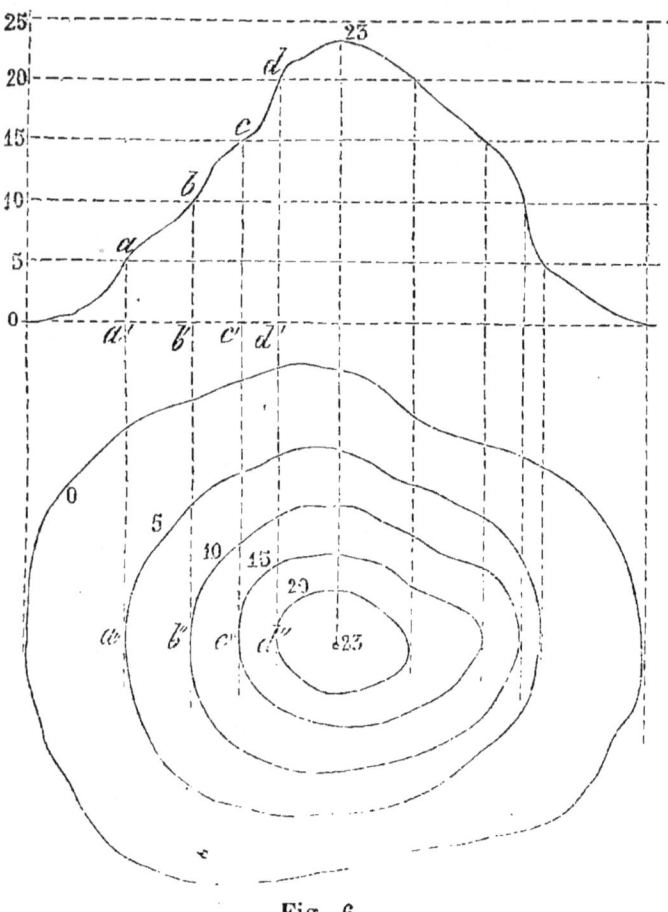

Fig. 6.

horizontale) sera d'autant plus grand que la pente sera moins forte, et inversement.

Ceci résulte d'ailleurs de ce qui a été dit, dans les notions préliminaires, sur la projection des horizontales parallèles d'un plan.

Ces courbes étant projetées, il sera facile de se rendre compte de la distance réelle de 2 points et de mesurer l'angle que la pente forme avec l'horizontale.

Les moyens pratiques qui ont été indiqués pour les plans cotés trouveront ici leur application.

En effet, si nous prenons deux courbes consécutives m et n et qu'on n'envisage sur chacune d'elles qu'un petit espace, elles pourront être considérées comme les projections des horizontales d'un plan tangent à la colline ; la ligne AB qui est perpendiculaire à la fois aux deux courbes représente l'échelle de pente du plan tangent. Si donc en B on élève sur AB une perpendiculaire BB' d'une longueur égale à la différence des altitudes, et qu'on joigne B'A, l'angle BAB' sera l'angle que fait en cet endroit la pente du terrain avec le plan horizontal et et la longueur AB' est la distance réelle qui sur la colline sépare les points A et B.

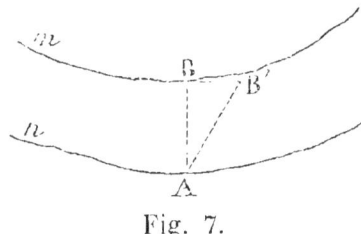

Fig. 7.

Les courbes cotées seront donc suffisantes pour connaître la forme d'une montagne, la nature de ses pentes et la cote d'un point quelconque.

Dans la pratique on adopte pour un même plan, et pour tous les plans à la même échelle, une *équidistance constante*. Il suffit alors de connaître la cote d'une seule courbe et l'équidistance adoptée.

Cette équidistance n'est pas indifférente : on admet qu'elle ne peut être moindre du $\frac{1}{2000}$ du dénominateur de l'échelle soit, graphiquement, $0^m,0005$. En voici la raison :

La pente à $\frac{1}{1}$, c'est-à-dire à un de base pour un de hauteur, est considérée comme la pente la plus roide que les terres puissent prendre sans soutien (au delà ce sera un escarpement rocheux dont la représentation est différente). Or dans la pente à $\frac{1}{1}$, si l'équidistance graphique est de $0^m,0005$, les courbes projetées seront également à $0^m,0005$ de distance. Les rapprocher davantage rendrait la lecture de la carte difficile.

Cette règle est importante à retenir. Elle permet d'apprécier l'altitude d'un point par rapport à un autre, connaissant l'échelle du plan et le nombre de courbes intercalées entre les deux points.

On voit facilement que pour les échelles de :

$$\frac{1}{5000}, \frac{1}{10000}, \frac{1}{20000}, \frac{1}{40000}, \frac{1}{80000}, \text{etc.}$$

les équidistances seront

$$2^m50, 5^m, 10^m, 20^m, 40^m, \text{etc.}$$

Cette équidistance graphique constante présente cet avantage réel que *quelle que soit l'échelle, la même pente sera représentée par le même écartement des courbes.*

Supposons en effet qu'on ait levé le plan du même terrain à deux échelles différentes $\frac{1}{5000}$, et $\frac{1}{20000}$, si sur le premier plan une certaine colline est représentée par 8 courbes, il n'y en aura plus que deux à l'échelle de $\frac{1}{20000}$, et la pente ne sera pas changée pour cela. Mais comme la deuxième échelle est quatre fois plus petite que la première, l'écartement des 2 courbes du plan au $\frac{1}{20000}$ sera égal à l'écartement de 2 courbes consécutives du plan au $\frac{1}{5000}$.

On n'a admis d'exception à cette règle générale que pour les cas extrêmes de pays très-accidentés ou pays très-plats, dans lesquels beaucoup de mouvements de terrain ne seraient pas signalés.

TROISIÈME LEÇON.

DES FORMES DU TERRAIN. — MODE DE REPRÉSENTATION. — INDICATION DES PROCÉDÉS DE NIVELLEMENT.

Des formes du terrain.

Il reste maintenant à faire remarquer certains mouvements de terrain particuliers et les propriétés dont ils jouissent.

Jusqu'ici, pour simplifier les démonstrations, nous n'avons envisagé qu'une colline qui se dresserait isolée dans la plaine. Ce fait est l'exception. On voit au contraire les montagnes se relier en grand nombre les unes aux autres pour former un massif ou une chaîne principale d'où se détachent des contreforts.

Il n'est pas besoin d'une grande observation pour comprendre la relation immédiate entre le système montagneux d'une contrée et ses cours d'eau. Le mot *versant* appliqué à la pente d'une montagne en sera par là même expliqué.

Colline ou mamelon.

On a déjà vu qu'nne *colline* est représentée par une série de courbes fermées, d'autant plus resserrées que leurs cotes sont plus élevées.

Il est rare qu'une montagne commence ou finisse

uste sur une section horizontale : le sommet sera indiqué par un point coté, ou par une section intermédiaire si ce sommet forme un petit plateau. Une autre section ntermédiaire indiquera la base.

Croupe.

Une *croupe* est une surface convexe formée par la réunion de deux versants sur une même *ligne de faîte*. Ce sera par exemple l'extrémité d'un contre-fort qui

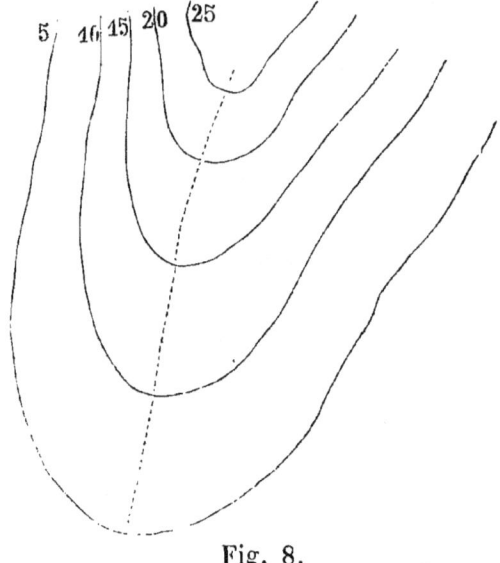

Fig. 8.

s'avance entre un cours d'eau et son affluent. Les pluies qui tomberont sur cette croupe se partageront entre les deux cours d'eau, et ce sera la ligne de faîte qui servira de séparation : c'est pourquoi on l'appelle souvent *ligne de partage*. Cette ligne jouit de cette propriété que sa pente est plus faible que celle de toute autre ligne passant par le sommet de la croupe. Dans l'étude du terrain, cette ligne est toujours importante à déterminer.

On y arrive précisément par la recherche de la pente plus faible qui, en projection, se traduit par un écartement plus grand des courbes.

Vallée.

La *vallée* est l'intersection concave des versants de deux croupes ou de deux chaînes qui en forment la cein-

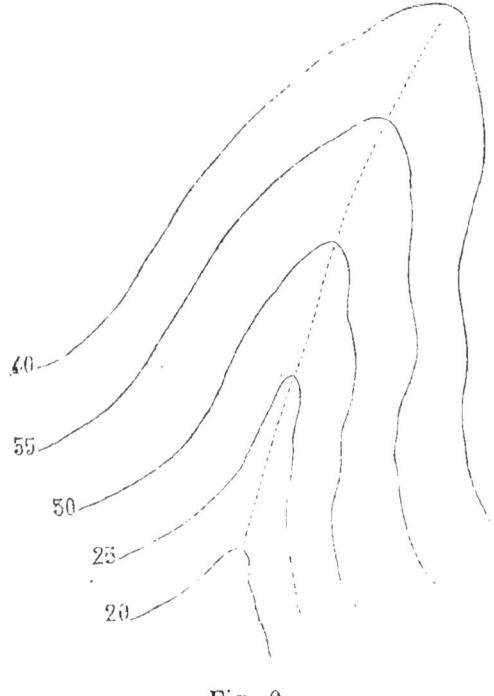

Fig. 9.

ture. Les pluies qui tomberont dans la vallée viendront

TOPOGRAPHIE.   225

réunir leurs eaux à l'intersection des deux flancs sur une ligne que l'on nomme le *thalweg*. On démontre facilement que le thalweg est la ligne de moindre pente de la vallée.

On trouve des vallées à fond plat et très-large. D'autres au contraire sont resserrées entre des escarpements inaccessibles et constituent ce que l'on nomme des ravins.

Col.

Une chaîne de montagnes ne présente pas sur tout son parcours la même altitude, et si l'on veut passer d'une

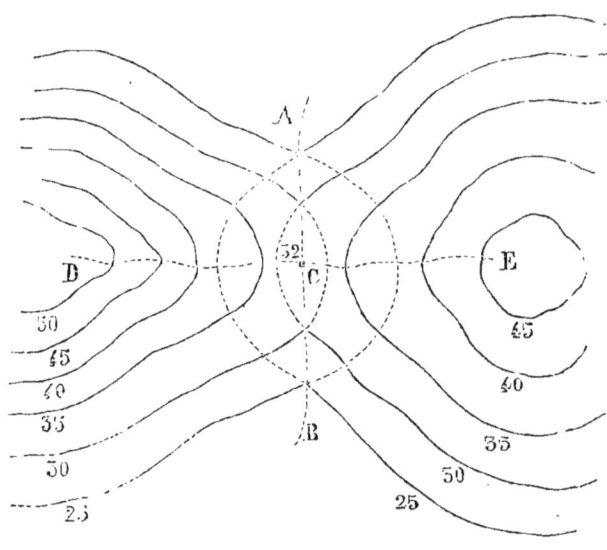

Fig. 10.

vallée dans une autre voisine, on trouve généralement un passage moins élevé qui est ce qu'on appelle un *col*.

Le col peut aussi se définir le point le plus élevé de l'intersection de deux croupes. Si nous représentons deux croupes par leurs sections horizontales (fig. 10), l'intersection des lignes de même cote forme un thalweg sur chaque versant, — ces deux thalwegs se réunissant en un point C, qui se trouve à l'intersection des lignes de faîte de chaque mamelon et des lignes de thalwegs prolongées.

Ce point appartenant à la fois aux lignes de faîte et

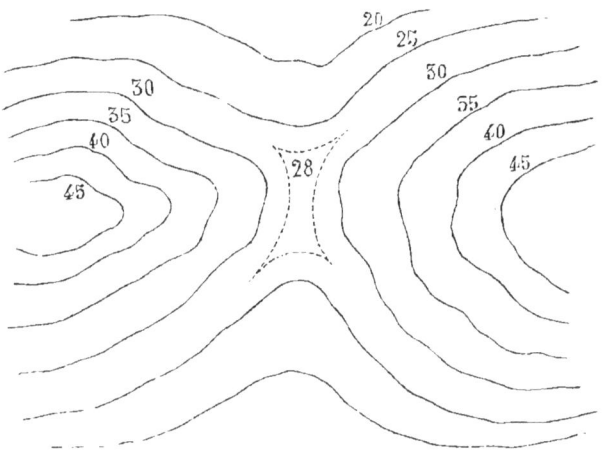

Fig. 11.

aux thalwegs est, par conséquent, *point de partage des eaux* entre les deux vallées.

Le plus souvent le point C forme le centre d'un petit plateau horizontal, ou à peu près, dont les côtés sont formés par des courbes intermédiaires.

Le col est un des points importants à étudier sur le terrain et dans la lecture d'une carte.

La cote s'établit par un procédé analogue à celui qui

est employé pour déterminer la cote d'un point pris entre deux courbes.

Hachures.

Les mouvements de terrain sont très-nettement définis par les projections de leurs sections horizontales.

Afin de rendre plus sensible à l'œil le relief du terrain, on leur substitue généralement des hachures, qui sont à proprement parler les projections d'un nombre infini de lignes de plus grande pente.

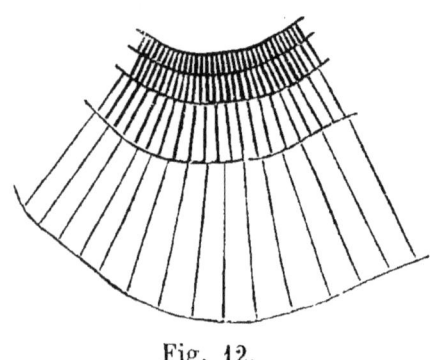

Fig. 12.

On a vu, à la fin de la leçon dernière, comment une ligne normale à deux courbes consécutives peut être considérée comme la ligne de plus grande pente d'une petite portion de la surface du terrain ; ce sont ces lignes multipliées qui forment les hachures.

On a soin de les limiter exactement aux courbes et de ne pas mettre dans le prolongement des premières celles qui couvriront la zone voisine (Fig. 12).

Cette précaution permet de rétablir par la pensée, quand on lit une carte, le nombre de sections horizontales ; car les courbes doivent disparaître.

Les hachures doivent être écartées du quart de leur longueur et d'une grosseur proportionnée ; chaque trait est tracé uniforme dans toute sa longueur. Pour la dernière tranche supérieure ou inférieure seulement, on effile les hachures à leur extrémité pour mieux fondre le terrain.

Lorsque deux courbes voisines se replient brusquement et sont inégalement espacées sur une partie de leur tracé, il devient difficile et même impossible de mener des hachures normalement aux deux courbes. On infléchit alors la hachure de telle sorte qu'étant partie normalement à une courbe, elle arrive normalement à la suivante (comme entre les courbes 15 et 20 de la figure 13).

Ou bien, on ajoute dans la portion où les courbes sont le plus écartées, et où, par conséquent, la pente est la plus douce, des courbes intermédiaires en nombre tel qu'elles se rapprochent de la direction parallèle (comme entre les courbes 10 et 15).

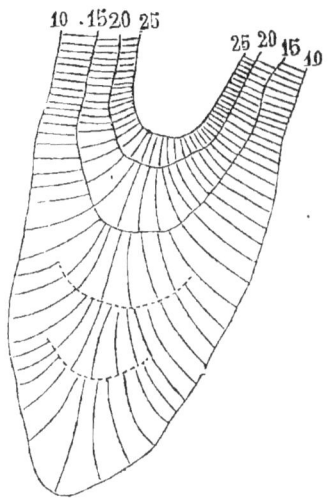

Fig. 13.

Lumière zénithale et lumière oblique.

Dans la carte de l'état-major et dans la plupart des cartes actuelles, on suppose le terrain éclairé verticalement par ce qu'on appelle la *lumière zénithale*. Il n'y a par suite aucun effet d'ombre à rendre et l'intensité de la teinte formée par les hachures correspond directement à l'intensité de la pente.

Certaines cartes étrangères et quelques cartes françaises anciennes sont éclairées par la *lumière oblique*, les rayons lumineux étant supposés venir de l'angle supérieur gauche de la carte et dans une direction formant 45° avec l'horizon. Il y a donc ici à tenir compte de l'ombre et de la lumière. Le contraste qui en résulte donne beaucoup de relief et de pittoresque au dessin ; mais l'appréciation des pentes y est difficile puisque, suivant la direction des collines par rapport aux rayons lumineux, une même pente sera représentée par des teintes complétement différentes.

Pour un levé expédié, comme les courbes et les hachures sont assez longues à faire, on emploie quelquefois un système de teintes fondues éclairées par la lumière oblique. Cela est évidemment fort incomplet, mais on peut sans inconvénient combiner les deux systèmes de teintes fondues et de hachures, en réservant celles-ci pour les parties qui demandent plus de précision. Ces fantaisies peuvent se permettre pour les levés rapides qu'occasionnent les reconnaissances.

Procédés de nivellement.

La détermination des hauteurs et des pentes, les différences de niveau sont fort importantes pour un levé quelconque. Dans un levé expédié, ces appréciations se font presque toujours à l'œil, et cela demande une certaine habitude. Les levés réguliers exigent la plus grande exactitude, et on l'obtient par l'emploi de certains instruments.

Sans exposer ici le mécanisme de ces instruments et les opérations qu'ils exigent, nous en dirons quelques mots qui aideront à faire comprendre la marche que doit suivre le topographe chargé de faire un levé sans le secours d'aucun d'eux.

Il y a deux catégories d'instruments, et, par suite, deux genres d'opération.

Les *niveaux d'eau* permettent de déterminer les plans de niveau que l'on répète successivement et dont l'écartement se mesure soigneusement avec une règle divisée (Voir fig. 14).

On peut ainsi, ayant jalonné une direction, tracer un

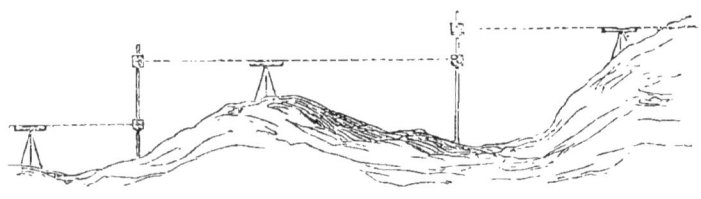

Fig. 14.

profil suivant cette direction, avec des cotes exactes pour tous les points de station, à condition de connaître une cote d'origine.

L'*éclimètre* a pour objet de mesurer l'angle de pente du terrain entre deux points.

On sait que cet angle étant mesuré et la distance des deux points connue, on pourra facilement déterminer la différence de niveau des deux points. L'angle de pente s'appelle *angle d'ascension* ou *angle de dépression*, suivant qu'il est au-dessus ou au-dessous de l'horizon.

Il est très-important de ne pas les confondre, puisque l'erreur serait égale au double de la différence de niveau, une fois le calcul établi. Pour éviter cette erreur, au lieu de mesurer la pente par rapport à l'horizontale, ou la mesure par rapport à la verticale du point de station ; c'est ce qu'on nomme l'*angle zénithal*.

L'éclimètre se compose ordinairement d'une boussole (qui sert, comme on le verra dans la leçon suivante, à mesurer en même temps les angles de direction), sur le côté de laquelle une lunette se meut dans un plan vertical le long d'un rapporteur ; la direction de la verticale est assurée par un niveau à bulle d'air.

D'autres procédés se rapportent à la topographie irrégulière ; on en parlera plus loin.

Il faut signaler ici un instrument qui peut être utilement employé pour juger les différences d'altitude surtout lorsqu'elles sont un peu considérables. C'est le baromètre et en particulier le baromètre anéroïde, dont le transport est facile. On sait que la pression de l'atmosphère diminue à mesure que l'on s'élève au-dessus du niveau de la mer (point où la pression est normale), et que par suite le baromètre baisse en proportion. C'est sur ce principe qu'est basée la mesure des altitudes.

QUATRIÈME LEÇON.

DE LA BOUSSOLE. — SON USAGE.

En parlant de l'orientation des cartes et de la mesure des angles, on a déjà nommé la boussole. Cet instrument, d'un usage extrêmement simple, a été adopté pour le levé des détails et pour la topographie irrégulière. On indiquera dans cette leçon comment il est employé et comment se font les opérations de détail.

Description de l'instrument.

La boussole se compose, en principe, d'une aiguille

aimantée et d'un cercle gradué sur lequel elle fait ses évolutions.

On sait qu'une barre aimantée suspendue et livrée à elle-même dirige une de ses extrémités dans une direction qui est sensiblement le nord.

Des expériences précises ont permis d'établir que le pôle magnétique ne concorde pas avec le pôle de la terre, et que l'écart n'est pas toujours le même.

Cet écart s'appelle la *déclinaison*. Bien qu'il varie suivant le point où l'on se trouve et souvent même suivant l'heure du jour, on peut prendre pour base la déclinaison pour Paris; elle est actuellement de 19° 16′ ouest.

Une aiguille aimantée, dont la pointe qui se dirige

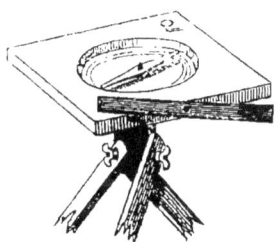

Fig. 15.

vers le nord est teintée en bleu, est placée sur un pivot métallique. Afin d'éviter les frottements, le pivot porte ordinairement sur une chappe en agate. Le pivot est placé dans une boîte en métal ou dans un évidement cylindrique d'une planchette carrée. Le cercle du fond est divisé en degrés. Un verre forme le dessus de la boîte, et un petit levier permet de soulever l'aiguille pour éviter l'usure du pivot.

La boussole se complète ordinairement par un tuyau viseur, ou une lunette qui est placée sur le côté et se mouvant dans un plan perpendiculaire à celui du limbe divisé.

La boussole peut se monter sur un trépied à genou.

La direction donnée par l'aiguille s'appelle le *méridien magnétique;* et on nomme *azimut* l'angle que forme une direction quelconque avec ce méridien.

TOPOGRAPHIE.

Le méridien donne la direction du nord et du sud, et par suite celle de l'est et de l'ouest qui sont perpendiculaires au méridien.

Pour prendre un azimut, la boussole étant en station au point A, par exemple (Fig. 16), on tourne la boussole sur son genou jusqu'à ce que le 0° du limbe vienne coïncider avec la direction de la pointe bleue de l'aiguille.

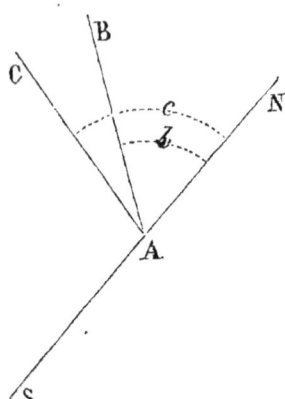

Fig. 16.

Puis on fait tourner la boussole jusqu'à ce qu'on puisse apercevoir par le viseur le point B dont on veut prendre la direction.

L'angle BAN, dont la mesure se lit sur le limbe, est l'azimut de la direction AB.

Si le point A est le sommet de l'angle BAC, et qu'on veuille mesurer cet angle, on prendra de même l'azimut de la direction AC, et la différence des deux azimuts c-b est la mesure cherchée de l'angle BAC.

Les azimuts se comptent tous dans le même sens, de 0° à 360°, en partant du nord par l'ouest.

Les angles ainsi mesurés sont reportés sur la carte au moyen d'un rapporteur.

Il faut remarquer que pour orienter un plan, il suffira de connaître l'angle formé par une de ses lignes avec la méridienne du lieu.

La mesure des angles étant prise avec la boussole et les distances mesurées par un des procédés indiqués précédemment, on aura tous les éléments nécessaires pour exécuter la planimétrie.

La boussole permet de s'orienter immédiatement ; en effet, si après avoir mesuré l'angle BAC on doit se transporter en B, il suffira, une fois en station au point B, de tourner la boussole jusqu'à ce que l'aiguille soit revenue au même degré que lorsqu'on a visé AB du point A. C'est ce qu'on appelle *se décliner*.

L'alidade plongeante, dont il a été question dans la deuxième leçon, permettra de tracer sur la carte la projection des angles sans avoir de calcul à faire pour les réduire à l'horizon. Comme compensation à cet avantage, il est beaucoup plus long de se décliner avec l'alidade, puisque, pour assurer la direction, il faut, du point où l'on arrive, viser le point d'où l'on est parti et faire coïncider la trace de cette direction prise sur la planchette avec la règle de l'alidade. Souvent même il est nécessaire de viser d'autres points comme vérification.

Pour ces raisons, on réunit d'ordinaire dans un même équipage topographique ces deux instruments. — On aura donc une planchette montée sur un pied ; une alidade (il y en a de différents systèmes) ; enfin, fixée sur un des coins de la planchette, une boussole petite et sans viseur que l'on nomme *déclinatoire*.

Pour mieux faire comprendre la manière d'opérer, nous supposons qu'on ait à reproduire sur la carte la portion de planimétrie ci-jointe (Fig. 17) : le point A étant point de départ, on s'y met en station et on se décline, c'est-à-dire qu'on note la direction que donne le déclinatoire, puis avec l'alidade on vise la direction pe la route AB, qui est en ligne droite et qu'on trace sur le papier.

Le point A étant marqué sur la carte, on vise la direction AC en faisant passer la règle de l'alidade par le point A, on a ainsi l'angle BAC. Puis on se transporte

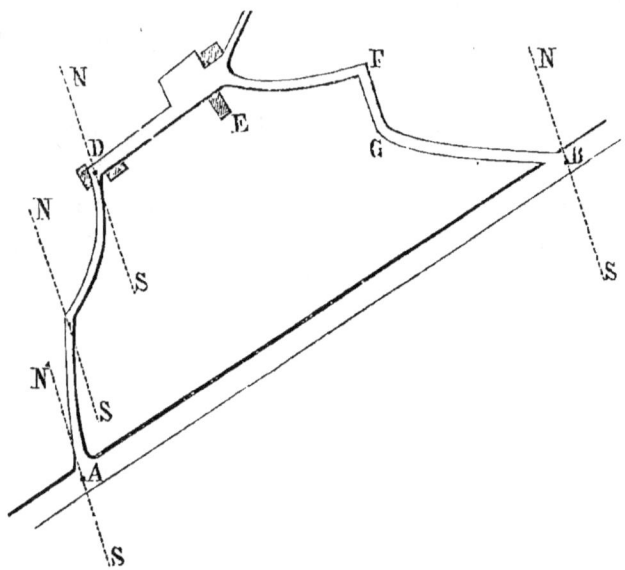

Fig. 17.

au point C, en mesurant la distance AC qu'on reportera sur la carte en la réduisant à l'échelle.

Au point C on se déclinera de nouveau, en ramenant, comme on l'a dit ci-dessus, l'aiguille du déclinatoire sur le degré qu'on a noté en A. On aura évidemment porté sur la carte la projection du point C.

La direction CD se prendra de la même manière avec l'alidade, et, si l'on suppose que ce chemin décrive une courbe, on pourra décomposer cette courbe en fractions

236 TROISIÈME PARTIE.

de droite, dont on prendra successivement la direction et les mesures. On ira ainsi de point en point, traçant les angles, mesurant les distances et les reportant à l'échelle sur le plan. On finira pour aboutir en B, sur la route dont la projection sur la carte est déjà donnée.

Comme vérification, on pourra mesurer directement BA, et l'on verra si les angles et les distances successivement portés ont donné la projection du point B à la distance voulue.

On doit toujours rechercher toutes les occasions de vérification.

Cette méthode est ce qu'on appelle la *méthode de che-*

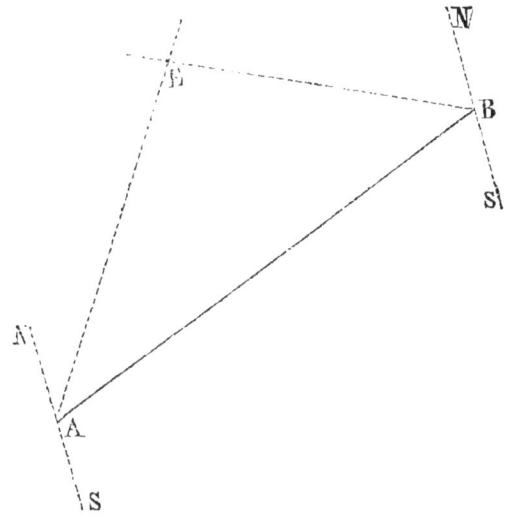

Fig. 18.

minement. Elle exige qu'on se transporte successivement à tous les points dont on veut avoir la projection.

On peut arriver à trouver la position d'un point sans

s'y transporter. On opère alors par la *méthode d'intersection*.

Supposons que dans la planimétrie précédente on ne veuille pas quitter la route AB et cependant avoir la position exacte de certains points situés à gauche, comme la cheminée de la maison E, par exemple, qui est facile à apercevoir.

On se met en station en A, on se décline, on vise la direction AB dont on prend la projection. Du même point A, on vise la cheminée E et on trace la direction AE.

On se transporte en B, en mesurant soigneusement cette distance. La position du point B étant établie, on s'y décline et on vise soigneusement la même cheminée E. Il est évident que l'intersection des deux projections AE et BE donne la projection du point E.

On voit que ce procédé permet de rattacher à deux points accessibles, dont on a les projections, un autre point qui peut ne pas être accessible.

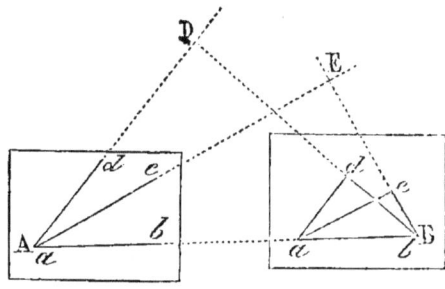

Fig. 19.

Dans la pratique, on donne de chacun des points de station un tour d'horizon complet; c'est-à-dire que, étant en A, on visera successivement les points D, E, G, que l'on peut apercevoir, en notant soigneusement, à côté de chaque direction prise, le nom de l'objet pour éviter les confusions.

On donnera un nouveau tour d'horizon du point B, et on aura ainsi déterminé les projections d'un certain nombre de points.

Il sera facile de trouver la distance de ces points aux points de visée ou de ces points entre eux. Pour cela, on mesurera avec l'échelle, sur la carte, la distance des projections.

Le cheminement sera toujours employé pour lever les détails, surtout dans un pays couvert, pour l'intérieur d'un village, les sentiers d'un bois, etc.

Les causes d'erreur sont fréquentes; on les rectifiera toutes les fois que ce sera possible, particulièrement en se déclinant sur des points du canevas, quand on pourra les apercevoir des points de station.

CINQUIÈME LEÇON.

LEVÉ EXPÉDIÉ. — MESURE DES DISTANCES. — PLANIMÉTRIE. — NIVELLEMENT. — INSTRUMENTS ÉLÉMENTAIRES.

Levé expédié.

Après avoir exposé sommairement les procédés de la planimétrie et du nivellement, nous entrerons dans la pratique de ce qu'on nomme la topographie irrégulière, laquelle a pour but l'étude rapide, très-souvent sous forme de simples croquis, d'une portion de terrain qui sera prochainement le théâtre d'opérations militaires.

On a fréquemment à vérifier une carte ancienne, à la

mettre à jour, ou encore à reproduire à une échelle plus petite certains détails, dont une carte à échelle plus grande ne donne qu'une notion incomplète. Dans ces différents cas, on a toujours des données que l'on peut considérer comme les sommets d'un canevas exact.

Des instruments plus simples encore que ceux dont il a été question jusqu'ici seront employés : souvent même un cavalier n'aura pas le temps de mettre pied à terre, les angles seront mesurés à vue, les distances au temps employé pour les parcourir, et il faudra se contenter d'un croquis de mémoire.

La planimétrie s'écarte peu de la marche que nous avons donnée ; le nivellement est difficile à établir dans ce passage rapide sur le terrain ; il est cependant d'une grande importance, et l'on conçoit que tel pli de terrain de quelques mètres, qu'une carte à grande échelle ne peut indiquer, jouera cependant un rôle important, pour défiler une troupe ou préparer l'exécution d'un mouvement.

Instruments élémentaires.

Nous composerons ainsi notre matériel topographique :

Un simple carton sur lequel on tendra une feuille de papier. Dans un angle du carton sera fixé un déclinatoire. L'alidade se réduira à une règle triangulaire divisée, dont l'arête supérieure servira pour les visées. Un rapporteur à perpendicule servira pour mesurer les pentes (1).

(1) Il existe dans le commerce un certain nombre d'appareils plus ou moins simplifiés et peu embarrassants. Nous ne parlons ici que de

Si le cavalier ne peut mettre pied à terre, l'usage de ses instruments sera médiocre, mais il pourra, grâce à eux, obtenir des résultats plus satisfaisants si sa mission permet quelques stations.

Planimétrie.

Le carton muni de son déclinatoire remplira l'usage que nous avons attribué à la planchette. Si on a un cheval assez sage pour qu'on puisse essayer de dessiner, il sera commode de fixer le carton au bras gauche par un système de courroies, afin de dégager la main de la bride ; on pourra aussi le suspendre au cou.

On attachera à une boutonnière, au moyen de cordons suffisamment longs le crayon, la gomme, l'échelle, qu'il ne faut pas perdre.

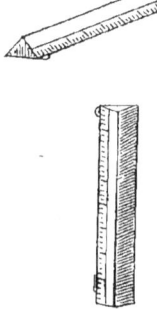

Fig. 20.

Pour toutes les visées à faire avec l'alidade, il sera avantageux de faire placer, vers une des extrémités et à la base, une petite saillie de métal percée d'un trou, par lequel on piquera avec une épingle fine le point d'où se font les visées ; on évitera ainsi ce tâtonnement assez long que nécessite le passage de la ligne de foi par la projection du point de station.

Lorsque les points visés ne seront pas de même altitude que celui de station, il faudra rétablir par la pensée le plan vertical dans lequel se meut une alidade plongeante et maintenir l'œil dans ce même plan.

ceux que l'on peut trouver partout ou confectionner soi-même. Ils ne tiennent aucune place et sont de l'usage le plus simple.

TOPOGRAPHIE.

Mesure des distances.

Les mesures des distances, à défaut de chaîne et de stadia, se font au pas. Il est donc important d'étalonner son pas.

Pour ce faire, on cherche combien de pas il faut faire pour parcourir 100 mètres; on répète l'expérience plusieurs fois et on prend un chiffre moyen.

On en déduit le nombre de mètres qui correspond à 100 pas, et on construit, à l'échelle adoptée pour le levé, une échelle de pas qui se trace comme on l'a dit à la première leçon.

Ces mesures au pas sont loin d'être exactes; le pas varie avec la fatigue, avec la pente, avec les difficultés du terrain. Il faut savoir tenir compte des modifications qui en résultent.

Pour ne pas se tromper dans ce compte des pas, on a soin de ne compter que par centaines et d'inscrire chaque centaine sur un coin de son carton ou sur un carnet.

Le pas du cheval se mesure également.

Il varie pour chaque cheval, comme pour chaque individu, mais on peut, pour des chevaux de troupe de taille moyenne, admettre un parcours, par minute, de

110 à 120 mètres au pas.
250 à 260 — au trot.
330 à 350 — au galop.

Cela donne le kilomètre

Au pas en 9 minutes.
Au trot en 4 —
Au galop en 3 —

On mesurera aussi la distance à l'heure : une troupe qui alterne le pas et le trot dans la proportion de 1 à 2, marche bien si elle fait 10 kilomètres à l'heure.

On pourra encore, dans certains cas, se servir de la vitesse du son, sachant que la transmission de la lumière est presque instantanée, tandis que le son parcourt 340 mètres par seconde.

Nous indiquerons plus tard certains procédés pour mesurer les distances inaccessibles.

Chacun d'ailleurs peut modifier et compléter ces moyens pour en tirer le meilleur parti possible. Avec un peu d'habitude, on arrive à apprécier assez bien les distances à l'œil.

La planimétrie pourra s'établir suivant les règles qui ont été données dans les précédentes leçons.

Nivellement.

Le nivellement, à défaut du niveau de la mer qu'on ne connaît pas, se compte au-dessus du niveau le plus bas de la rivière voisine, en attribuant à cette rivière la cote 0 ou 100.

Il faut autant que possible chercher un point d'où l'on pourra juger l'ensemble du mouvement du terrain. Cela aide beaucoup à déterminer les lignes qu'il faudra particulièrement étudier.

On juge mieux aussi quels sont les points les plus élevés et qui formeront la limite supérieure des cotes. Il est d'ailleurs évident que si on peut avoir la cote réelle d'un point quelconque, on prendra ce point comme point de départ.

On déterminera avec le plus grand soin possible les

points culminants comme les plus bas, ceux qui appartiennent aux lignes caractéristiques du terrain : c'est-à-dire les pics, les cols, les plateaux, les lignes de faîtes, les thalwegs, les confluents de rivières, etc.

Tout en parcourant le terrain pour en prendre la planimétrie, on fait le nivellement, partie par partie, sans chercher pour le moment à relier les lignes les unes aux autres.

Un instrument très-simple, avons-nous dit, est le rapporteur à perpendicule. C'est un éclimètre élémentaire, qu'on peut construire soi-même. Il suffit de suspendre un fil à plomb au centre d'un rapporteur que l'on a vérifié avec soin (1).

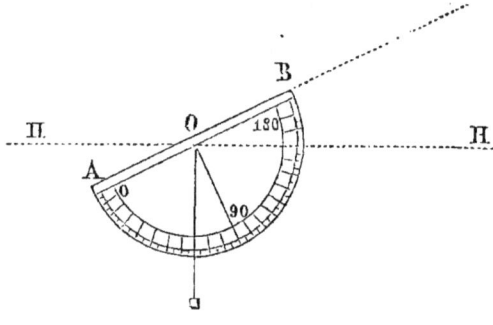

Fig. 21.

Si on vise par la base AB un point quelconque au-dessus du plan horizontal, on voit clairement que l'angle BOH est égal à l'angle formé par le fil à plomb et le rayon perpendiculaire à la base.

(1) La vérification du rapporteur consiste à s'assurer qu'il a sa base AB parallèle au diamètre et que le même angle mesuré avec différentes parties du rapporteur intercepte un même nombre de degrés.

Il n'y aura plus qu'à déterminer la distance horizontale du point visé et on aura tous les éléments du calcul. Mais, au lieu de calculer, il est plus simple de rapporter cet angle visé et la distance sur un tableau, une sorte de gabarit tracé à l'avance, et sur lequel on mesure les hauteurs.

Voici comment on construit ce tableau (Fig. 22). On trace une ligne horizontale sur laquelle on prend des longueurs de 10 mètres en 10 mètres, à une échelle assez grande, $\frac{1}{2000}$ par exemple; à l'extrémité de l'horizontale, au point marqué 100 mètres, ou plus si l'on veut, on élève une perpendiculaire de même longueur et

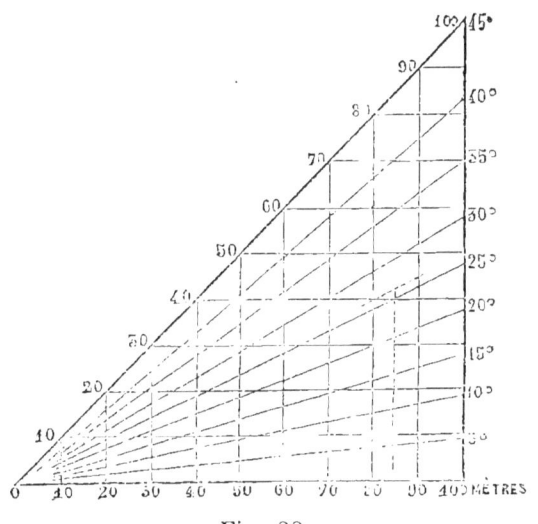

Fig. 22.

on trace la pente correspondante, qui est la pente à $\frac{1}{1}$ ou à 45°. Par les points 10, 20, 30, etc., on élève dans le triangle des perpendiculaires; elles auront par suite 10, 20, 30 mètres, etc. On trace également dans le triangle,

TOPOGRAPHIE.

du point O comme centre, des angles de 5° en 5° qui intercepteront des hauteurs proportionnelles. Enfin des parallèles donnent les hauteurs de 10 mètres en 10 mètres sur toute la surface du triangle.

Ce simple tableau permet une lecture immédiate suffisamment approchée de la hauteur cherchée. (Il demande toutefois à être construit avec soin.)

Supposons (Fig. 23), qu'on ait à apprécier la cote du point A. On vise A par le diamètre du rapporteur, et on

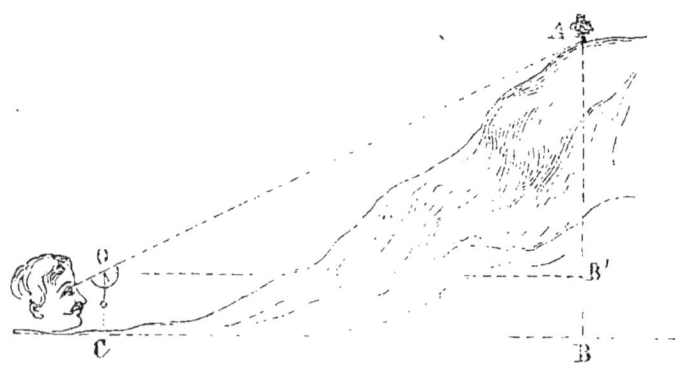

Fig. 23.

arrête avec le doigt le fil à plomb, de manière à mesurer l'angle AOB', soit AOB' = 26° et la distance OA réduite à l'horizon, c'est-à-dire OB' = 85^m.

On prendra sur l'horizontale (Fig. 22) le point correspondant à 85 mètres et l'on imaginera la perpendiculaire passant par ce point. L'angle 26° n'est pas porté, mais on a celui de 25° et on peut voir la position qu'occuperait le rayon 26°.

L'intersection de ces deux lignes se trouve un peu au-dessus de l'horizontale cotée 40 mètres, soit 41 mètres,

14.

chiffre qui représente la hauteur de AB'. Il convient d'y ajouter la hauteur B'B, qui est égale à la distance de l'œil de l'observateur au sol, soit 1ᵐ50. Si l'on suppose 18 la cote du point C, la cote du point A sera 18 + 41 + 1.50 = 60ᵐ50.

Voyons maintenant comment avec ces données on tracera les courbes.

Soit AC (Fig. 24) la projection sur le plan de la ligne visée et admettons qu'on opère à l'échelle de $\frac{1}{20000}$, pour

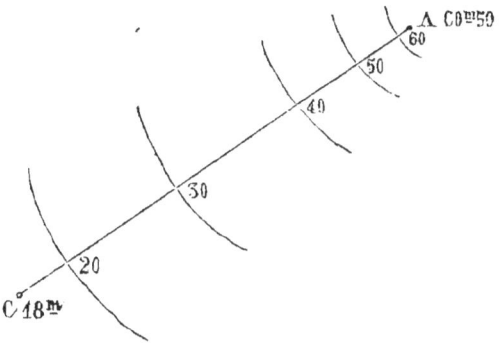

Fig. 24.

laquelle l'équidistance est à 10 mètres. Les courbes cotées 20 et 60, qui sont voisines des points A et C, sont faciles à déterminer ; on tracera ensuite à l'œil, et suivant le croquis qu'on aura pu prendre, les courbes 30, 40 et 50, qui sont à intercaler.

Lorsqu'on aura ainsi déterminé un certain nombre de lignes caractéristiques, lignes de faîtes, thalwegs, etc., comme on l'a dit plus haut, on reliera les courbes les unes aux autres.

SIXIÈME LEÇON.

ERREURS FRÉQUENTES. — SOLUTION DE QUELQUES PROBLÈMES. — SIGNES CONVENTIONNELS.

Erreurs fréquentes.

On a vu, dans la leçon précédente, les procédés les plus simples, les plus expéditifs de la topographie expédiée. Il faut convenir qu'ils sont sujets à des erreurs nombreuses et souvent très-graves.

Nous en signalerons quelques-unes qui sont plus ordinaires et contre lesquelles on devra se prémunir.

Le nivellement surtout est fort difficile à apprécier. Ainsi on est généralement entraîné à exagérer les pentes que l'on voit en silhouette et celles que l'on regarde de bas en haut. Au contraire, si on se trouve sur un sommet à pente un peu rapide, les pentes plus douces qui sont en dessous sembleront plus faibles encore.

Dans les estimations à vue des différences de niveau entre le point où l'on se trouve et d'autres assez éloignés il est très-difficile de se rendre compte de la perspective ou des plans de fuite, et on cote cette différence presque toujours en dessous de ce qu'elle est réellement.

Les estimations de distance à vue varient avec la vue de chacun; elles demandent beaucoup d'exercice. Les conditions atmosphérique, la manière dont les objets sont éclairés modifient beaucoup les appréciations. Si on a le soleil dans les yeux les distances estimées paraissent trop petites. C'est le contraire si on a le soleil à dos.

A la suite d'un orage les objets se dessinent nettement dans la transparence de l'air et ils paraissent plus rapprochés.

Toutes les fois que les circonstances permettront de recourir à des procédés exacts, on devra donc le faire. A ce titre nous aurions pu indiquer certains instruments portatifs et d'un usage assez bon, tels que boussole-éclimètre, allidade nivellatrice et autres. On en trouvera la description dans les ouvrages spéciaux.

Solution de quelques problèmes.

Les opérations de détail sur le terrain amènent quelquefois des problèmes dont nous donnerons ici des solutions pratiques.

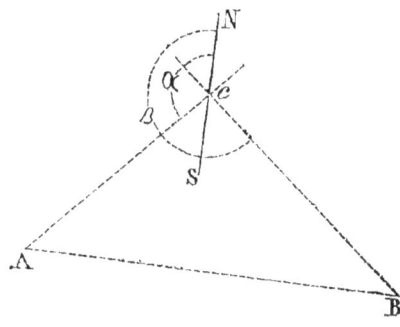

Premier problème. — Etant données les projections a et b de deux points A et B inaccessibles ou considérés comme tels, déterminer la projection d'un point C accessible.

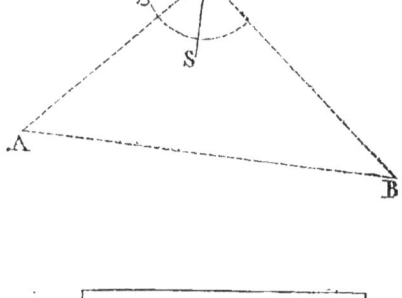

Fig 25.

On se met en station au point C et on prend les azimuts de A et de B, c'est-à-dire les angles formés par les directions CA et CB et le méridien magnétique. Soit α l'azimut de A, et β l'azimut de B. Au point a on trace l'angle α et on prolonge la direction.

Au point b on porte l'azimut β (dont en pratique on diminue 180°), les lignes ac et bc se coupent en un point c qui est la projection du point C. C'est ce qu'on appelle la *méthode de recoupement*. Plus simplement encore, étant en C on orientera la planchette : la ligne ab sera venue se placer parallèlement à AB. Faisant alors passer l'alidade par les points a et b on visera A et B et on tracera ces directions. Le point c sera donné par recoupement.

Ce procédé s'emploiera pour rattacher à une base qu'on a quittée et à laquelle on ne doit pas revenir, un point où l'on se trouve et qu'il importe de déterminer.

Deuxième problème. — On a quelquefois à tracer sur le terrain des perpendiculaires ou des parallèles à une distance donnée.

Cette opération se fait journellement en arpentage au moyen de l'équerre d'arpenteur. On peut se faire soi-même une équerre assez juste avec quelques mètres de ficelle qu'on partage en parties proportionnelles aux chiffres 3, 4 et 5, ce qui donne les côtés d'un triangle rectangle (1).

Soit (Fig. 26) à élever au point A une perpendiculaire à la direction AB, on prend AC = 3 ; du point A comme centre avec un rayon égal à 4, on trace un arc de cercle ; du point C comme centre avec un rayon égal à 5, on

---

(1) On démontre en géométrie que dans un triangle rectangle, le carré de l'hypoténuse est égal à la somme des carrés des deux autres côtés. Les chiffres 3, 4 et 5 présentent cette relation. $5^2 = 3^2 + 4^2$ ou $25 = 9 + 16$. Les chiffres 3, 4 et 5 peuvent donc être considérés comme les côtés d'un triangle rectangle et l'angle opposé au côté 5 est un angle droit.

trace un autre arc de cercle qui rencontre le premier au point D. La direction AD, qu'on peut indéfiniment prolonger, est perpendiculaire à AB. Comme vérification on prendra sur le prolongement de AB, AC′=3, C′D doit être égal à 5.

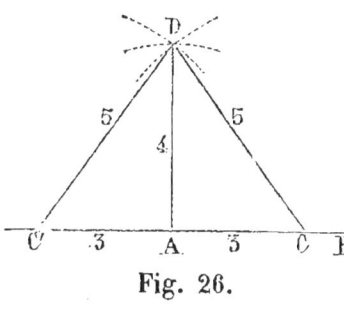

Fig. 26.

On arrivera au même résultat en prenant les points C et C′ et en traçant avec deux longueurs égales à 5 le triangle isocèle CDC′.

Troisième problème. — Cette construction très simple

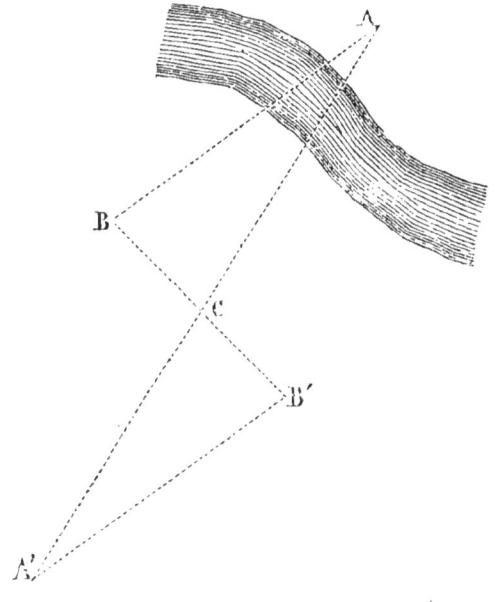

Fig. 27.

permettra de mener des perpendiculaires et des parallèles, et par suite de prolonger une ligne au-delà d'un obstacle. On l'emploiera aussi pour trouver la distance d'un point accessible à un autre inaccessible. Soit sur le terrain (Fig. 27) les points A et B séparés par un cours d'eau, on élève au point B une perpendiculaire à AB. Sur cette perpendiculaire on prend des longueurs égales : BC = CB'. Au point B' on élève une perpendiculaire à BB',

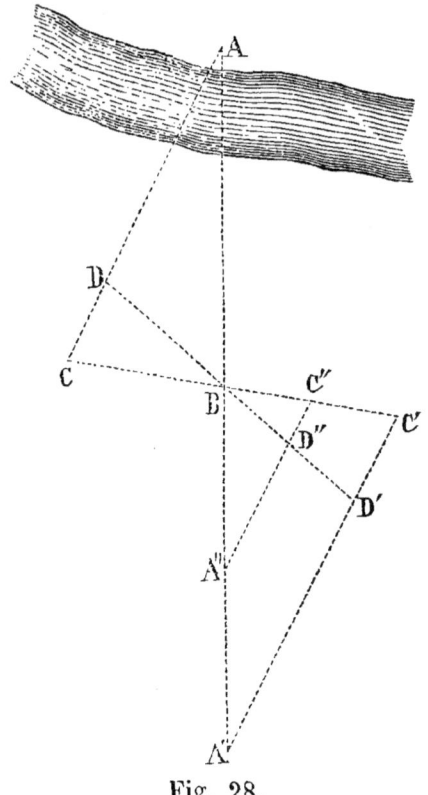

Fig. 28.

e sur cette nouvelle ligne on cherche un point A' d'où on aperçoive les points A et C sur la même direction. Le triangle B'A'C = BAC. On mesure directement B'A'.

Ce procédé sera employé pour la mesure de la largeur d'une rivière.

Quatrième problème. — On peut même, pour cette mesure, éviter l'emploi de l'équerre en ruban en construisant sur la rive accessible un triangle quelconque.

Soit (Fig. 28) à mesurer AB. On prend dans une direction quelconque BC = BC'.

Sur la direction CA on prend un point D d'où on vise B. On prend BD' = BD. La direction C'D' prolongée rencontre en A' la direction AB. On mesure A'B, qui est égal à BA.

On pourrait encore faire un triangle semblable au triangle ABC en prenant les longueurs BC″ et BD″, moitié ou quart de BC et BD. A″B sera alors égal à la moitié ou au quart de AB.

Cinquième problème. — La mesure d'une surface inaccessible, comme celle d'un bois, pourra se prendre en mesurant un rectangle circonscrit (tracé au moyen de l'équerre) dont on déduira les triangles ou les trapèzes extérieurs.

Teintes et signes conventionnels.

Nous devons maintenant indiquer les signes conventionnels adoptés pour la représentation de divers accidents naturels ou artificiels.

Ces notions sont indispensables pour la lecture des cartes comme pour leur rédaction.

Certaines cartes de topographie régulière sont couvertes de teintes dont il faut connaître la signification.

— Le jaune pâle terni indique les terres labourées.

— Le vert franc indique les vergers.
— Vert bleuâtre, les prairies naturelles.
— Jaune verdâtre, teinte un peu forte, les bois.
— Jaune orangé un peu vif, les sables.
— Violet, les vignes.
— Bleu pâle indique les eaux.

Ces teintes plates se combinent quelquefois ainsi : des friches sont représentées par des taches mélangées de sables et de vergers.

Les marais sont rendus par des prairies avec des plaques bleues d'eau.

Les bruyères mélangent le vert pré et du carmin léger.

Les constructions maçonnées sont teintes en rose avec un trait plus vif à l'est et au sud.

Sur les cartes gravées ces teintes sont remplacées par des signes conventionnels (voir le tableau ci-contre); sur les levés expédiés on met simplement pour les cultures les initiales des noms, comme T. L. pour terres labourées, P. pour prés, etc.

Les eaux.

Un marais ou un lac ont leur surface couverte de traits parallèles un peu plus serrés vers les bords nord et ouest.

Pour une rivière les traits sont menés parallèlement aux bords et en se dégradant vers le centre, ce que l'on appelle *filer les eaux*. La rive dominante ou celle du nord sont marquées d'un trait plus fort. Le courant s'indique par une flèche, la navigabilité par une ancre.

Un simple trait indique un ruisseau; on le grossit vers l'embouchure.

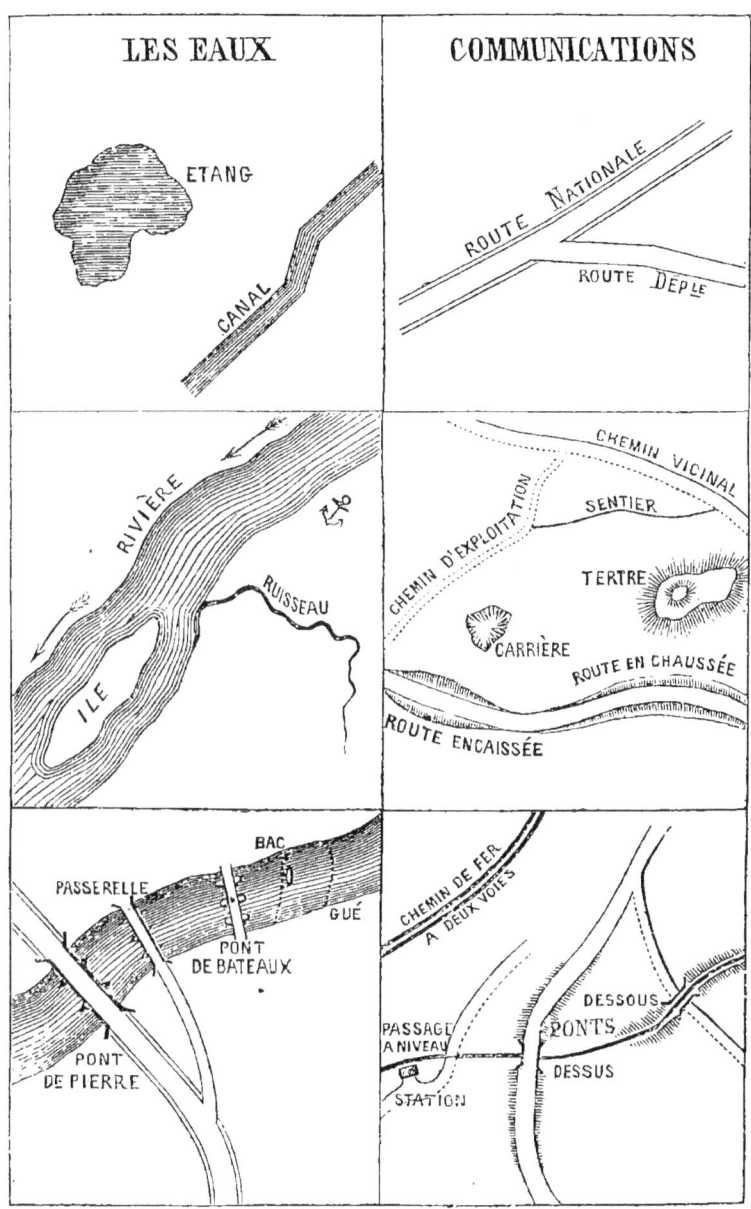

TOPOGRAPHIE.

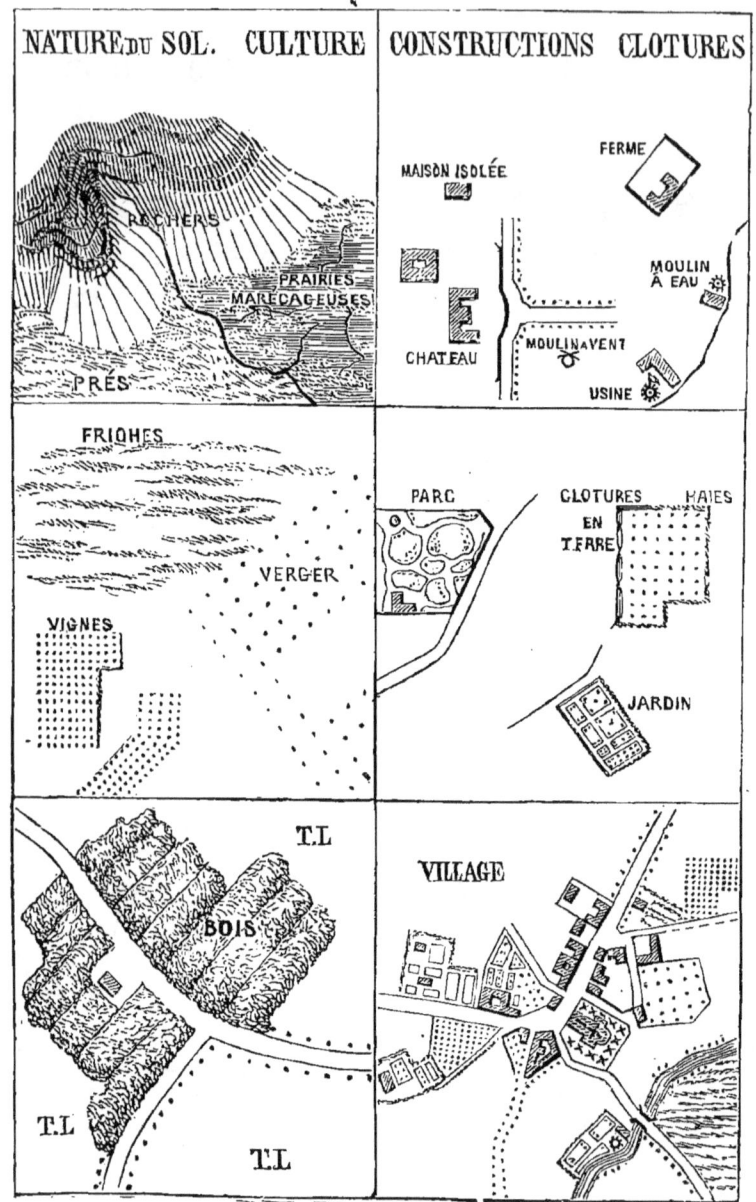

Les canaux s'indiquent par des parallèles en lignes brisées, suivant la direction.

Communications.

Les routes s'indiquent par deux traits plus ou moins espacés. On met même deux traits doubles pour les routes nationales. Deux traits simples indiquent une route départementale.

Le chemin vicinal a un de ses côtés ponctués.

On les ponctue tous les deux pour un chemin d'exploitation. Enfin on marque d'un seul trait un sentier praticable. La largeur des routes est rarement réduite à l'échelle ; elle se proportionne à leur importance.

Les chemins de fer sont représentés par un large trait noir sur les cartes gravées, et par deux traits parallèles sur les levés au crayon à plus faible échelle. Deux traits s'emploient aussi quelquefois pour indiquer que la voie est double.

Les hachures étant toujours employées pour exprimer les pentes, si la route est en chaussée ou encaissée, on l'accompagnera de hachures dont les pointes effilées seront dirigées vers l'extérieur ou vers l'intérieur, suivant le cas.

La même disposition s'appliquera à une carrière ou à un tertre.

Nature du sol. — Cultures.

Les rochers et escarpements se rendent par des hachures irrégulières et par de gros traits transversaux qui se rapprochent un peu du paysage à l'effet.

La carte de l'état-major a adopté certains signes conventionnels pour indiquer les cultures.

Les bois sont figurés par un crayonné tremblé, comme celui qui est employé pour les feuillés dans le dessin du paysage; on y indique des ombres à l'est et au sud.

Les arbres isolés se marquent par des points.

Les prairies se rendent par un petit pointillé serré.

Les marais par ce même pointillé entremêlé de lignes horizontales.

Les vignes se représentent par un pointillé espacé et régulier que l'on fait parallèlement aux bases de la surface. Pour les vergers, on emploie un pointillé analogue plus espacé.

Constructions.

Les constructions prennent la forme de leur projection et sont par conséquent plus ou moins grandes, suivant l'importance des bâtiments. On met toujours un trait de force à l'est et au sud. Certains bâtiments reçoivent des signes particuliers pour désigner leur destination : moulins, fabriques, etc. Les maisons sont teintées par des hachures transversales régulières.

Pour une église, pour un bâtiment militaire à signaler, ces hachures sont plus fortes. On ajoute une croix sur l'église.

Les clôtures sont faites ou en maçonnerie — un gros trait; ou en bois — un trait moyen; ou par des haies — un trait tremblé; ou en terre — deux petits traits parallèles.

Un village se compose de groupes de maisons entourées de clôtures diverses et de vergers.

On indique également les petits carrés de culture maraîchère par des traits fins, dans lesquels on pique quelques arbres.

Ponts et passages.

Les ponts de pierre, les ponts de bateaux, les passerelles s'indiquent par leur projection sur la rivière dont la représentation est interrompue. Le mode de construction est indiqué, autant que possible, par la grosseur du trait et la grosseur des piles.

Les gués, les bacs sont indiqués par un trait pointillé, près duquel on met un nom pour qu'ils soient mieux signalés.

Les ponts de chemins de fer se signalent de même, et il est facile de distinguer si la route passe dessus ou dessous, d'après la ligne interrompue.

Pour un passage à niveau, les lignes se croisent et sont marquées par un trait plus fin.

Pour éviter la confusion, les courbes ou hachures ne se tracent pas sur les routes ni dans les constructions. On se rendra facilement compte de la pente du terrain par les hachures voisines.

Écritures.

Les noms portés sur la carte pour aider à la clarté du dessin, ne sont pas de forme indifférente.

Les caractères employés et leurs dimensions se proportionnent à l'importance des objets. La carte de l'état-major admet cinq genres d'écriture, qui se classent ainsi :

Capitale droite, C D.
Capitale penchée, *C P.*
Romaine droite, r. d.
Romaine penchée, *r. p.*
Italique, *italique.*

Autant que possible, les noms sont écrits parallèlement au bord inférieur de la carte; pour les routes et les cours d'eau, les noms s'écrivent parallèlement à leur direction.

SEPTIÈME LEÇON.

DE L'ORIENTATION. — LECTURE D'UNE CARTE, SON USAGE. — COPIE DES CARTES.

De l'orientation.

La première chose à faire lorsqu'on lit une carte ou lorsqu'on parcourt le terrain, c'est de s'orienter.

Bien qu'il ait déjà été question de l'orientation dans les précédentes leçons, nous réunirons dans le même chapitre ce qui a trait à cette opération importante, qui est la base de la lecture des cartes, et sans laquelle celles-ci ne sont que lettres mortes.

L'orientation se rapporte essentiellement à l'une des opérations suivantes :

S'orienter sur le terrain ;

S'orienter sur la carte ;

Trouver sur la carte un point du terrain où l'on est en station, ou tout autre point;

Trouver sur le terrain un point donné sur la carte.

Orientation sur le terrain.

Si on a à faire la reconnaissance d'un terrain, il faut tout d'abord déterminer les points cardinaux. Ce soin est également nécessaire si l'on ne doit que traverser une contrée pour arriver à un point donné, à moins qu'on n'ait à suivre une route qui ne laisse pas de doute sur la direction. Cette route unique est l'exception dans nos pays civilisés, et bientôt on arrivera à un embranchement devant lequel on se posera la question : « Faut-il prendre à droite ou à gauche ? »

La boussole, le simple déclinatoire donnent la direction du méridien magnétique, d'où l'on déduira, s'il est nécessaire, le nord vrai, en prenant à droite de la pointe bleue un arc égal à la déclinaison, soit 19° 16'. — Dès lors, on pourra marcher dans une direction donnée, et on observera la position relative des différents accidents du sol, naturels ou artificiels.

A défaut de boussole, la position du soleil, suivant l'heure de la journée, permettra de s'orienter assez exactement. Souvent même, avec un temps couvert, on pourra retrouver à travers les nuages la position approximative du soleil.

Enfin, il n'est pas un paysan dans la campagne qui ne puisse dire où est le soleil à midi, et il faut savoir demander ce renseignement, comme beaucoup d'autres, dont il sera parlé plus tard.

L'orientation étant ainsi donnée, il faudra avoir soin de prendre des points de repère, éloignés autant que possible, afin d'assurer la direction.

Tout en cheminant, il faut se retourner de temps en

TOPOGRAPHIE.

temps et s'habituer à reconnaître les mêmes accidents du terrain sous différents aspects. Cela aidera beaucoup à retrouver la direction, si l'on doit revenir sur ses pas.

Avec de l'exercice, on arrive à se former une mémoire locale, qui est très-nécessaire non-seulement pour l'orientation, mais pour les reconnaissances rapides, dans lesquelles on ne peut faire que parcourir le pays sans dessiner.

La nuit, à défaut de boussole, on peut se régler sur l'étoile polaire. (Voir aux notes, p. 278, le moyen de trouver l'étoile polaire.)

Lecture d'une carte.

S'orienter sur une carte, c'est, à proprement parler, savoir la lire.

Une simple inspection permet de trouver l'orientation relative des objets, puisque toutes les cartes portent l'indication des points cardinaux, ou tout au moins la trace d'une aiguille de boussole qui donne le méridien magnétique.

On cherche ensuite à quelle échelle est la carte, afin de se former l'œil aux distances et de n'être pas obligé de recourir à chaque instant au compas.

L'échelle indiquera aussi l'équidistance. (On se rappelle qu'elle est fixée d'ordinaire au $\frac{1}{2000}$ du dénominateur de l'échelle.)

Quant à la nature des pentes, on n'oubliera pas qu'un même écartement des courbes, une égale intensité de la teinte formée par les hachures, correspondent à des pentes semblables, *quelle que soit l'échelle,* et que la pente est d'autant plus douce que les courbes sont plus espacées ou les hachures plus longues.

Pour comprendre ensuite la configuration générale, il faut chercher le bassin principal, son thalweg, ses affluents, sa ceinture et les contre-forts qui forment les bassins secondaires des affluents.

Le thalweg principal est le niveau le plus bas, puisque toutes les eaux s'y déversent.

C'est généralement sur la ceinture du bassin principal qu'on trouvera les sommets les plus élevés.

Les différentes formes du terrain étant nettement établies, on cherche leur valeur relative, c'est-à-dire le commandement des hauteurs, qui est de première importance au point de vue militaire. On voit ce que deviennent, par suite, les voies de communication et les villes ou villages auxquels elles aboutissent.

Enfin, on portera plus particulièrement son attention sur certains points, suivant le but pour lequel la reconnaissance doit se faire.

S'il s'agit d'une marche, par exemple, on étudiera surtout la route à suivre, les voies parallèles, leurs communications, leurs pentes, leurs défilés, les ponts, les débouchés des bois et des villages, les points de protection et ceux qui peuvent être dangereux par leur commandement sur la route, etc.

Trouver sur la carte un point du terrain, et réciproquement.

Lorsqu'on marche sur un terrain inconnu, l'usage de la carte est pour ainsi dire constant. On a devant soi un bois dont on veut connaître l'étendue, une vallée sinueuse dont la profondeur ou la nature des pentes sont intéressantes à connaître, etc. On aura ces notions en lisant la carte, mais il faut d'abord pouvoir déterminer le point précis où l'on se trouve.

Si l'on sait la distance parcourue depuis un point initial connu et dans une direction nettement indiquée, comme une route, le problème est facile.

Les données ne sont pas toujours aussi claires; il faut alors savoir se faire une idée prompte de ce que doit être la représentation topographique du terrain qu'on a devant soi et transformer à l'œil un paysage en carte. — La boussole donnera des indications plus précises. Se reportant au 1er des problèmes exposés dans la leçon précédente, on prendra les azimuts d'une ou de plusieurs directions environnantes, et ces angles reportés sur la carte donneront, par l'intersection de leurs côtés, la position du point de station. Souvent, un seul azimut sera suffisant.

La carte, une fois déclinée, on trouvera sans peine la position de tout autre point du terrain.

On aura souvent à faire l'opération inverse, c'est-à-dire qu'après avoir établi sur la carte une direction qu'on veut suivre, un point à occuper, etc., il faut les reconnaître sur le terrain. L'esprit de l'observateur suivra en sens opposé la marche que nous avons tracée tout à l'heure : reconstituer le paysage d'après la carte, noter, depuis le point de départ, chaque accident du terrain, chaque village, chaque embranchement, etc., à mesure qu'on y arrive, ou enfin se décliner.

Copie des cartes.

Pour arriver à bien lire une carte, un très-bon exercice est d'en avoir copié soi-même assez souvent, pour être bien pénétré de la valeur de tous les signes représentatifs qui ont été décrits. La rédaction des cartes en sera également très-facilitée. L'œil et la main se seront formés en même temps.

On ne peut copier une carte avec exactitude et un peu rapidement qu'en préparant méthodiquement son travail.

On serait, en effet, entraîné à de nombreuses erreurs s'il fallait mesurer successivement les angles et les dimensions des lignes d'une carte, pour les reporter ensuite sur la copie.

On divise la carte à copier par un système de lignes parallèles aux côtés du cadre, de manière à former des carrés assez petits pour qu'on puisse facilement déterminer la place de chaque objet, par rapport au carré qui l'encadre. Il est, dès lors, possible de reporter les objets dans des carrés égaux que l'on a tracés sur la feuille de copie.

Le même procédé s'appliquera si l'on a à réduire ou à agrandir une carte. Les carrés de la feuille de copie seront construits proportionnellement plus petits ou plus grands.

Cette méthode est assez rapide, et avec du soin on arrive à une exactitude suffisante.

HUITIÈME LEÇON.

DES MÉMOIRES. — RECONNAISSANCES MILITAIRES. — ITINÉRAIRES.

Des mémoires.

Si exacte que soit une carte, elle doit toujours être

accompagnée d'un rapport écrit ou verbal. On donnera ainsi la description de certains objets que le crayon est impuissant à rendre ou que la réduction donnée par l'échelle n'aura pas permis d'exprimer sur le dessin.

Ces renseignements sont fort importants. Ils se donnent d'ordinaire par écrit. Ce n'est que dans les circonstances pressées de la guerre qu'ils se donnent verbalement. L'officier ou le sous-officier chargé de la reconnaissance suit alors le croquis sommaire qu'il a pu prendre et en complète de vive voix les indications.

Indépendamment de la description physique, un mémoire militaire doit appuyer particulièrement sur les applications du terrain étudié aux opérations de la guerre.

Nous n'avons pas à traiter ici des reconnaissances générales qui s'appliquent à toute une contrée, et d'après lesquelles les généraux et leurs états-majors dressent des plans de campagne.

Les reconnaissances spéciales qui s'appliquent à un terrain de faible étendue ont pour objet de rechercher leurs propriétés tactiques. Par ce point, la topographie se lie intimement à l'art militaire.

Le classement méthodique des renseignements d'un mémoire aide beaucoup au profit qu'on en peut tirer.

La première partie d'un mémoire est toujours consacrée à une description physique plus ou moins détaillée; on fait ensuite ressortir dans une autre partie les propriétés militaires du terrain.

Nous donnerons ici un classement sommaire des matières à traiter au point de vue topographique et sur lesquelles on devra porter ses recherches.

Description physique.

Position géographique du terrain parcouru. — On indique, s'il y a lieu, ses limites en latitude et longitude et le bassin auquel il appartient.

Aspect général du terrain. — Configuration générale : montagnes ou plaines; couvert ou découvert; cultures, landes, etc.; sec ou marécageux. — Facilités d'accès : obstacles naturels, haies, murs de clôture, etc.

Bassins. — *Lignes de partage.* — *Orographie.* — Chaînes de montagnes ou de collines, leurs ramifications; lignes de partage, leur direction; plateaux, cols, vallées, ravins, gorges; cotes des points principaux; mamelons, plaines ou marais.

Hydrographie. — Fleuves ou rivières, affluents; largeur, profondeur de l'eau et variations que ces données peuvent subir; navigables ou non; vitesse du courant; chutes ou barrages; îles, gués; nature du fond, direction et profondeur des gués; abords, forme des rives, leur commandement.

Bien que les passages tiennent plutôt aux communications, on indiquera ici sommairement les ponts, les ponceaux, bacs, leur emplacement, facilités d'accès, construction, état d'entretien.

Canaux, direction, lieu où ils aboutissent; écluses et prises d'eau.

Lacs ou étangs, leurs dimensions, nature du fond, etc.

Marais, leur nature; praticables ou non; chemins qui les traversent.

Sources, fontaines, abreuvoirs, puits principaux.

Bois et forêts. — Domaine public ou particulier, superficie; futaies ou taillis, essences principales; coupes, clairières, terrains cultivés qu'ils renferment; étangs et cours d'eau, ravins, routes ou chemins qui les traversent.

Communications.

Indications générales. — Les routes sont-elles nombreuses ou rares; facilité de communication, état d'entretien; chemins de fer, télégraphes.

Voies de terre. — On donne pour chaque route son classement, sa direction, sa largeur; nature du fond; haies, fossés ou arbres qui la bordent; pentes, défilés; entretien et facilités de réparations.

Les chemins et sentiers sont-ils praticables aux voitures ou aux chevaux?...

Chemins de fer. — A quelle ligne appartient la voie étudiée, importance; nne voie, deux voies, voies d'évitement; des gares, leur importance, leurs ressources; obstacles que les chemins traversent; travaux d'art : ponts, viaducs et tunnels.

Signes télégraphiques. — Localités desservies, stations; appareils employés, nombre de fils.

Lieux habités. — Statistique.

Lieux habités et statistique. — Indiquer, s'il y a lieu, les divisions politiques ou administratives, les circonscriptions ou services divers.

Renseignements sur la population : nombre, mœurs, caractère des habitants.

Description des lieux habités, villes, villages, hameaux, fermes, maisons isolées. Distribution générale, mode de construction (pierre, briques, pisé, bois, etc.); clôtures, édifices principaux qui peuvent offrir une destination particulière. Ressources pour le logement des troupes, hommes et chevaux, et pour la vie (bouchers, boulangers, fours, moulins, abreuvoirs, etc.).

Matériaux de construction qui peuvent être utilisés. — Ressources pour les transports : voitures et chariots, chevaux, mulets; bateaux, etc.; industries utiles; économie rurale, etc.....

Ces différents renseignements se donnent avec détail si l'objet de la reconnaissance est de les rechercher, comme lorsqu'il s'agit de l'établissement des troupes en cantonnement. Pour que ces indications soient plus faciles à lire, on les groupe d'ordinaire en un *tableau statistique* dont le modèle est donné à la fin du cours.

Toute carte levée sur le terrain doit être accompagnée d'un mémoire donnant les détails que nous venons d'indiquer. Mais cette description topographique n'est pas suffisante au point de vue militaire. Il faut *voir le terrain militairement* et savoir en apprécier la valeur pour une opération donnée, en vue de laquelle on fait la reconnaissance.

Des reconnaissances militaires.

Dans la série d'opérations militaires qui peuvent se faire sur un même terrain, il y a certains points et certaines lignes caractéristiques qui jouent un rôle particulier.

On peut les classer ainsi : *Points d'appui, lignes de défense, communications.*

Les points d'appui présentent par eux-mêmes des

obstacles ou un abri que l'on pourra utiliser pour entraver la marche de l'ennemi, ou pour y défiler des troupes qui préparent un mouvement. Tels sont particulièrement les bois, les hauteurs, des marais impraticables, souvent un village ou une ferme. Évidemment il y a combinaison possible entre ces différents accidents; ainsi un bois qui couronne une hauteur, un village à l'entrée d'un marais, seront des points d'appui d'autant plus forts.

Les lignes de défense sont formées par des obstacles généralement continus, comme un cours d'eau ou une chaîne de montagnes.

Pour être considérés comme lignes de défense, il faut qu'ils s'étendent en avant du front des opérations; placés en arrière, ces mêmes obstacles seront, au contraire, presque toujours des causes d'embarras ou de désastres.

Les communications sont les routes, les chemins, les voies ferrées. Quelquefois des cours d'eau.

Les renseignements à donner pour une reconnaissance militaire sont analogues à ceux que nous avons indiqués pour une simple étude topographique; mais ils demandent en plus certains détails et surtout un examen fait au point de vue spécialement militaire.

Afin de faire mieux saisir cette différence, nous allons donner ici une analyse de reconnaissance spéciale.

Points d'appui.

Bois ou forêt. — La constitution d'un bois est fort importante. Futaie, taillis ou fourré feront qu'il est praticable ou non; les clairières permettront le rassemblement des troupes; les cours d'eau, les ravins, les marécages, les voies de communication qu'on y trouve ont également grande importance pour la facilité des mouvements.

On remarquera que presque toujours les arbres sont plus serrés sur la lisière et qu'on laisse même souvent pousser au pied des arbres ce qu'on appelle le *bois de recrû* pour empêcher les bestiaux d'aller faire des dégradations dans l'intérieur du bois. Il ne faut donc pas juger de la pénétration du bois sur la lisière.

C'est toujours sur la lisière que se porte l'effort de la défense et par suite de l'attaque.

Il est important d'étudier le terrain en avant, les défilements que l'ennemi pourra y trouver et les points d'où on battra ce terrain. Par conséquent, chercher le rôle des saillants ou des rentrants du bois. Y a-t-il une clairière où on puisse placer les réserves? Les communications sont-elles favorables aux mouvements de l'artillerie? Pourra-t-on y faire des abatis ou des coupures? Enfin que sont ces routes du côté opposé à l'ennemi?

On voit quelle sera la marche à suivre et les points à observer dans une reconnaissance d'un bois occupé par l'ennemi.

Villages. — *Lieux habités.* — Un village est souvent un point d'appui plus sérieux qu'un bois, en ce qu'il abrite les défenseurs, au moins du feu de mousqueterie. Si les murs sont en pierre de taille ou en maçonnerie et suffisamment épais, ils peuvent résister jusqu'à un certain point, aux projectiles de campagne. Il est donc fort important de connaître le mode de construction. On indiquera dans le cours de fortification comment on augmente la valeur défensive d'un village.

Comme pour un bois, on étudie les abords, les dégagements, les places intérieures et surtout le commandement des hauteurs environnantes du côté de l'ennemi ou du côté opposé.

Dans la reconnaissance d'un village occupé, ce sera surtout sur ces hauteurs qu'il faudra porter son attention, puisque leur occupation permettra de battre le village.

Hauteurs. — On porte son attention sur le commandement de la hauteur à occuper sur la plaine et sur les hauteurs voisines. Quelles seront les facilités de défilement pour les troupes qu'on y placera? — Facilités d'accès. — Obstacles que l'ennemi pourra rencontrer; ses points de défilement et moyen de les battre; hauteurs voisines que l'on devra occuper à cet effet.

Terrains marécageux. — Étudier d'abord leur étendue et s'assurer qu'ils sont effectivement impraticables partout. S'il y a des digues ou des routes en chaussée, il faut indiquer leur direction, les facilités de passage qu'elles donnent et les obstacles qu'on y peut construire.

Lignes de défense.

Cours d'eau. — La valeur d'un cours d'eau comme ligne de défense tient évidemment aux difficultés qu'il présente pour le passage. On portera donc son attention sur les ponts et la possibilité d'en jeter d'autres, sur la navigabilité et la facilité de réunir des bateaux, sur les gués et leur importance. — Largeur, profondeur, nature du fond, vitesse du courant, escarpement des rives sont à noter, car de ces conditions dépendent la possibilité de jeter un pont, de préparer un passage en barques ou même à la nage.

Pour les gués remarquons que ceux dont le fond est

pierreux — en gravier surtout — sont les meilleurs, les autres se détériorent promptement. La profondeur doit être soigneusement mesurée, on admet qu'elle peut aller jusqu'à 1 mètre pour l'infanterie, et 1^m,30 pour la cavalerie. Mais un courant rapide peut rendre cette profondeur trop grande.

La vitesse du courant se mesure avec un flotteur quelconque qu'on abandonne au fil de l'eau. On observe avec une montre le temps employé pour parcourir une longueur donnée. Trois mètres par seconde est un maximum de vitesse qu'on rencontre rarement.

Les sinuosités de la rivière et les mouvements de terrain qui les accompagnent ne sont pas moins intéressants à étudier, ainsi que les routes parallèles ou perpendiculaires, surtout si on doit s'opposer à un passage de vive force.

Lignes de hauteurs. — Si on a pris pour ligne de défense un massif montagneux, il faut d'abord en étudier la configuration générale, comme on l'a indiqué dans ce cours. Les lignes de faîte, les contre-forts et les vallées étant nettement déterminés, on recherchera, comme on l'a fait pour les autres points de reconnaissance, leur valeur pour la défense et pour l'attaque. On s'attachera au commandement des hauteurs et au défilement. Celui-ci surtout, sur lequel nous attirons l'attention parce qu'il échappe souvent à l'observation. Une dépression de quelques mètres est suffisante pour abriter des troupes assez nombreuses.

Les défilés demandent une étude particulière : peut-on les rendre impraticables ou plus praticables? Les parties latérales sont-elles accessibles, et à quelle troupe? Quelle est leur largeur, sur quel front y passera-t-on? Ces points sont importants pour calculer le retard qu'il en résultera dans la marche des colonnes. Cela peut se traduire par la perte de journées entières pour une armée, et les conséquences en sont de la dernière gravité.

COMMUNICATIONS.

Routes. — A la description topographique des routes, chemins et sentiers, il faut ajouter la recherche des facilités qu'ils donnent pour prendre l'ordre de marche ou de bataille et par suite la valeur des terrains latéraux.

Quels sont les obstacles naturels ou artificiels, les pentes, les villages traversés, les défilés, les bois et enfin les hauteurs voisines ?

Chemins de fer. — Différents buts peuvent être poursuivis quand on fait la reconnaissance d'une voie ferrée : on peut se proposer de la détruire rapidement; on peut aussi s'en servir pour soi-même et par conséquent chercher les facilités d'exploitation et de réparation, s'il y a lieu.

L'art militaire apprend que les destructions portent sur le matériel roulant, sur la voie et ses accessoires. On s'attaque particulièrement aux réservoirs d'eau, aux signaux et aux croisements de voies. Ou encore, on coupe la voie dans les ouvrages d'art et dans les tournants.

Il est donc important d'étudier les points suivants :

Largeur de la voie (en France et dans tout le centre de l'Europe, elle est de $1^m,44$). On la modifie légèrement pour préparer un déraillement. Système de rails; aiguilles et leur mécanisme; plaques tournantes.

Parties en déblai ou en remblai. — Ponts, viaducs, mode de construction. — Tunnels, leurs dimensions.

Gares; leur importance. Sont-elles défendables?

Quais d'embarquement; peut-on les augmenter?

Hangars; signaux divers; réservoirs d'eau; capacité et facilité d'approvisionnement.

Dépôt de machines et ateliers de réparations. — Nombre de voitures de toute sorte.

Approvisionnements : charbons, rails, traverses, etc.

Lignes télégraphiques.

Abords des gares ou de la voie : points de protection.

Cours d'eau. — En tant que voies de communication, les cours d'eau doivent être navigables.

On porte alors l'attention sur le courant, la largeur, la profondeur; les rapides et les chutes; les barrages ou écluses; les points d'embarquement ou de débarquement; la nature des rives.

Les barques de toutes sortes et la possibilité de les réunir sur un point donné.

Chemins de halage ou routes parallèles.

Hauteurs et abords de la rivière.

Rédaction d'un mémoire.

Le style d'un mémoire a pour premières qualités la concision et la clarté. Un mémoire ne doit s'écarter en rien du but à atteindre qui est de faire connaître le terrain et ses propriétés. Le rapport et la carte devant se compléter l'un l'autre, il est inutile de détailler ce que cette dernière suffit à dire clairement.

Enfin il faut se garder d'exagération, ne parler que de ce qu'on a vu réellement, ou si quelques données proviennent de renseignements, le dire et en indiquer la source plus ou moins sérieuse.

A l'égard des renseignements, il faut remarquer qu'il est très-rare de les obtenir exacts, soit parce que les gens auxquels on s'adresse, si intelligents qu'ils soient, sont souvent hors d'état d'apprécier ce qu'on leur demande, soit parce qu'ils sont disposés à se faire valoir en augmentant la valeur de leur dire.

Itinéraires.

Lorsqu'une colonne doit suivre une route, on la fait préalablement reconnaître. Ce travail rapide se borne à la description de la route, des chemins latéraux, cours d'eau traversés, villages, etc., et enfin des objets ou mouvements de terrain en dehors de la route à une distance d'environ un demi-kilomètre. Le croquis se fait presque toujours à vue, en marchant.

Le mémoire est remplacé par une sorte de tableau récapitulatif tracé à l'avance dont le modèle est donné ci-après.

NOTES

Table simplifiée de réduction de l'horizon.

D'une longueur de 1 mètre mesurée directement sur le terrain avec une pente variant de 5° en 5°.

DEGRÉS DE PENTE.	PROJECTION DE 1 MÈTRE.
5°	0^m 9960
10	0 9850
15	0 9660
20	0 9400
25	0 9060
30	0 8660
35	0 8220
40	0 7690
45	0 7070

Ce tableau servira à déterminer la longueur de la projection d'une ligne du terrain en pente qu'on aura pu mesurer directement, comme, par exemple, une portion

278   TROISIÈME PARTIE.

de route dont on aura mesuré la pente avec le rapporteur à perpendicule (voir la 5ᵉ leçon).

Le calcul se fait par une simple multiplication.

Moyen de trouver l'étoile polaire.

On sait que, comme le soleil, tous les astres semblent parcourir autour de la terre un cercle immense en vingt-quatre heures.

Pour se reconnaître dans cette prodigieuse quantité d'étoiles, on les a groupées en constellations qui, dans

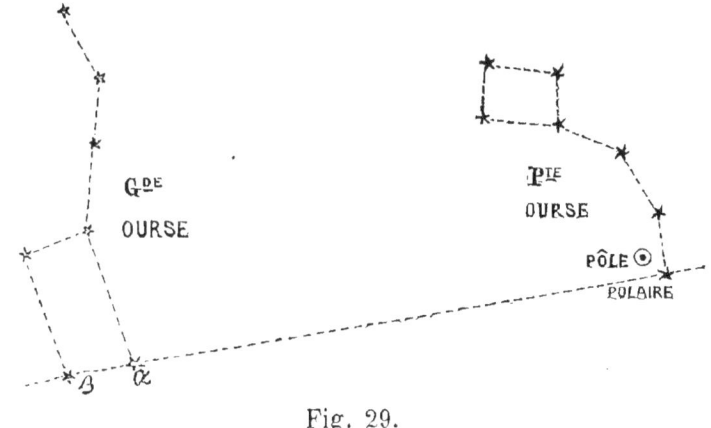

Fig. 29.

ce mouvement apparent (*mouvement diurne*), conservent leur position relative.

Il nous semble encore que ce mouvement s'opère autour d'un axe immense qui irait du pôle nord au pôle sud. — Or, tout près du pôle nord, à 1° seulement, se trouve une étoile assez brillante que, par suite de son voisinage, on a appelé l'*étoile polaire*.

Le cercle que décrit cette étoile autour du pôle est très-petit (puisque son éloignement du pôle n'est que de 1°), et l'étoile peut être considérée comme donnant le nord exactement.

Pour trouver la polaire, on cherche dans le ciel la constellation appelée la *grande Ourse* ou le *Chariot*, que sa forme rend facile à reconnaître (7 grandes étoiles, dont 4 forment un quadrilatère).

La position de cette constellation est variable, suivant l'heure. — Si, vers huit heures du soir, on fait face à la droite du point où s'est couché le soleil, on trouvera la grande Ourse à environ 40° au-dessus de l'horizon.

En joignant les étoiles $\alpha\beta$, nommées les *gardes de la grande Ourse* (fig. 29), on trouve dans le prolongement l'étoile polaire, qui forme l'extrémité d'une constellation semblable à la grande Ourse, mais renversée, et qu'on appelle la *petite Ourse*.

(Modèle d'un tableau statistique.)

TABLEAU STATISTIQUE DES RESSOURCES QUE

NOMS des COMMUNES.	Population.	Nombre de feux.	RESSOURCES pour le logement		MOYENS DE TRANSPORT.						Selliers-bourreliers.	Maréchaux ferrants.
			Hommes.	Chevaux.	Voitures suspendues.	Chariots.	Bateaux.	Chevaux.	Bœufs.	Anes et mulets.		

Ce tableau peut se modifier, se restreindre ou s'augmenter suivant les ressources des communes reconnues. On y ajoute souvent la statistique de la richesse communale et la division de son territoire en cultures différentes.

ÉSENTENT LES COMMUNES SUIVANTES :

PROFESSIONS UTILES. SEMENT DE LA POPULATION.								RESSOURCES POUR LA BOULANGERIE.				
Autres ouvriers en fer.	Charpentiers.	Charrons.	Autres ouvriers en bois.	Boulangers.	Bouchers.	Epiciers.	Aubergistes.	Moulins à vent.	Moulins à eau.	Produit par jour de quintaux métriques.	Nombre de fours.	Nombre de rations en 24 heures.

n peut faire pour un chemin de fer reconnu, un tableau istique analogue, donnant les ressources en employés, en ériel, etc...

16.

TROISIÈME PARTIE

(Modèle du registre d'itinéraire).

ITINÉRAIRE DE LA ROUTE DE

NOMS DES LIEUX et distances DU POINT DE DÉPART.	DISTANCES d'un point à l'autre.	POINTS REMARQUABLES.	LARGEUR de LA ROUTE.

Les points remarquables sont les changements de direction de la route, les pentes, les maisons ou villages près desquels elle passe, les ponts, défilés, embranchements de chemins, etc.

NOTES.

A (DISTANCE TOTALE   KILOMÈTRES).

VUES OU PROFILS des POINTS REMARQUABLES.	DÉTAILS DESCRIPTIFS.	OBSERVATIONS.

Les vues ou profils sont faits pour abréger la description et aider à connaître la route.

QUATRIÈME PARTIE

FORTIFICATION

FORTIFICATION

AVERTISSEMENT.

Les sept premières leçons du cours sont consacrées à la fortification passagère; la huitième donne sur la fortification permanente quelques notions qui permettent de comprendre les termes usités dans les écrits militaires, de se rendre compte de l'utilité des principaux ouvrages d'une place forte, et d'en apprécier la valeur. Quelques séances d'extérieur seront en outre nécessaires pour former le coup d'œil en étudiant le parti que l'on peut tirer des accidents du terrain, ainsi que la manière de mettre chacun d'eux en état de défense.

FORTIFICATION

PREMIÈRE LEÇON

DÉFINITIONS. — FORTIFICATION PASSAGÈRE. — PROFIL ET PLAN D'UN RETRANCHEMENT.

Définitions.

La fortification est l'art d'organiser une position de telle sorte, que le corps qui l'occupe puisse y résister sans désavantage à un corps de troupes plus considérable.

Cette science est d'un usage constant à la guerre, que l'on soit sur la défensive ou que l'on ait pris l'offensive; l'état défensif, en effet, implique presque toujours une infériorité à laquelle on ne peut remédier qu'en se fortifiant; tandis que dans l'offensive il est nécessaire de protéger ses magasins, sa base d'opération, et de mettre à l'abri d'une surprise les petits postes laissés en arrière. Quoique le génie soit spécialement chargé des ouvrages de fortification, il est cependant nécessaire d'en avoir quelques notions. Dans le service de reconnaissance il faut pouvoir se rendre compte de l'importance des ouvrages que l'on rencontre. En grand'garde, dans l'occupation d'un village, d'un bois, aussi bien que sur le champ de bataille, il faut savoir se servir de la terre pour se couvrir.

Toute fortification, pour être complète, doit réunir les deux propriétés suivantes : 1° abriter le défenseur et ses moyens de défense contre les projectiles ennemis; 2° présenter en avant, des obstacles qui arrêtent l'assaillant et le maintiennent, aussi longtemps que possible, sous le feu des défenseurs. Les obstacles opposés à l'assaillant ou à ses projectiles s'appellent *fortifications*. On peut les rencontrer dans la nature ou les créer par le travail. De là deux grandes divisions : *fortification naturelle* et *fortification artificielle*.

Fortification naturelle. La nature présente de nombreux obstacles à la marche de l'ennemi (une rivière, un marécage, un ravin, un plateau, des bois deviennent des fortifications naturelles), mais elle ne peut offrir que rarement le premier genre d'obstacles, celui destiné à arrêter les projectiles ennemis ; aussi, pour donner à la position toute la valeur possible, est-on obligé de combiner ensemble la fortification naturelle et la fortification artificielle.

Fortification artificielle. La fortification artificielle ou créée par la main des hommes porte le nom spécial de *fortification;* elle se subdivise en fortification permanente et fortification passagère.

Fortification permanente. Quand une position, par son emplacement géographique ou topographique (ville frontière commandant des routes, capitale d'un pays, position isolée au débouché d'un col, etc.), est d'une importance telle qu'on doive s'en assurer la possession permanente, on donne alors à l'exécution des travaux tout le temps nécessaire, on emploie les matériaux les plus résistants (terre, bois, pierre, fer), on se sert de toutes les ressources de l'art; cette sorte de fortification est appelée *fortification permanente;* l'on crée ainsi les places fortes.

Fortification passagère. Lorsqu'il s'agit de fortifier un point dont l'importance momentanée dépend de la position respective des armées belligérantes, de couvrir des magasins, de défendre des postes militaires, de renforcer son front au moment d'une bataille, il faut agir vite, avec les ouvriers (soldats) et les matériaux (terre et bois) que l'on a sous la main ; on fait alors de la fortification passagère.

Fortification passagère.

La fortification passagère est donc celle que peut élever au moment du besoin, avec ses outils et les matériaux que l'on trouve sous la main, une armée en campagne. Les ouvrages exécutés reçoivent le nom de *retranchement*.

Le *retranchement* est composé d'une excavation (fossé) du côté de l'ennemi, les terres étant rejetées du côté du défenseur, qu'elles abritent derrière leur masse (parapet).

Profil du retranchement.

Le parapet et le fossé sont organisés de la manière suivante : la figure 1re représente le profil donné par le plan vertical perpendiculaire à la direction du retranchement, ou profil droit.

AN est l'intersection du terrain naturel horizontal avec le plan de profil.

Crête intérieure ou ligne de feu. D est la projection de la crête intérieure ou ligne de feu, la plus élevée de l'ouvrage et sur laquelle le défenseur appuie son arme pour faire feu.

Banquette. BC, sur laquelle monte le défenseur pour combattre. Elle est située à 1^m 30 au-dessous de la crête D, afin que les fantassins puissent appuyer leur arme sur la crête, étant debout sur la banquette. La largeur BC

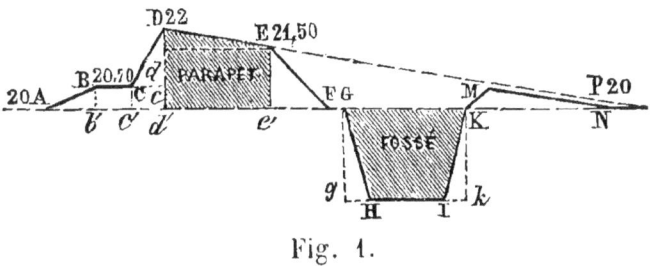

Fig. 1.

varie de 0^m 80 à 1^m 20, suivant qu'on veut avoir un ou deux rangs de fusiliers.

Talus intérieur. DC, qui relie la crête intérieure avec la banquette ; il sera tenu aussi roide que possible pour permettre au défenseur de s'approcher de la crête. $\frac{Dc}{Cc}=\frac{3}{1}$, la base est le tiers de la hauteur.

Talus de banquette. BA qui soutient la banquette. Il est tenu assez doux pour être gravi facilement. $\frac{Bb'}{Ab'}=\frac{1}{2}$, la base est double de la hauteur.

Plongée. DE. La partie supérieure du parapet est un plan, dont l'intersection dans le profil est la ligne DE. Ce plan s'appelle *plongée*. On lui donne une inclinaison qui permette de diriger des feux aussi près que possible du pied du retranchement, et qui conserve en même temps une épaisseur suffisante près du sommet pour couvrir le défenseur. $\frac{Dd}{dE}=\frac{1}{6}$ ou $\frac{1}{5}$, c'est-à-dire que la distance horizontale dE des points D et E est égale à six ou cinq fois leur différence de niveau.

Crête extérieure. E est la projection de la ligne qui termine la plongée.

Talus extérieur. EF qui soutient la crête extérieure. L'inclinaison de ce talus doit être telle que les projectiles ennemis ne puissent le détruire en y occasionnant des éboulements ; il doit, d'un autre côté, être aussi roide que possible, afin d'augmenter les difficultés de l'escalade. On lui donne l'inclinaison du talus que prennent les terres abandonnées à elles-mêmes, appelé talus naturel des terres $\frac{Ee'}{e'F}=\frac{1}{1}$. La base est égale à la hauteur.

Berme. FG sert à reculer le poids des terres du parapet, qui ferait ébouler les talus du fossé. Elle donne un point de repos à l'assaillant qui a franchi le fossé. Aussi la supprime-t-on quand la cohésion des terres le permet.

Talus d'escarpe. GH est aussi roide que possible, car il n'est pas atteint par les projectiles ennemis, mais il a à soutenir le poids des terres du parapet. $\frac{Gg}{gH}=\frac{3}{2}$, la base égale les deux tiers de la hauteur,

Fond du fossé. HI est horizontal.

Talus de contrescarpe. IK est aussi roide que possible ; Il est à l'abri des feux et ne supporte aucun poids. $\frac{**Kk}{Ik}=\frac{2}{1}.$

Terre-plein est le terrain situé en dedans du talus de banquette, sur lequel est abrité le défenseur quand il ne combat pas.

Glacis. Le feu du défenseur ne bat pas le fossé ni même la contrescarpe; cet inconvénient très-grave doit être diminué autant que possible en faisant passer la direction inférieure des feux à $0^m 50$ au-dessus de la contrescarpe. Pour cela, avec des terres prises dans le fossé, on forme en avant de la contrescarpe un remblai KMN, dont la surface supérieure est parallèle à la direction inférieure des feux et à $0^m 50$ au-dessous. Ce remblai s'appelle *glacis.*

Relief. Commandement. Le relief d'un parapet est sa hauteur au-dessus du sol, le relief absolu est sa hauteur au-dessus du fond du fossé.

Le commandement du point D sur le point M est la différence de niveau de ces deux points.

Le relief minimum du parapet ou la hauteur de la crête intérieure au-dessus du sol est de $2^m 50$ pour couvrir de la cavalerie et de 2 mètres pour couvrir de l'infanterie.

Épaisseur du parapet. Est déduite de la longueur de pénétration des projectiles; cette longueur de pénétration est une fois plus grande dans les terres nouvellement remuées que dans les terres rassises; dans le premier cas, un parapet de 4 mètres d'épaisseur résiste au boulet de 12 tiré à 50 mètres, et un parapet de $0^m 60$ d'épaisseur résiste à la balle de fusil tirée à la même distance.

Limite des dimensions du fossé. La largeur supérieure et la profondeur du fossé sont déterminées par la condition d'opposer un obstacle suffisant au fran-

FORTIFICATION.   295

chissement; la largeur supérieure ne doit pas être moindre que 4 mètres et la profondeur que 2 mètres.

Plan du retranchement.

On supposera dans les leçons suivantes que la ligne principale du retranchement, la crête intérieure appelée

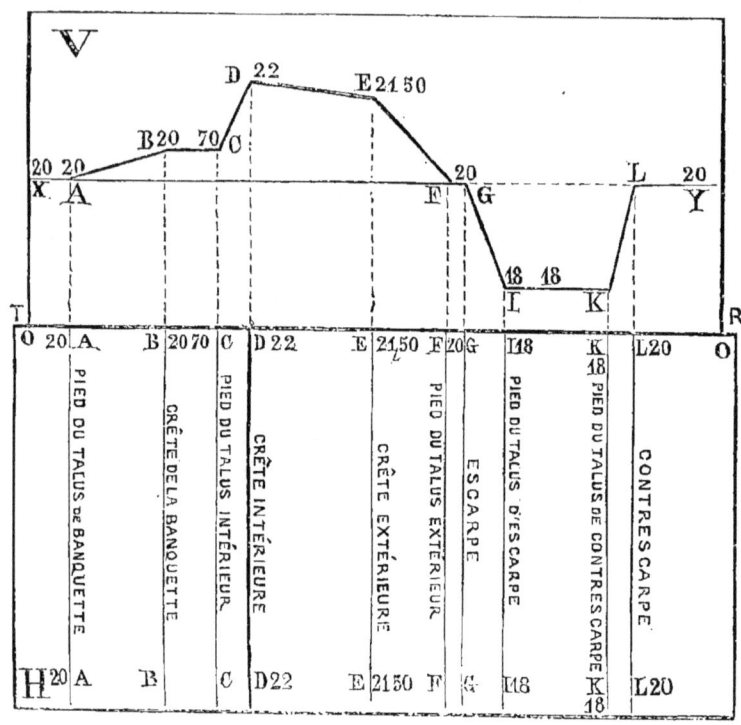

Fig. 2.

aussi *ligne de feu,* est horizontale, ainsi que le terrain sur lequel on construit, et, en outre, que le fossé a la même profondeur en tous ses points. Il en résulte que toutes les lignes de la fortification, et, par suite, leurs projections horizontales sont parallèles entre elles et situées à des distances marquées par le profil. Ainsi, soit TR, cotée 0-0, l'intersection de deux plans perpendiculaires l'un à l'autre : le plan H horizontal et le plan V vertical; soit XY la ligne, cotée 20-20, suivant laquelle le terrain coupe le plan vertical; ABCDEFGKL le profil droit du retranchement sur ce plan vertical; ce profil se projettera sur le plan horizontal suivant la ligne TR, et les différentes crêtes du retranchement suivant des lignes droites perpendiculaires (et par conséquent parallèles entre elles) à l'intersection TR des deux plans.

Il suffira donc de connaître le tracé d'une de ces lignes, celui de la crête intérieure, par exemple, pour connaître les autres; aussi dans la représentation des retranchements par leur projection horizontale se contentera-t-on de tracer la crête intérieure, en reconstruisant par la pensée les autres lignes. Les figures se trouveront ainsi simplifiées.

DEUXIÈME LEÇON.

TRACÉ DU RETRANCHEMENT. — FLANC. — FACE. — ANGLE FLANQUÉ. — SECTEUR PRIVÉ DE FEUX. — ANGLE MORT. — PRINCIPES DU FLANQUEMENT. — CONSTRUCTION D'UN RETRANCHEMENT.

Tracé du retranchement.

Le tracé le plus simple est celui en ligne droite; mais il offre l'inconvénient d'avoir son fossé dépourvu de feux. L'ennemi arrivé dans le fossé est donc à l'abri (fig. 3).

Pour éviter ce défaut, on brise la crête du retranchement, qui se composera alors de plusieurs lignes

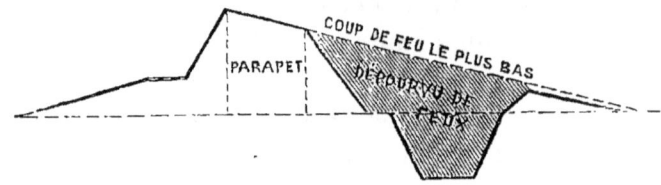

Fig. 3.

droites présentant des angles saillants et rentrants, ABCDEFGJK. Chacune de ces lignes reçoit le nom de

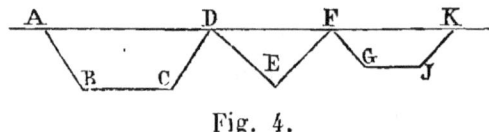

Fig. 4.

face; le fossé est alors battu au moins en partie. Mais le retranchement présente des parties fortes, les rentrants E, et des parties faibles, les saillants D (fig. 4).

Flanc, Face.

Une face d'ouvrage est appelée *flanc* quand on la con-

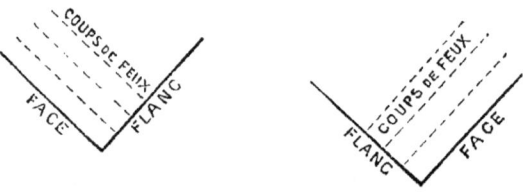

Fig. 5.

sidère par rapport à la face qu'elle flanque; celle-ci s'appelle alors *Face* (fig. 5).

17.

Capitale.

On nomme *capitale* la bissectrice de deux faces de re-

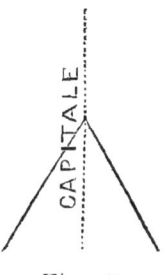

Fig. 6.

tranchement, formant entre elles un angle saillant (fig. 6).

Angle flanqué.

Un angle prend le nom d'*angle flanqué* quand des flancs

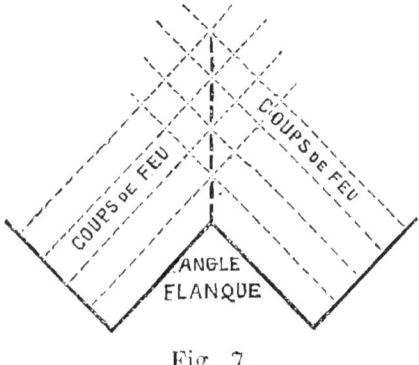

Fig. 7.

envoient en avant du saillant des feux croisés (fig. 7).

Secteur privé de feux.

Pendant l'action, les soldats tirent toujours dans une

FORTIFICATION. 299

direction perpendiculaire à la crête; il existe alors, sur le terrain en avant du saillant, un espace dégarni de

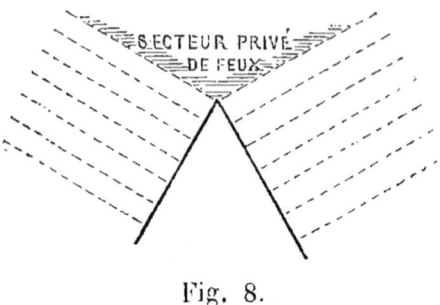

Fig. 8.

feux directs. Cet espace se nomme *secteur privé de feux*. Les flancs, par leurs feux croisés, suppléent en partie à ce défaut (fig. 8).

Angle mort.

Si l'on prolonge les plans de plongée de deux faces formant entre elles un angle rentrant, une partie du fossé dans l'angle rentrant est au-dessous de ces plans, et par conséquent à l'abri des projectiles du défenseur; la partie du terrain au-dessous de ces plans de plongée se nomme *angle mort*.

Principes du flanquement.

Les lignes qui forment un retranchement doivent être droites à cause de la facilité d'exécution, et parce que les projectiles, qui les flanquent, se meuvent en ligne droite. Le soldat tirant perpendiculairement à la crête, le flanquement sera le meilleur possible si l'angle rentrant est de 90°; moindre, les projectiles risqueraient de frapper les défenseurs de la face flanquée. Mais au-

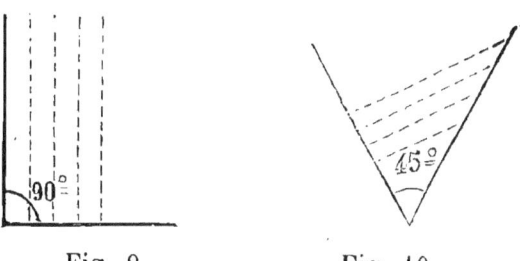

Fig. 9.   Fig. 10.

delà de 120°, la face ne doit plus être considérée comme flanquée (fig. 9, 10, 11).

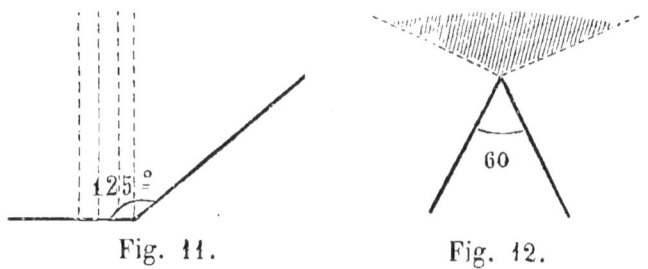

Fig. 11.   Fig. 12.

Ainsi les angles rentrants doivent varier de 90° à 120°. L'angle saillant a pour limite inférieure d'ouverture 60°

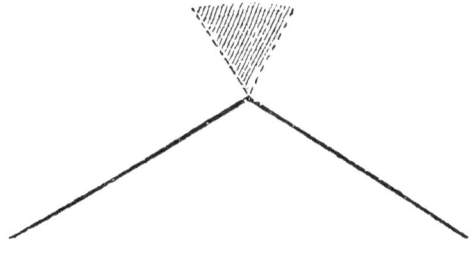

Fig. 13.

par suite de considérations relatives à la solidité de l'ouvrage ; mais il n'a pas de limite maximum, le secteur privé de feux diminuant à mesure que l'angle est ouvert (fig. 12, 13).

Le minimum de la face doit être tel, que l'angle flanqué soit au-delà de l'angle mort, qui dépend du relief absolu de la crête.

Le maximum de longueur est donné par la portée du fusil, dont les projectiles doivent battre le secteur privé de feux. La longueur du flanc doit être assez grande pour battre le terrain un peu en avant de la contrescarpe.

Construction d'un retranchement.

Le volume de terre nécessaire pour construire le parapet égale le produit de la surface de ce profil par la longueur du parapet.

Le volume de terre fourni par le fossé est à peu près égal au profil du fossé par sa longueur.

Quand on veut construire un retranchement, on fixe d'abord le relief et l'épaisseur du parapet, l'inclinaison de la plongée et la profondeur du fossé, d'où l'on tire les autres dimensions.

Les terres du fossé devant suffire à construire le parapet, il semblerait nécessaire de donner au profil du fossé une surface égale à la surface du parapet, mais la terre piochée ne peut reprendre son même volume, quoique damée. Le volume du remblai est donc plus grand que le volume du déblai. Cette augmentation de volume a reçu le nom de *foisonnement*; il varie avec la nature des terres du dixième au sixième; on doit le déterminer par expérience.

Soit un parapet dont la hauteur donnée est 2 mètres,

l'épaisseur 3 mètres, la plongée inclinée à un sixième, la profondeur du fossé 2 mètres.

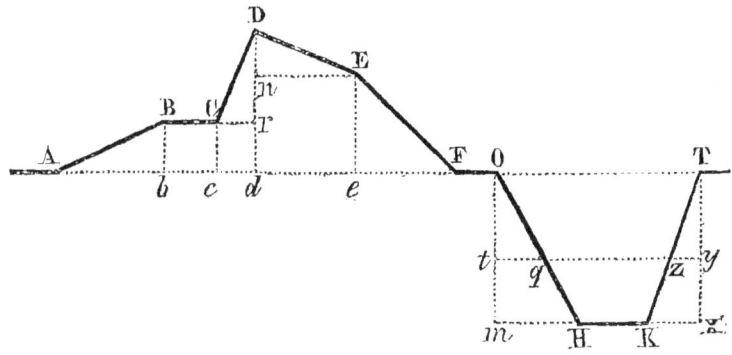

Fig. 14.

On construit le profil du parapet sur le papier en le réduisant à une échelle donnée (fig. 14).

$\dfrac{Dn}{nE} = \dfrac{1}{6}$ { $Dn = \dfrac{nE}{6} = \dfrac{3}{6} = 0^m,50$

$Ee = Dd - Dn = 2^m - 0^m,50 = 1^m,50$

$Dr = 1^m,30$

$\dfrac{Dr}{Cr} = \dfrac{3}{1}$ { $Cr = \dfrac{1,30}{3} = 0^m,43$

$Bc = 0^m,80$

$Bb = Cc = dr = Dd - Dr = 2 - 1,30 = 0^m,70$

$\dfrac{Bb}{Ab} = \dfrac{1}{2}$ { $Ab = Bb \times 2 = 1^m,40$

$\dfrac{Ee}{Fe} = \dfrac{1}{1}$ { $eF = Ee = 1^m,50$

Nous avons ainsi les indications nécessaires pour cal-

FORTIFICATION. 303

culer la surface du profil en la décomposant en triangles, trapèzes et rectangles.

$$DdeE = \frac{Dd + Ee}{2} \times de = 5^m,25$$

$$DCr = \frac{Cr \times Dr}{2} \qquad = 0^m,28$$

$$Ccdr = Cc \times cd \qquad = 0^m,30$$

$$BbcC = Bb \times bc \qquad = 0^m,56$$

$$AbB = \frac{Ab \times Bb}{2} \qquad = 0^m,49$$

$$EeF = \frac{Ee \times eF}{2} \qquad = 1^m,12$$

$$\overline{\text{Surface de profil} \qquad = 8^m,00}$$

Ainsi la surface du profil est égale à 8 mètres carrés; si nous supposons que, par le foisonnement, les terres du fossé augmentent de $\frac{1}{10}$ de leur volume; il suffira que la surface du profil du fossé soit les $\frac{9}{10}$ de celle du parapet; soit $7^m,20$.

Ceci posé, il faut chercher la largeur du haut du fossé. La surface du profil du fossé, qui doit être égale à $7^m,20$, est un trapèze. Nous aurons donc :

$$7^m,20 = \frac{OT + HK}{2} \times 2 = OT + HK$$

somme des deux bases.

D'où la base moyenne qz, menée à 1 mètre de profondeur égalera $\frac{7^m 20}{2}$ ou $3^m,60$. On voit par la construction que si l'on ajoute à cette base moyenne les longueurs tq et zy, on aura la largeur du haut du fossé; or l'inclinaison de l'escarpe $\frac{3}{2}$ et de la contrescarpe $\frac{2}{1}$ donne la valeur des lignes mH et Kx ($0^m,66$ et $0^m,50$), et la similitude des triangles omH et otq, TxK et Tyz celle des lignes tq et zy ($0^m,33$ et $0^m,25$). La largeur du haut du fossé aura donc : $3^m,60 + 0^m,33 + 0^m,25 = 4^m,18$; et l'on pourra alors construire le profil du fossé.

TROISIÈME LEÇON.

EXÉCUTION DES OUVRAGES. — ORGANISATION DU TRAVAIL PAR ATELIERS. — MANIÈRE D'ACCÉLÉRER LA CONSTRUCTION DES OUVRAGES. — REVÊTEMENT.

Exécution des ouvrages.

On trace les ouvrages sur le terrain comme sur le papier par des lignes droites. Chaque point est marqué par un piquet, les lignes par deux piquets, par des cordeaux, ou par de petits sillons faits avec la pioche le long d'un cordeau.

On commence par déterminer la nature de l'ouvrage, s'il n'est donné d'avance; puis on place sur le sol, au moyen de petits piquets, la projection de la crête intérieure et celle de la crête extérieure, parallèle et à une distance en avant égale à l'épaisseur du parapet.

Si l'on veut, par exemple, tracer un redan dont le parapet aura 3 mètres d'épaisseur, on marque avec des piquets les points ASK, qui déterminent la projection de la crête intérieure; celle de la crête extérieure est tracée au cordeau à 3 mètres en avant. Ces lignes une fois arrêtées, on plante sur la projection de la crête intérieure, et à environ 10 mètres des extrémités, deux perches verticales, en face desquelles on fait un profil complet (fig. 15 et 16).

FORTIFICATION. 305

Voici l'organisation d'un de ses profils. En P et perpendiculairement à la direction de la crête, est tracée sur le sol la direction du profil. Une hauteur de 2 mètres (cotée 12) est prise sur cette perche, le point M (fig. 16)

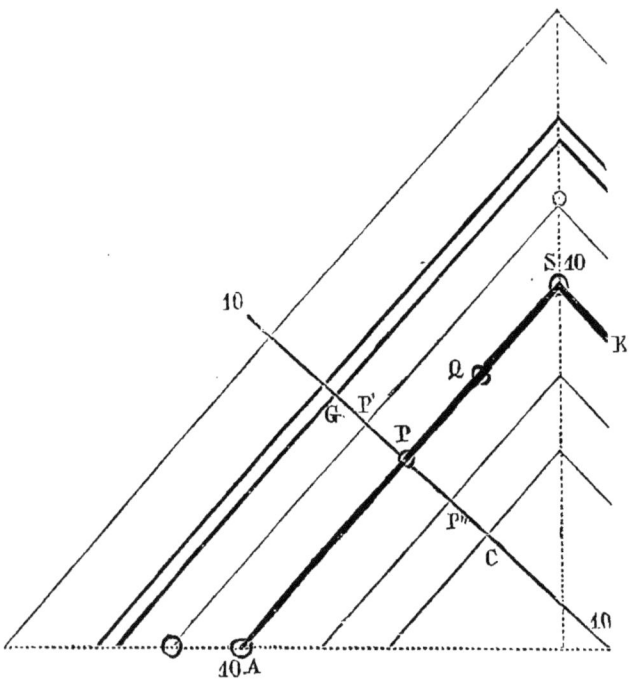

Fig. 15.

sera sur la crête intérieure. Au point de rencontre P' de la trace du profil et de la crête extérieure, est plantée une autre perche, sur laquelle on indique la hauteur de cette crête N, donnée par l'inclinaison de la plongée. Les points MN, réunis par une latte, donnent la plongée. Le talus extérieur se profile par une autre latte ·NG=NP'. La trace du bord de la banquette P″ est déterminée par le calcul, on y plante une perche sur laquelle on prend la hauteur $P''F = 2 - 1.30 = 0.70$; une latte horizontale 0.70-0.70 est clouée en ce point. Le talus intérieur

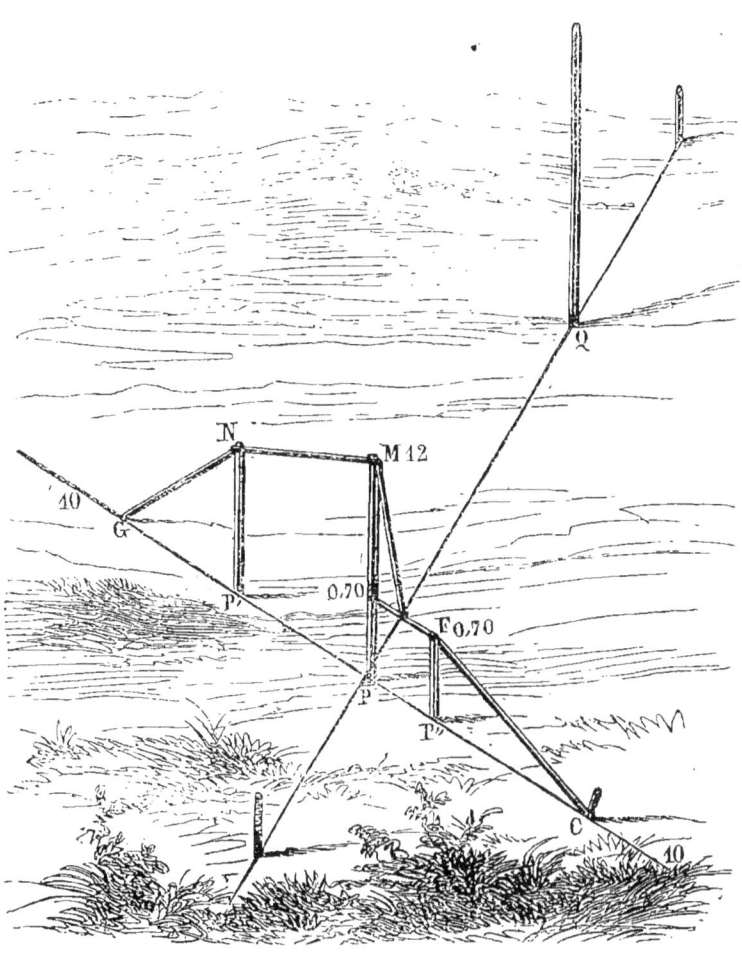

Fig. 16.

se profile par une latte inclinée à $\frac{3}{1}$. il en est de même pour le talus de banquette. Les traces de l'escarpe et de la contrescarpe sont faites à la pioche, la largeur du fossé étant une fois déterminée.

Deux profils étant faits sur chaque face, les profils d'angle s'en déduisent par de simples alignements.

Organisation du travail par atelier.

Lorsque les dimensions du fossé sont fixées, il faut savoir la plus grande quantité d'ouvriers que l'on pourra employer et le temps nécessaire à ces ouvriers pour construire l'ouvrage. Il existe une grande différence entre les terres pour la facilité du travail; le sable, par exemple, peut être pris immédiatement à la pelle, tandis que la terre argileuse demande à être ameublie par la pioche.

En général, la quantité de terre est représentée par un pelleur pris pour unité, plus le nombre de piocheurs qu'il faut lui adjoindre pour qu'il ne chôme jamais.

Ainsi on nomme *terre à un homme* celle qui peut être prise de suite par le pelleur; *terre à deux hommes* celle qui exige un piocheur pour un pelleur; *terre à trois hommes* celle qui exige deux piocheurs pour un pelleur, *terre à un homme et demi* celle qui exige deux pelleurs pour un piocheur.

On détermine la qualité de la terre par l'expérience pendant que l'on pose les profils.

Les pelleurs ne devant pas être espacés de moins de 2 mètres pour ne pas se gêner, on partage l'escarpe et la contrescarpe en parties de 2 mètres de long, et on joint les points de division correspondants; l'emplacement de l'ouvrage est ainsi divisé en zones représentant chacun un *atelier*.

Les pelleurs devant jeter la terre à 4 mètres de distance horizontale et à 2 mètres de hauteur verticale, chacune de ces distances forme un *relais*.

Chaque atelier se composera donc d'autant de pelleurs qu'il y a de relais, plus le nombre de piocheurs nécessaires pour que le pelleur ne chôme pas, plus un dameur et un régaleur pour deux ateliers.

Un homme travaillant par corvée pelle 4 mètres cubes par journée de 10 heures; s'il travaille à la tâche, il en enlève 10 mètres cubes; il est donc facile de se rendre compte du temps nécessaire pour construire l'ouvrage.

Manière d'accélérer la construction des ouvrages.

En suivant la méthode qui vient d'être indiquée, il faut au moins quatre ou cinq jours pour construire un ouvrage. Il existe différents moyens pour en accélérer la construction. Ces moyens consistent à modifier l'organisation du travail et le mode d'exécution des ouvrages. Ainsi, on fait relever les travailleurs de quatre heures en quatre heures, on les paye, on rapproche les ateliers jusqu'à un mètre; ou bien on mène le travail de telle sorte, qu'à chaque instant on puisse se servir pour la défense de la portion d'ouvrage exécutée. Pour cela on prolonge le talus intérieur jusqu'au sol et on construit d'abord un parapet de $1^m 30$ de haut, puis on l'élève peu à peu, en formant en même temps une banquette.

On peut encore, pour agir plus rapidement, prendre des terres à la fois dans le fossé et le terre-plein. 8 heures suffisent alors pour construire le parapet.

Revêtement.

Les talus plus roides que le talus naturel des terres s'ébouleraient sous l'action des pluies, si on ne les soutenait artificiellement, ce qui s'appelle les *revêtir*. On appelle donc *revêtement* le mode artificiel de soutenir les terres.

Le revêtement le plus employé est celui en gazons. On coupe dans un pré des mottes régulières de $0^m 30$ de long et de $0^m 20$ de large; on les plaque sur le talus, l'herbe en dehors, ou bien on les dispose à plat les unes sur les autres, l'herbe en bas (fig. 17).

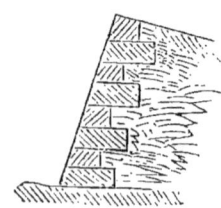

Fig. 17.

On construit aussi des revêtements en fascines. On appelle *fascine* un fagot, fait avec de menus branchages, de $0^m 22$ de diamètre, et de 2 mètres de long, serrés par trois ou quatre harts en osier ou en bois flexible. On place au pied du

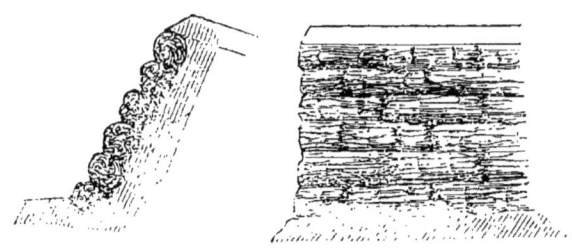

Fig. 18.

talus une rangée de fascines à demi enterrées dans le sol, puis au-dessus une seconde rangée, en ayant soin de faire croiser les joints et de fixer la seconde rangée à la première par des piquets, etc. (fig. 18).

Quelquefois on soutient les terres au moyen d'un clayonnage fait avec de petites branches; les perches, autour desquelles on clayonne, sont enfoncées dans le sol au pied du talus, à $0^m 30$ les unes des autres. Le clayonnage est soutenu en outre par de forts piquets.

QUATRIÈME LEÇON.

OUVRAGES DE CAMPAGNE. — LIGNES CONTINUES. — LIGNES A INTERVALLES.

Les ouvrages de campagne ou retranchements se classent en trois grandes catégories d'après le tracé. Ils prennent le nom de :

Lignes continues. — Lorsque le parapet se continue sans interruption devant tout le front à couvrir.

Lignes à intervalles. — Lorsque le retranchement se compose d'une série d'ouvrages détachés, dont les positions respectives sont déterminées par des conditions de flanquement réciproque.

Ouvrages détachés. — Quand ces ouvrages ne sont liés entre eux par aucune condition de flanquement, mais sont disposés uniquement d'après la forme du terrain.

Ces différents retranchements ont pour base un petit nombre d'ouvrages simples servant de types. Ces ouvrages se divisent en ouvrages ouverts à la gorge et ouvrages fermés.

OUVRAGES OUVERTS A LA GORGE. — Le *redan* est un ouvrage composé de deux faces de longueur variable, formant entre elles un angle saillant qui ne peut être moindre de 60°, mais qui n'a pas de limite supérieure (fig. 19).

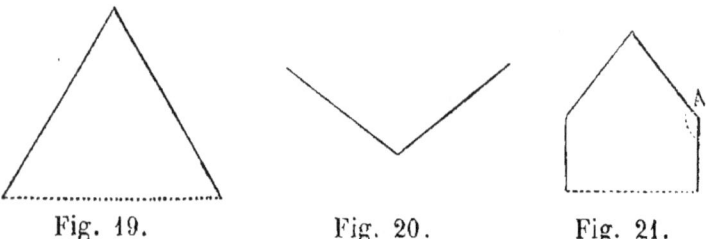

Fig. 19.   Fig. 20.   Fig. 21.

La *tenaille* est un redan renversé, dont l'angle rentrant a pour limite minimum 90° (fig. 20).

La *lunette* est composée d'un redan, aux extrémités des faces duquel on ajoute une portion de retranchement en ligne droite, qui prend le nom de

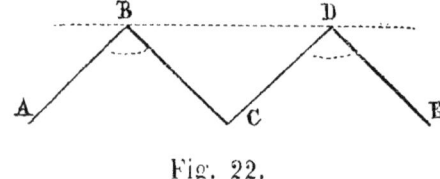

Fig. 22.

flanc, parce que sa direction est choisie de manière à diriger des feux sur une partie du terrain que la face n'aurait pu voir (fig. 21).

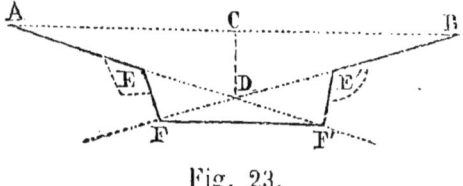

Fig. 23.

L'angle formé par la face et le flanc s'appelle *angle d'épaule* A.

La *queue d'hironde* est formée d'une tenaille BCD, aux extrémités de laquelle deux longues branches, AB et DE, doivent faire des angles qui ont pour limite minimum 60° (fig. 22).

Front bastionné. — Soit AB le front à défendre. Sur le milieu de AB que l'on nomme *côté extérieur*, on élève une perpendiculaire CD, à laquelle on donne une longueur généralement égale au sixième de ce côté. On joint D à A et à B, les lignes AD et BD se nomment *lignes de défense;* sur ces lignes on prend des longueurs AE, BE' égales au tiers du côté extérieur, ce sont les faces; des points E et E' on abaisse des perpendiculaires sur BF et AF', ce sont les flancs ; on joint FF' et l'on obtient la courtine. Le tracé AEFF'E'B se nomme *front bastionné.* Les angles EE' prennent le nom d'*angles d'épaule;* ceux des flancs avec la courtine FF' d'*angles de flanc* (fig. 23).

On donne généralement au côté extérieur une longueur de 250 mètres. Quand on fait le même tracé sur plusieurs côtés extérieurs contigus, on obtient une série de lunettes réunies par les courtines. Chacune de ces lunettes prend le nom de *bastion*, et chaque front bastionné se compose de deux demi-bastions; la bissectrice de l'angle de deux faces est la capitale du bastion.

Les faces donnent des feux croisés en avant de la ligne de front. Les flancs, sur la partie du terrain en avant de A et B et sur les fossés des deux faces ; la courtine sur le terrain en avant du front. Pour détruire l'angle mort en avant de la courtine et aux angles d'épaule, on enlève le massif de terre qui se trouve en avant de la courtine. Mais ce travail demande beaucoup de temps ; aussi le front bastionné est-il peu employé.

FORTIFICATION.   313

Ouvrage à cornes. — Est composé d'un front bastionné ABCDEF, accompagné de deux longues branches

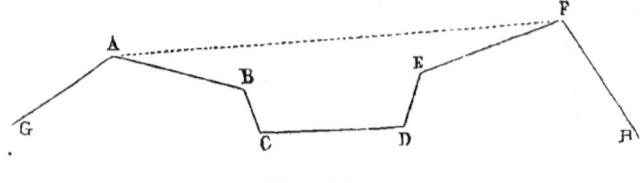

Fig. 24.

GA, FH, formant, avec les faces des demi-bastions, des angles dont la limite minimum est 60° (fig. 24).

Ouvrage à couronne. — Se compose de deux fronts bastionnés au moins, dont les lignes de front partiels

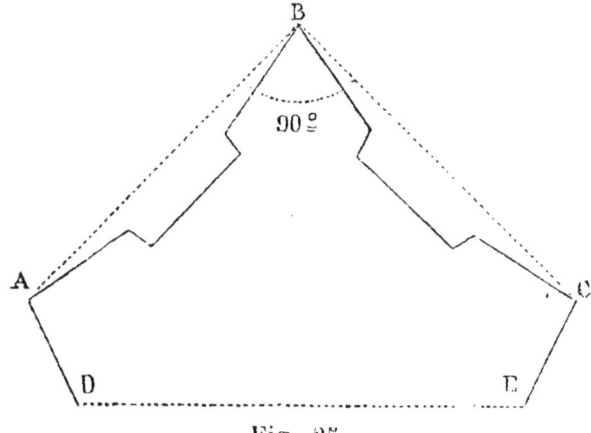

Fig. 25.

AB, BC forment un angle ABC, qui a pour limite minimum 90°. Aux extrémités de ces fronts, l'ouvrage est déterminé par deux branches AE, CD, formant avec les faces des demi-bastions des angles qui ont pour limite minimum 60° (fig. 25).

On voit que le terrain occupé par ces ouvrages n'a de

18

314   QUATRIEME PARTIE.

défense que d'un seul côté. La ligne qui joint les extrémités des faces ou des flancs de ces ouvrages se nomme *ligne de gorge;* ces ouvrages sont donc ouverts à la gorge.

OUVRAGES FERMÉS. — Ces ouvrages sont composés de masses couvrantes, avec leurs fossés, enceignant l'espace à défendre sans aucune interruption, sinon le passage étroit pour y entrer. Ils sont classés suivant leurs capacités et leurs tracés, en redoutes, fortins et forts.

Redoute. — La redoute est l'ouvrage fermé de la plus petite capacité, elle est ordinairement carrée ou en

Fig. 26.

losange; on l'emploie lorsque la troupe ne dépasse pas 700 hommes (fig. 26).

Fortin. — Il est plus grand que les redoutes, son tracé

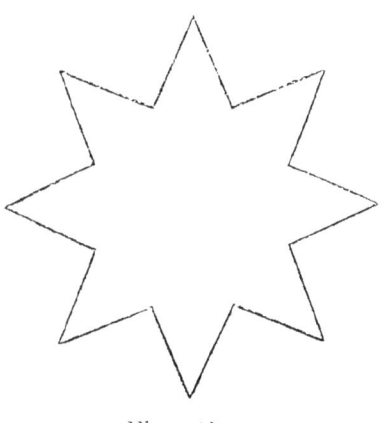

Fig. 27.

est composé d'angles saillants et rentrants pour avoir des

FORTIFICATION.

feux croisés dans les secteurs privés de feux. On l'emploie avec une garnison de 7 à 1,600 hommes (fig. 27).

Fort. — Est le plus grand ouvrage fermé. Il est ordinairement de 4 à 6 côtés. Les côtés sont bastionnés. On établit souvent devant chaque front un redan dont les faces de 10 mètres de long sont flanquées par celles du bastion. Le fossé du redan se raccorde avec celui du

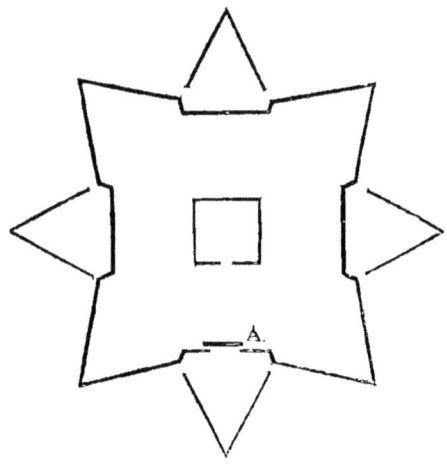

Fig. 28.

bastion. L'entrée du fort est masquée par une traverse A, placée en arrière. On peut disposer dans l'intérieur un réduit, en forme de redoute, destiné à abriter la réserve et à servir de dernier refuge aux défenseurs (fig. 28).

Blockhaus. — Est une petite forteresse de forme rectangulaire, dont les murailles sont formées de fortes pièces de bois. Ces murailles sont percées de créneaux de mètre en mètre. On construit des blockhaus à rez-de-chaussée et avec étage.

316   QUATRIÈME PARTIE.

Lignes continues.

Il y a différentes espèces de lignes continues, les principales sont :

Lignes à redans. — Elles se composent de redans successifs se joignant par les extrémités de leurs faces,

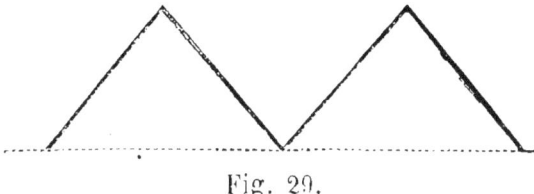

Fig. 29.

et dont les angles saillants et rentrants sont soumis aux conditions de flanquement énoncées dans la deuxième leçon (fig. 29).

Lignes à redans et courtines. — Elles se composent de redans joints entre eux par des portions de retranche-

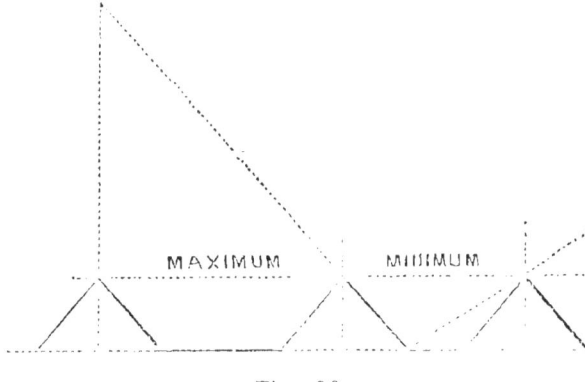

Fig. 30.

ments en ligne droite appelées *courtines*. Outre la condition générale pour l'angle saillant de ne pas s'abaisser au-dessous de 60°, elles sont soumises à des conditions

FORTIFICATION.

particulières de flanquement, qui limitent l'écartement des saillants. Le maximum est donné par la condition que le coup de feu partant du saillant, arrive à la capitale du redan voisin ; le minimum est donné par la condition que le dernier coup de feu de la face près de l'angle rentrant ne soit pas arrêté par le redan voisin (fig. 30).

Lignes à crémaillères. — Sont des lignes à redans, dont les angles rentrants sont droits, et dont les capitales des

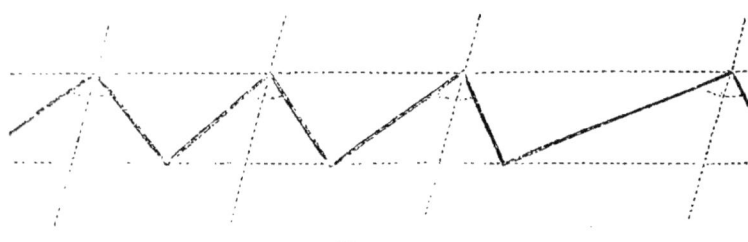

Fig. 31.

angles saillants ne sont point perpendiculaires sur la ligne de front. Les petites faces s'appellent *flancs*. Le sens, suivant lequel les grandes faces sont tracées, dépend de la position du terrain sur lequel on veut diriger le plus de feux (fig. 31).

Lignes bastionnées. — Se composent de fronts bas-

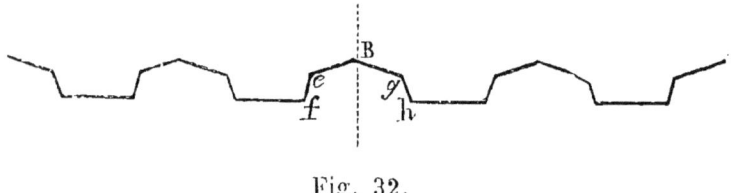

Fig. 32.

tionnés successifs. Pour cela, on divise la ligne à fortifier en lignes de front de 250 mètres de long, et sur chacune de ces lignes, on construit un front bastionné.

On obtient ainsi une série de lunettes réunies par des courtines; chacune de ces lunettes prend le nom de *bastion feBgh* (fig. 32).

Lignes à intervalles.

Quand on veut se ménager de larges passages pour un retour offensif, on couvre la position par des lignes à intervalles. Ces lignes se composent d'ouvrages généralement ouverts à la gorge, placés de manière à se prêter un mutuel appui.

On pourra, par exemple, construire trois lignes d'ou-

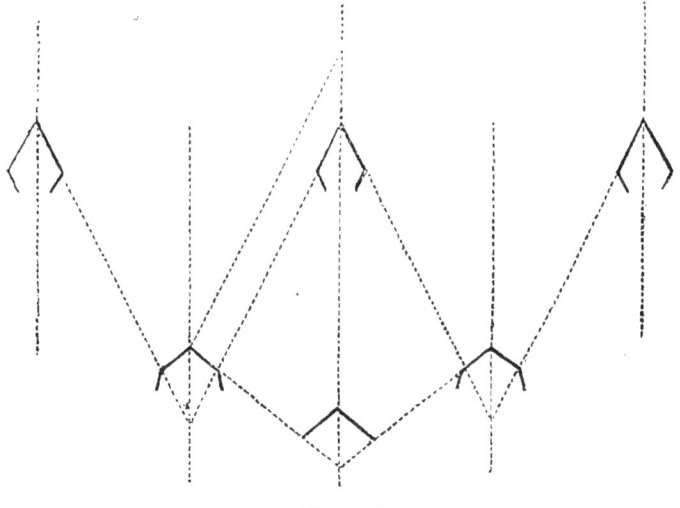

Fig. 33.

vrages; les deux premières composées de lunettes, la troisième de redans. Les lunettes de la deuxième ligne sont placées vis-à-vis des intervalles de la première, de

FORTIFICATION.

façon que le coup de feu, partant des saillants, atteigne la capitale des lunettes du premier rang, à bonne portée de fusil. Les redans de la troisième ligne battent le terrain qui se trouve en avant des saillants de la deuxième ligne (fig. 33).

On peut encore employer le tracé modifié de la ligne à redans et courtines. Les redans se flanquent à bonne portée de fusil; les courtines sont formées d'une simple

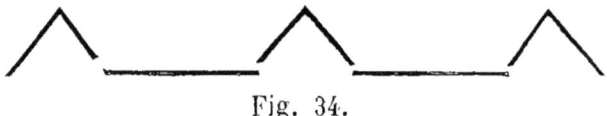
Fig. 34.

tranchée, organisée pour permettre à l'artillerie et à l'infanterie de tirer par dessus le remblai. L'infanterie le franchira facilement; des rampes et des coupures y seront ménagées pour les mouvements en avant de l'artillerie. Ces courtines, fortement flanquées par les redans, ne seront accessibles à l'ennemi qu'après la prise de ces saillants, pour lesquels on aura réservé un fossé et un profil aussi infranchissables que possible (fig. 34).

CINQUIÈME LEÇON.

SUITE DES OUVRAGES DE CAMPAGNE. — LIGNES A OUVRAGES DÉTACHÉS. — TRANCHÉES-ABRIS. — ARMEMENT DES RETRANCHEMENTS. — BATTERIES. — MAGASINS. — DÉFENSES ACCESSOIRES.

Lignes à ouvrages détachés.

La construction de ce genre de lignes dépend tout à fait de la forme du terrain et ne repose que sur des principes généraux. Les ouvrages étant indépendants les uns des autres, et ne se prêtant mutuellement aucun secours, il est indispensable qu'ils soient fermés, soit par la forme du retranchement (redoute, fortin, fort), soit en employant des ouvrages ouverts à la gorge, mais appuyés à des obstacles infranchissables. Ils doivent commander tous les abords.

Tranchées-abris.

Les tranchées-abris sont des ouvrages destinés à soustraire durant le combat l'infanterie, et spécialement les bataillons de la première ligne déployée, au feu de la mousqueterie, tout en leur laissant une complète liberté pour faire feu et manœuvrer (fig. 35).

On donne aux tranchées-abris le profil suivant, qui n'a,

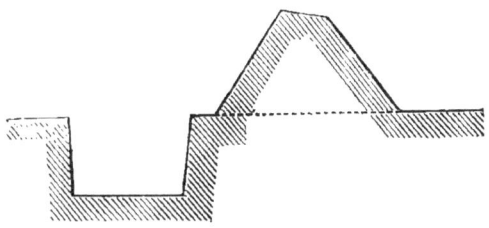

Fig. 35.

du reste, rien d'absolu, et dépend de la nature du terrain : l'excavation a une profondeur de $0^m 50$, une largeur de $1^m 30$ en haut et de $1^m 10$ au fond. Le remblai, placé en avant, a un relief de $0^m 60$ à $0^m 50$ d'épaisseur au sommet, et de $1^m 70$ à la base. Il est séparé de la tranchée par une berme de $0^m 20$ de large, qui forme un gradin de franchissement. Des hommes, se tenant debout dans la tranchée, ont la partie inférieure du corps protégée contre les projectiles et peuvent faire feu comme lorsqu'ils bordent une crête de fortification ordinaire. En faisant asseoir le premier rang sur la berme, et le second rang dans l'excavation, on obtient un défilement presque complet.

Il faut, pour exécuter cet ouvrage, de 25 à 35 minutes, suivant la nature des terres (Fig. 35).

Le tiers de l'effectif à couvrir suffit pour exécuter le travail.

Les outils, amenés par les soins du génie, en arrière de l'emplacement désigné, sont réunis en deux tas, un de pelles, l'autre de pioches, et distribués alternativement aux travailleurs placés sur un rang, à raison de deux pelleurs pour un piocheur. Pendant ce temps, un officier, aidé de quelques hommes, lui servant de jalonneurs, détermine la direction que doit avoir le bord de l'excavation du côté de l'ennemi, et la fait tracer sur le sol par une raie creusée à la pioche. Le bord intérieur est ensuite tracé à une distance de 1ᵐ 30.

Ceci fait, les travailleurs sont amenés, en colonne par un, vers l'une des extrémités de la ligne, et se rangent le long de la raie par le mouvement de : sur la droite ou sur la gauche, en bataille. A mesure que l'homme arrive, un sous-officier reçoit de lui l'outil qu'il porte ; si c'est une pelle, il la pose le long de la raie; si c'est une pioche, il la pose en travers. Les pelles, qui ont en moyenne 1ᵐ 30 de long, se trouvent ainsi placées bout à bout; les pioches, mises en travers, indiquent la séparation des ateliers, composés chacun de deux pelleurs et un piocheur. Ces trois hommes exécutent alors leur travail comme ils l'entendent, les officiers et les sous-officiers veillent seulement à ce que la forme et les dimensions du profil soient observées.

Armement des retranchements.

Avec de l'artillerie. — L'armement des retranchements avec de l'artillerie, consiste dans la mise en batterie de quelques pièces; les unes pour tirer à barbette, les autres pour tirer à embrasure.

Les pièces à barbette tirent dans toutes les directions; elles ont leur volée étendue sur la plongée du parapet, comme le fusil d'infanterie; elles sont à cet effet élevées sur des massifs de terre, appelés *plates-formes*, dont le terre-plein est à 0^m 80 au-dessous de la ligne de feu, cette différence de niveau s'appelle *hauteur de genouillère*. La plate-forme, appelée *barbette*, a 5 mètres de large et 7 mètres de profondeur en capitale, à partir du pied du talus, pour le recul; une rampe, placée en capitale et incliné à $\frac{1}{6}$ sert à faire monter la pièce sur la plate-forme; des talus à 45° soutiennent la plate-forme et la rampe. L'espace occupé par le massif en terre, la rampe et les talus, est d'environ 65 mètres carrés; le logement des canonniers prend en outre 40 mètres carrés du terre-plein; 13 mètres de ligne de feu se trouvent annulés par une pièce. Les pièces à barbette sont employées le plus souvent dans les angles saillants des ouvrages.

Les pièces à embrasure tirent suivant une direction fixe; elles sont écartées de 5 mètres d'axe en axe, la plate-forme est à 2^m 30 au-dessous de la crête, par suite, les hommes et le matériel se trouvent bien abrités; la pièce tire à travers une coupure, nommée *embrasure*, faite dans le parapet à 0ᵐ 80 au-dessus de la plate-forme. Cette coupure a 0ᵐ 50 de large, dans le talus intérieur, pour laisser passer la volée ; sa largeur, dans le talus extérieur, est égale à la moitié de sa longueur. Le fond de l'embrasure est un plan dont l'inclinaison vers la campagne varie avec la direction du point à battre. On appelle *joues* de l'embrasure les talus qui soutiennent les terres du parapet de chaque côté. Il y a des embrasures droites et obliques, suivant que leurs directrices sont perpendiculaires ou non à la crête.

Pour le tir à ricochet, la pente du fond de l'embrasure est en sens inverse, de façon cependant que le pointeur puisse voir le point à battre.

Dans tous les genres de tir on place une pièce de bois horizontale, nommée *heurtoir*, au pied du talus, pour empêcher les roues de le dégrader.

Le heurtoir est placé perpendiculairement à la directrice, dans l'embrasure oblique.

Avec de l'infanterie. — Le mode de détermination de la force des garnisons d'un ouvrage dépend du genre de cet ouvrage. Ainsi, dans les lignes continues ou à intervalles, la troupe se tient en arrière de la ligne et peut porter des renforts sur le point le plus menacé ; tandis que dans les ouvrages fermés, abandonnés à eux-mêmes, il doit exister certaines relations entre la garnison et l'étendue de l'ouvrage. Il est admis que l'infanterie doit garnir les crêtes à raison de 1 homme par 0ᵐ 50 courant, et que la surface nécessaire à un homme au bivouac est au moins de 1ᵐ 50.

Batteries.

On abrite l'artillerie derrière des parapets de 4 mètres

d'épaisseur au sommet et de $0^m 80$ de hauteur, par dessus laquelle elle tire à barbette. Les terres sont prises dans le fossé en avant (fig. 36).

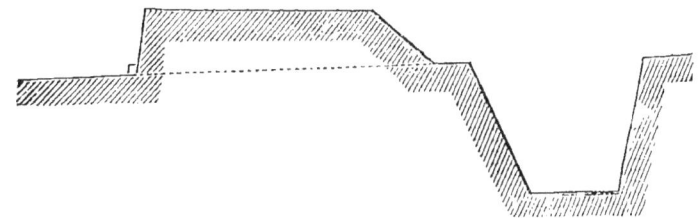

Fig. 36.

Pour mettre les servants à couvert, on peut creuser à côté de chaque pièce un fossé de 1 mètre de profondeur, perpendiculairement à l'épaulement, ou élever des traverses de 3 mètres d'épaisseur.

Magasins.

Les munitions se mettent à l'abri sous les traverses ou sous les parapets, dans des magasins d'environ $1^m 80$ de largeur sur 2 mètres de hauteur, revêtus soit en charpente, soit en fascines ou en gazons, et couverts d'au moins 1 mètre de terre.

Défenses accessoires.

Pour rendre plus difficile à l'ennemi l'abord des retranchements, on peut en obstruer les accès par des défenses accessoires.

Les principales sont : les fraises, les palissades, les palanques, les abatis, les chevaux de frise, les trous de loup, les petits piquets, les chausse-trapes, les fougasses.

FORTIFICATION.

Les *fraises* sont faites de poutrelles ou de jeunes arbres de 0ᵐ15 à 0ᵐ20 de grosseur et de 3 à 4 mètres de

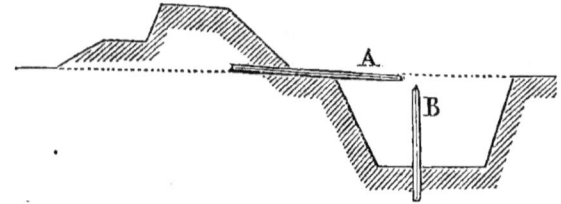

Fig. 37.

longueur, A. On les taille en pointe, on les couche jointives au haut de l'escarpe, sous le remblai du parapet, dans lequel leur queue est engagée de 1ᵐ50. Elles doivent se trouver à 2 mètres au moins au-dessus du fond; il est bon de les cacher aux vues de l'artillerie ennemie par un petit glacis établi sur la contrescarpe (fig. 37).

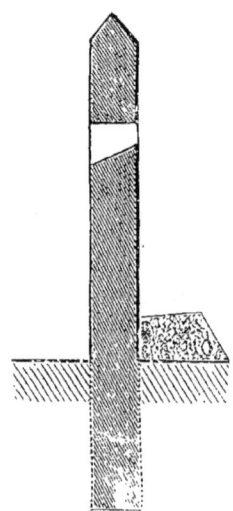

Fig. 38.

Les palissades se font comme les fraises, mais on les plante verticalement en les enterrant de 0ᵐ60, et on leur donne un relief de 1ᵐ80 au-dessus du sol. Elles sont employées pour fermer les gorges des ouvrages ou barrer des passages. Dans les fossés elles sont placées au milieu de la largueur, B. Un liteau fixé à 0ᵐ70 au-dessous de leur partie supérieure les relie entre elles (fig. 37 et 38).

Les palanques sont de grosses palissades de 2 mètres à 2ᵐ50 de hauteur. On les dispose de manière à permettre à des fusiliers placés derrière, de faire feu.

Pour cela on plante contre les joints de longs piquets destinés à arrêter les balles ennemies. De mètre en mètre on coupe ces piquets à 2 mètres au-dessus du sol, et l'on remplace la partie ainsi enlevée par un créneau taillé entre deux palanques contiguës.

Les abatis sont formés de têtes d'arbres dont on a coupé les menues branches. On ne conserve que les plus grosses, qu'on taille en pointe. Les abatis s'enterrent dans de petites tranchées en avant des fossés; les terres des déblais sont rejetées en glacis du côté de l'ennemi, pour couvrir les branches contre les coups de l'artillerie.

Chevaux de frise. — Le cheval de frise se compose d'une poutrelle de 3 à 4 mètres de long, percée aux deux extrémités de deux à trois trous, dans lesquels passent des fuseaux en bois de 3 mètres de long appointés aux deux bouts, et dépassant également des deux côtés. La poutrelle est placée horizontalement, de manière que le cheval de frise repose sur les pointes de deux rangs voisins de fuseaux (fig. 39).

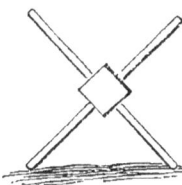
Fig. 39.

On en attache plusieurs à la suite les uns des autres et on les place à l'abri du canon, à la gorge ou derrière des glacis. On les emploie aussi en plaine pour arrêter la cavalerie.

Les trous de loup sont des excavations tronconiques que l'on creuse en quinconce en avant d'un ouvrage; leur profondeur est de $1^m 30$, leur diamètre supérieur de 2 mètres, celui du fond de $0^m 50$, les centres sont espacés entre eux de 3 mètres, les terres des déblais sont disposées entre les trous, de telle sorte qu'il ne reste aucune surface plane où l'on puisse poser le pied. On plante au fond de chacun d'eux un piquet dont la pointe se trouve à hauteur du sol.

Les petits piquets sont épointés par les deux bouts. On les plante irrégulièrement à 0^m40 de distance les uns des autres, de manière à leur faire dépasser le terrain de 0^m30. On les met au fond d'un gué, d'un fossé.

La chausse-trape est un ensemble de quatre gros clous forgés et soudés sur la moitié de leur longueur. Les pointes font entre elles des angles égaux ; en les jetant sur le sol, l'une d'elles se trouve toujours en l'air. On les sème en avant de la contrescarpe.

Fougasses. — Ce sont des puits de 2 à 4 mètres de profondeur, creusés à l'avance aux points où l'ennemi peut se rassembler, au fond desquels on place une boîte de poudre et que l'on recomble ensuite avec soin. La largeur du puits est de 0^m30. La poudre est mise en communication avec l'endroit d'où l'on doit mettre le feu par un petit cylindre en toile rempli de poudre nommé *saucisson ;* ce saucisson est enfermé dans un petit canal en bois nommé *auget,* que l'on a soin d'enfoncer à 0^m15 dans le sol, pour que l'ennemi ne puisse l'apercevoir.

SIXIÈME LEÇON.

DÉFILEMENT.

Défilement. — On a supposé jusqu'à présent que le terrain sur lequel on établit la fortification était indéfiniment horizontal ; et dans ce cas, pour couvrir les défenseurs situés sur le terre-plein, il suffisait d'élever les crêtes à 2 mètres ou 2^m50 au-dessus du sol ; mais en pratique, il y aura le plus souvent, dans la limite de la portée des armes, quelques hauteurs sur lesquelles l'assaillant pourra venir se placer pour plonger dans l'intérieur de l'ouvrage, où les défenseurs ne seront plus en sûreté.

Ainsi, soit N le profil d'une face d'ouvrage, M celui d'une hauteur qui se trouve en avant dans la limite

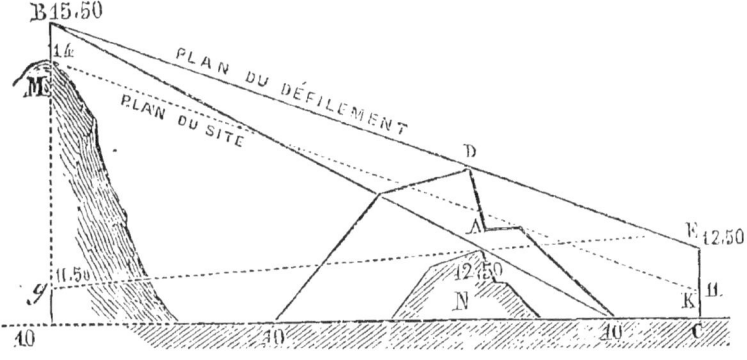

Fig. 40.

de la portée des armes; si le terrain était horizontal (les coups de l'ennemi étant considérés comme partant ordinairement de 1^m50 au-dessus du sol [gA]), il suffirait, pour couvrir les défenseurs, de donner au parapet une hauteur de 2 mètres ou de 2^m50; mais si au contraire les coups partent de B (1^m 50 au-dessus de M) et rasent la crête A, ils plongeront dans l'intérieur de l'ouvrage, dont les défenseurs ne seront plus couverts, BA (fig. 40).

L'art de soustraire le défenseur à ces coups plongeants est l'art du défilement, et défiler un ouvrage c'est le construire de telle manière que le défenseur placé sur le terre-plein soit abrité de tous les coups provenant des terrains avoisinants, dans la limite de la portée des armes. On nomme *terrain dangereux* la zone sur laquelle l'assaillant peut venir s'établir pour tirer sur le défenseur. Sa largeur dépend de la portée des armes.

On ne cherche, en général, à garantir les défenseurs que sur une zone d'une certaine largeur en arrière du parapet; la ligne qui la termine prend le nom de *limite du défilement*.

Dans un ouvrage ouvert à la gorge, le terrain à défiler est limité par le pied du talus de banquette et par la ligne de gorge; dans un ouvrage fermé, ce terrain est limité par le pied de ce talus; dans les lignes continues, la limite du défilement est une ligne, parallèle aux crêtes, située à une distance variable, suivant le besoin.

Soit le point C la limite de cette zone. Il faut que le défenseur situé en ce point soit couvert à 2 mètres ou $2^m 50$, c'est-à-dire que les coups partant de B ne puissent arriver au-dessus de E. On atteindra ce résultat si l'on élève la crête de A en D sur la ligne BE; de là un premier mode de défilement obtenu par l'*exhaussement du relief*.

Si l'on avait creusé le terre-plein en arrière, sans toucher à la crête A, de manière qu'il se trouve à 2 mètres au moins au-dessous du coup le plus dangereux BA, le défenseur serait encore abrité des coups partant de B par la crête primitive A, et l'ouvrage serait défilé par *l'abaissement du terre-plein*.

On peut donc défiler un ouvrage en élevant son relief ou en abaissant son terre-plein.

Dans aucun cas, la crête ne doit être élevée à plus de 4 mètres, pour que la construction ne soit pas trop difficile avec les moyens bornés dont on peut disposer en campagne ; si le plan de défilement donnait une hauteur plus considérable, il faudrait combiner ensemble le défilement par l'exhaussement des crêtes et celui-ci par l'abaissement du terre-plein.

On appelle *plan de défilement* un plan, passant par la ligne limite du défilement située à 2 mètres ou $2^m 50$ au-dessus du sol, et tangent à la hauteur dangereuse relevée de $1^m 50$; l'intersection de ce plan avec le plan de profil est BE.

En pratique, il est plus facile de trouver un plan, parallèle au plan de défilement, situé à un $1^m 50$ au-dessous et tangent par conséquent à la hauteur. Ce plan auxiliaire, dont l'intersection avec le plan de profil est MK, prend le nom de *plan de site* ; il se trouve à $0^m 50$ ou

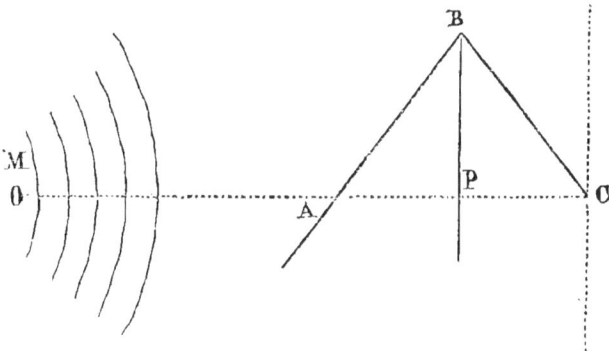

Fig. 41.

1 mètre au-dessus de tous les plans du terre-plein. Son intersection avec le point vertical passant par la ligne limite du défilement, s'appelle *charnière*.

Ce plan une fois trouvé, il suffira, pour avoir le plan du défilement, d'élever toutes les cotes de $1^m 50$.

Dans les ouvrages, on choisit généralement pour charnière une droite passant par le point de l'ouvrage le plus éloigné de la hauteur, et perpendiculaire à la ligne qui joindrait ce point au terrain dangereux. Ces deux droites détermineront le plan de site, et celui-ci le plan de défilement situé à 1^m50 au-dessus, dans lequel on tiendra les crêtes (fig. 41).

Quand le terrain est horizontal, les défenseurs placés sur la banquette d'un redan, par exemple, sont couverts de face à 1^m30, et de dos complétement. Dans le redan ABC, dominé par la hauteur M, il n'en sera pas ainsi ; les défenseurs de la face AB seront pris à revers par les coups partant en arrière de la charnière à 1^m50 de hauteur, comme le montre le profil (fig. 42).

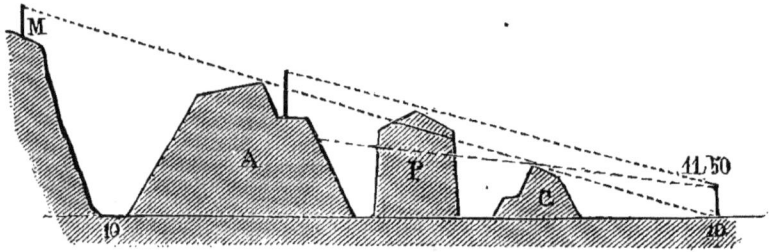

Fig. 42.

On obvie à cet inconvénient en élevant à l'intérieur une masse couvrante appelée *parados*, P.

Il en est de même si aucun plan de défilement ne peut satisfaire aux conditions exigées (passer à 2 mètres ou 2^m50 au-dessus du terre-plein et ne pas donner plus de 4 mètres de relief aux crêtes). On sépare l'ouvrage par un remblai, appelé *traverse*, et on défile séparément chaque partie.

Pour défiler un ouvrage par l'abaissement du terre-plein, on prend la charnière sur le sol ou à 0ᵐ50 au-dessous, afin que les crêtes aient toujours au moins 1ᵐ50 de relief (si elles avaient moins, l'ennemi placé sur le bord de la contrescarpe ne serait plus dominé par le défenseur), puis on mène comme il a été indiqué le plan de défilement, dans lequel on tient les crêtes, et on

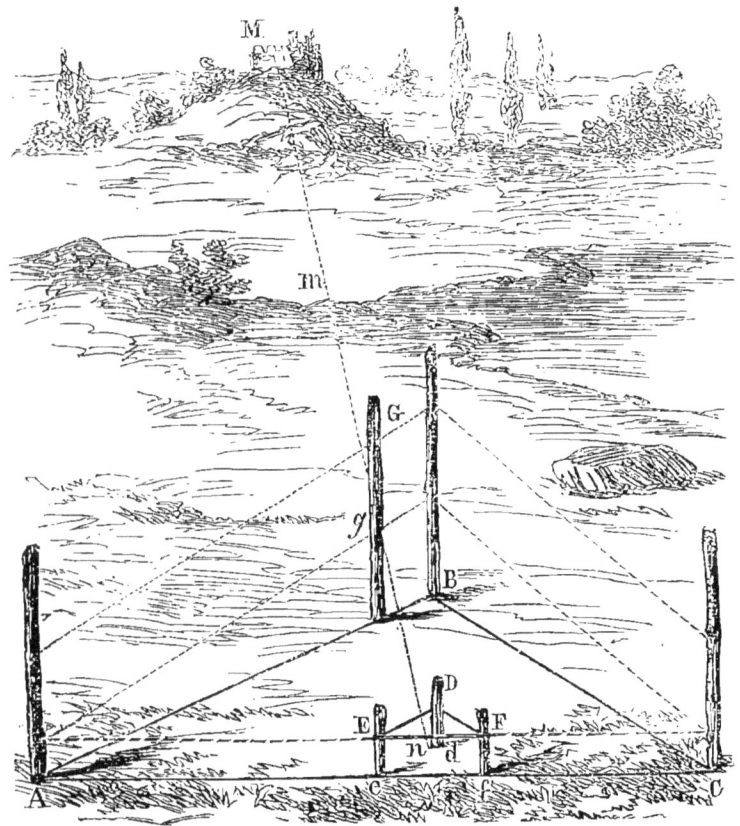

Fig. 43.

abaisse le terre-plein de 2 mètres ou de 2ᵐ50 au-dessous.

FORTIFICATION.

Pour défiler un ouvrage fermé, la charnière choisie sera une droite passant par un des points de la crête et laissant tout l'ouvrage d'un même côté, entre elle et la hauteur : mais il faudra presque toujours élever des traverses.

Voilà comment on opère sur le terrain. Soit la hauteur M et le redan ABC à défiler. La hauteur étant com-

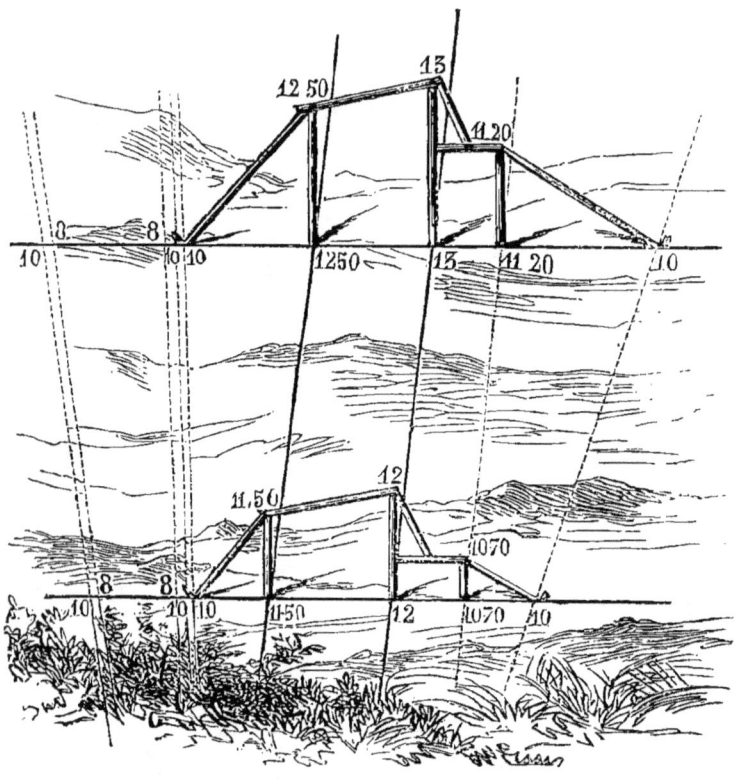

Fig. 44.

prise entre le prolongement des deux faces, on pourra prendre la charnière sur la ligne de gorge (fig. 43).

Sur cette ligne on place deux jalons, *ef*, à 1ᵐ50 l'un de

l'autre, et un troisième, d, en avant. On fixera sur les jalons ef une latte EF, déterminée de manière que la droite EF, qui servira de charnière au plan de site, laisse le sol à défiler à 1 mètre au-dessous d'elle. Le

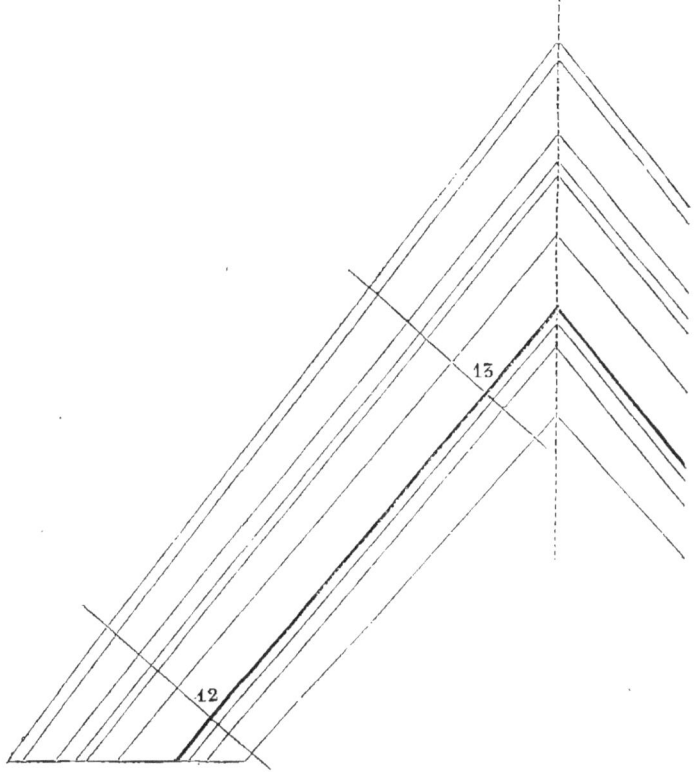

Fig. 45.

plan de site passe par cette droite et par le plus élevé des rayons visuels m, rasant la latte et tangent à la hauteur.

Pour le construire dans l'espace, on fixe aux deux extrémités de la latte qui représente la charnière deux autres lattes dont les extrémités, rassemblées et tenues par un aide, glissent le long du jalon *d*. Placé derrière la charnière, on dirige un rayon visuel rasant EF et la hauteur, l'aide élève ou abaisse le point D jusqu'à ce que l'une des deux lattes se trouve dans le plan déterminé par EF et le rayon visuel tangent; les lattes sont alors fixées en D, et le triangle EDF représente le plan de site.

Pour déterminer la crête en un point quelconque, on se place en arrière du plan de site, on vise par ce plan la perche placée au point cherché, on marque le point *g* où le rayon visuel la rencontre; le point G à 1^m50 au-dessus sera sur la crête.

Dans la pratique, la crête des ouvrages est rarement horizontale, la construction des ouvrages en plan sera donc un peu changée, puisque le profil varie en chaque point.

Pour obtenir ce plan, on construira, sur chaque face au moins, les deux profils extrêmes, on déterminera sur chacun d'eux la largeur du fossé et on mènera des droites entre les points correspondants de ces deux profils (fig. 45).

SEPTIÈME LEÇON.

MISE EN ÉTAT DE DÉFENSE DES PRINCIPAUX OBSTACLES EXISTANT SUR LE TERRAIN. — ATTAQUE ET DÉFENSE DES RETRANCHEMENTS.

Mise en état de défense des principaux obstacles existant sur le terrain.

Les principaux obstacles que l'on rencontre sur le terrain, et dont on peut profiter, pour livrer un combat, sont les hauteurs, ravins, escarpements, bois, fossés, haies, murs, maisons, fermes, villages, marais, étangs, cours d'eau.

Hauteurs. — Aujourd'hui que les obus et les balles atteignent tout ce que voient les yeux, les positions dominantes acquièrent une grande valeur.

Les pentes d'une colline, que l'on devra occuper, auront une inclinaison faible, ou seront escarpées. Dans le premier cas, l'ennemi pourra les franchir facilement, il sera donc indispensable de les fortifier à l'aide d'ouvrages de campagne, dont la position variera suivant les circonstances; on pourra, par exemple, construire ces ouvrages à mi-côte, se réservant ainsi la possibilité, si l'on est délogé, d'aller se former en bataille au sommet. Dans le deuxième cas, c'est-à-dire lorsque les pentes seront escarpées, on tâchera de battre celles-ci par des feux latéraux; si le sommet est formé d'une simple crête, on pourra établir des lignes sur cette crête; s'il est couronné par un plateau, il vaudra mieux les établir un peu en arrière, de façon à laisser l'ennemi atteindre le sommet, et, pendant qu'il essaye de se reformer sur ce terrain trop étroit, le cribler de feux et se jeter sur lui.

Ces lignes seront établies le plus habituellement au moyen d'obstacles naturels (bois semés d'abatis, villages organisés défensivement), soutenus de distance en distance par des redoutes ou des lunettes; là où ces obstacles feront défaut, on y suppléera par des portions de lignes continues ou à intervalles.

Ravins. — Si des ravins se trouvent sur le terrain à défendre, on les fait battre par quelque face d'ouvrage, pour que l'ennemi ne puisse s'y abriter. On s'en sert quelquefois comme d'un large fossé que l'assaillant ne peut franchir, ce qui permet de diminuer l'épaisseur du parapet.

Escarpements. — Les escarpements sont utilisés de la même manière que les ravins; ils servent d'escarpe à la condition, cependant, de faire battre leur pied par une face d'ouvrage en retour.

Fossés. — Les fossés sont excellents pour recevoir des tirailleurs et des troupes qu'on veut dissimuler aux vues de l'ennemi. Il est aisé de les rendre difficiles à traverser, quand ils ont de grandes dimensions, en escarpant les bords.

Haies. — La haie est souvent un obstacle sérieux pour le franchissement, tandis qu'elle n'est que de peu de valeur contre les projectiles ennemis; mais elle devient fort utile lorsqu'il se trouve en arrière un fossé, ou lorsqu'on peut y creuser une tranchée.

Bois. — Un bois forme un couvert précieux, le long de la lisière duquel de nombreux tirailleurs et même des pièces d'artillerie agiront efficacement sur le terrain situé en avant. Pour en interdire l'accès, on abat des arbres de manière à former des saillants et des rentrants qui se défendent réciproquement, on fait des abatis sur le bord et à l'intérieur, on tend des fils de fer, on pratique dans les chemins qui le traversent des coupures en des points battus de feux de flanc; mais en même temps on dispose ces routes, et au besoin on en crée d'autres, pour permettre de lancer au moment convenable des colonnes en dehors.

Murs. — Les murs offrent un très-bon abri contre la mousqueterie; on les organise pour la défense en y perçant des créneaux à 1^{m}30 au-dessus du sol. L'ouverture de ces créneaux, plus grande intérieurement qu'extérieurement, donne un champ de tir assez considérable, sans découvrir le défenseur. Le fond en est incliné de l'intérieur à l'extérieur pour que les coups de fusil atteignent aussi près que possible du pied du mur (fig. 46).

Le créneau ainsi placé pourrait être facilement embouché de l'extérieur; on évite cet inconvénient en creu-

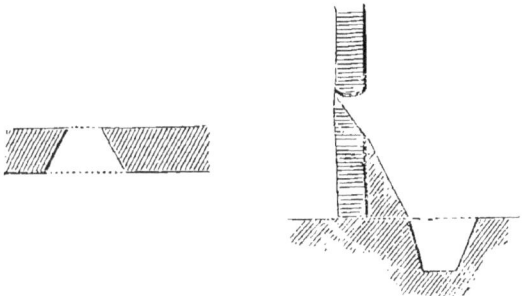

Fig. 46.

sant à 1 mètre en avant un fossé dont les terres sont rejetées le long du mur, ce qui supprime l'angle mort. Si l'on ne peut creuser le fossé, le créneau est percé à 2 mètres, et le défenseur, pour tirer, monte sur une banquette; mais alors le pied du mur n'est plus battu.

Maison. — On fortifie une maison isolée en perçant des créneaux dans les murs des divers étages sur tout le pourtour et principalement aux angles, en barricadant toutes les issues avec de doubles madriers également percés de créneaux, et en l'entourant, si l'on peut, d'un fossé.

On prépare une défense intérieure pied à pied dans les corridors et les chambres, en crénelant les cloisons et les planchers; les escaliers sont coupés et l'on se sert d'échelles pour communiquer d'un étage à l'autre ; on porte aux étages supérieurs des pierres, bûches, etc. Lorsqu'on s'attend à être attaqué par de l'artillerie, on étançonne les solives principales, afin que les brèches n'entraînent pas d'éboulements. Les portes jugées nécessaires à conserver pour les sorties, sont masquées par une ligne de palanques, établie à une certaine distance en avant, et laissant une ouverture fermée par une barrière. Cet ouvrage extérieur porte le nom de *tambour*.

Il faut se précautionner contre le feu en démolissant la couverture, ou chargeant le plancher supérieur d'une couche de terre ou de fumier, et en plaçant sur cette plate-forme des baquets pleins d'eau.

On donne, si c'est possible, des flancs au bâtiment au moyen de tambours avec lesquels on communique par des ouvertures pratiquées dans les murs.

Ferme. — Pour fortifier une ferme, on organise d'une manière défensive les haies et les murs des vergers, de façon à former une première enceinte que l'on renforce dans les endroits faibles par des palissades, des tambours ou des redans.

On détruit tous les obstacles entre la ferme et cette enceinte ; on coupe les chemins un peu en arrière par un fossé dont la terre forme parapet ou par une barricade ; on couvre d'abatis tout le terrain en avant ; on organise enfin les bâtiments comme il a été indiqué pour une maison.

Village. — Quand on juge qu'un village peut être utile pour le moment de l'action, il faut en occuper les abords du côté de l'ennemi par des troupes abritées derrière les murs et les haies, organisés défensivement, comme il a été indiqué pour une ferme.

En général, il vaut mieux que le gros des défenseurs séjourne peu dans le village même, où il aurait trop à souffrir des obus de l'ennemi et où ses mouvements offensifs seraient gênés. On place seulement des tirailleurs dans les maisons qui ont vue sur le terrain du combat et dans les rues qui peuvent servir à assurer la retraite des troupes.

L'artillerie se met en dehors sur les flancs de manière à battre les points les plus attaquables; les débouchés et sorties de rues du côté de l'ennemi sont barricadés avec des voitures, des tonneaux remplis de terre ou de fumier, des palanques, des chaînes, des abatis, des fossés, etc. Ces barricades doivent être flanquées par les maisons voisines.

Les maisons sont crénelées et mises en communication les unes avec les autres par des trouées faites dans les murs: on prépare un réduit qui consiste soit en une place fortifiée, soit dans un grand édifice tel qu'une église et son cimetière. Enfin on a soin de conserver des sorties faciles pour évacuer le village, si on y est obligé.

Marais, étangs. — Les positions fortifiées, couvertes par des marais ou des étangs sont très-fortes, car la marche des assaillants y est incertaine, et le tir de l'artillerie et de la mousqueterie balaye parfaitement le terrain. On coupe les chaussées par lesquelles l'ennemi peut arriver, et on les enfile au moyen de feux nombreux; mais il faut se défier des marais réputés impraticables.

Cours d'eau. — Les cours d'eau sont d'excellents obstacles quand ils ont plus de deux mètres de profondeur; cependant il ne faut pas trop y compter, la facilité avec laquelle on jette maintenant les ponts, permettant de les franchir assez facilement.

Il faut donc en surveiller les abords. Si l'on a conservé les ponts existants ou si l'on en établit soi-même, on devra les protéger par des ouvrages de campagne qui prennent, dans ce cas, le nom de *tête de pont*, et par des batteries. Les batteries s'établissent sur la rive de départ; les têtes de pont sur la rive d'arrivée. Ce sont des ouvrages ouverts à la gorge (la ligne de

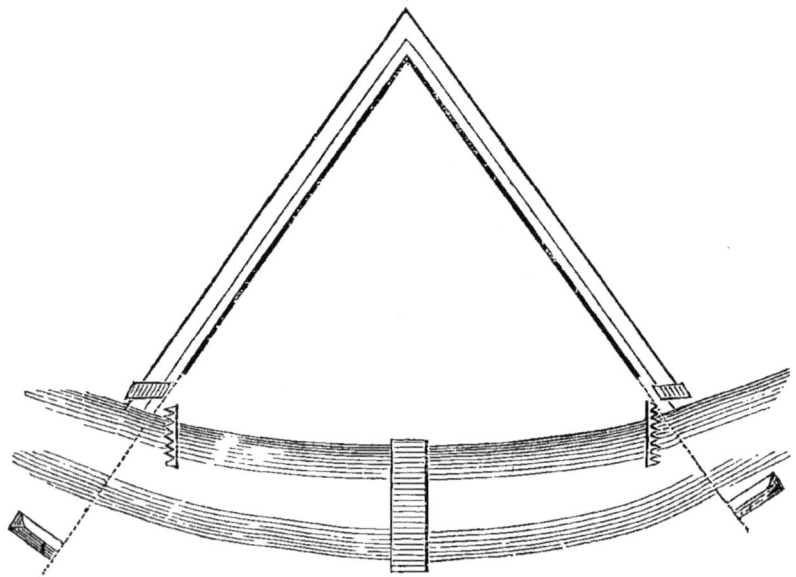

Fig. 47.

gorge étant sur la rivière), dont le tracé varie suivant le développement qu'on doit leur donner par suite du nombre de ponts établis et de l'importance de la communication. Pour couvrir un pont, on emploie la lunette; pour couvrir deux ponts, l'ouvrage à cornes; pour en couvrir trois, l'ouvrage à couronne.

Mais quel que soit le tracé, les deux faces qui s'appuient aux rives leur seront perpendiculaires, afin d'être flanquées par les batteries placées sur la rive de départ; les passages pour communiquer avec la campagne seront près du rivage pour que le mouvement des troupes ne masque pas le tir des défenseurs. Les coupures où sont établis ces passages, devront être au moins aussi larges que les ponts, afin que le défilé des troupes ne soit pas arrêté. Ces coupures seront fermées par des traverses et des palissades que l'on prolongera dans la rivière jusqu'à ce qu'il y ait 2 mètres d'eau pour que l'ennemi ne puisse tourner l'ouvrage par la gorge (fig. 47).

1° Les ponts sont écartés au moins de 100 mètres, afin de conserver entre leurs abords l'espace suffisant pour masser des troupes et des convois en attendant leur tour de passage.

2° A 1,000 mètres au-dessus sera établie en travers de la rivière une *estacade* (sorte de chaîne faite de pièces de bois liées ensemble), dans le but d'arrêter les corps flottants, envoyés par l'ennemi pour détruire les ponts. Celle-ci fera un angle de 20° avec le courant, de sorte que tout corps flottant venant buter contre, se rapprochera du rivage et sera facilement enlevé.

Les ponts employés à la guerre sont de deux sortes : ceux construits au moyen du matériel formant l'équipage de ponts (ponts de bateaux), ceux construits au moyen de matériaux que l'on trouve sous la main (ponts de bateaux de commerce, de chevalets, de gabions, de radeaux, de voitures, en charpente, de cordages, sur pilotis.)

Tout pont se compose d'un plancher nommé *tablier*, établi sur des pièces de bois appelées *poutrelles*. Ces poutrelles sont appuyées sur des bateaux, cheva-

FORTIFICATION. 343

lets, etc., qui servent en quelque sorte de piles. On appelle *culée* le point d'appui sur la rive; *travée* l'ensemble du pont compris entre les axes de deux supports consécutifs.

Ponts de bateaux. — Ce sont les meilleurs sur les rivières larges et profondes.

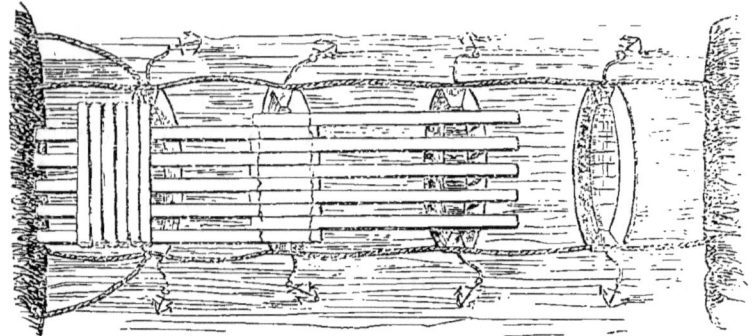

Fig. 48.

Les bateaux qui servent de piles sont espacés de six mètres et retenus en place par des ancres mouillées en amont et en aval (fig. 48).

Ponts de chevalets. — Ceux-ci ne peuvent être placés que sur des rivières dont le fond est solide, dont la profondeur n'excède pas 3 mètres et le vitesse du courant

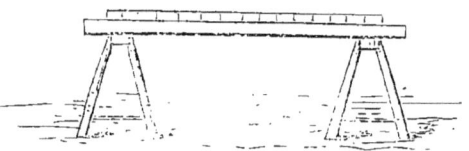

Fig. 49.

1^{m}50 par seconde. Les chevalets qui servent de piles sont de grands tréteaux que l'on place à 4 ou 5 mètres les uns des autres (fig. 49).

Ponts de gabions. — Ils se construisent sur de faibles cours d'eau. Le *gabion* est un panier cylindrique sans fond, dont le diamètre varie de 1ᵐ30 à 1ᵐ55, suivant le

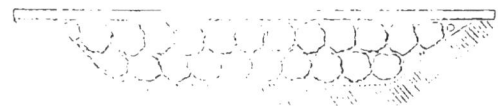

Fig. 50.

degré de force que l'on veut donner au pont; les gabions placés horizontalement les uns à côté des autres soutiennent les poutrelles, ou sont recouverts avec de la terre qui forme tablier (fig. 50).

Ponts de radeaux. — Les radeaux, faits avec des arbres de bois léger attachés l'un contre l'autre, ou avec des tonneaux liés entre eux, la bonde en dessus, soutiennent les poutrelles.

Ponts de voitures. — Ils s'établissent sur des rivières

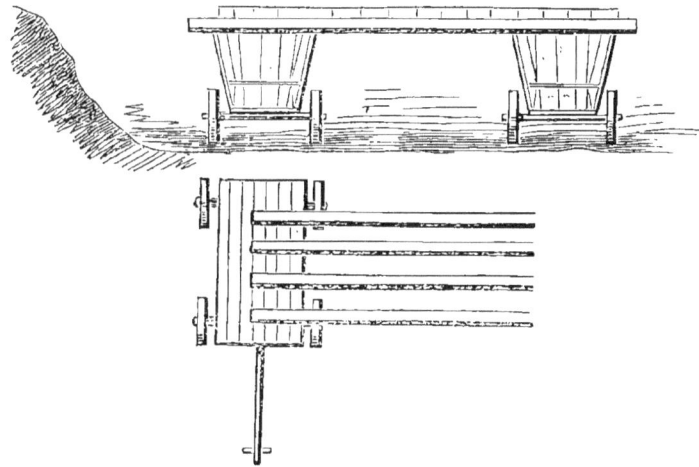

Fig. 51.

peu profondes. Si ce sont des prolonges ou des voitures

à quatre roues (les meilleures du reste pour construire des ponts) (fig. 51), on les place dans le fond de la rivière suivant le fil de l'eau. Si ce sont des voitures à deux

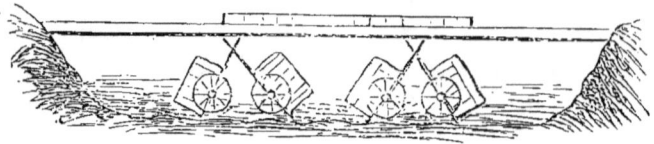

Fig. 52.

roues (qui ne peuvent servir que pour l'infanterie), on les place deux à deux, les limons en l'air et se croisant, les limons sont attachés et portent à leur croisement une traverse pour recevoir les poutrelles (fig. 52).

Ponts en charpente. — Lorsqu'on peut se procurer des bois assez longs, on les jette d'une rive à l'autre et on

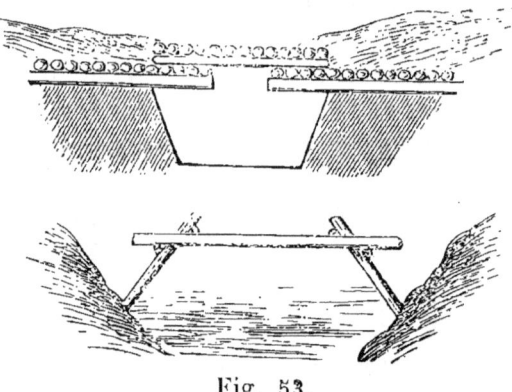

Fig. 53.

les recouvre de madriers, autrement on est obligé de construire des ponts en charpente plus ou moins compliqués.

Ponts de cordages. — Ils s'établissent sur des rivières étroites à bords escarpés; ils ont une grande ressemblance avec les ponts suspendus.

Ponts sur pilotis. — Ils consistent en traverses reposant sur de fortes pièces de bois enfoncées dans le lit de la rivière. Ces traverses soutiennent les poutrelles (fig. 54).

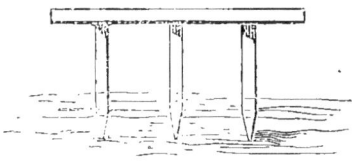

Fig. 54.

Attaque et défense des retranchements.

L'attaque d'une ligne fortifiée est une opération qui fait partie d'une bataille. L'art d'attaquer consiste dans le choix du point à assaillir, la vigueur et la persévérance de l'agression.

On compte quatre genres d'attaque : l'attaque d'emblée ou de vive force, l'attaque par surprise, l'attaque par ruse ou stratagème, et la fausse attaque, qui a pour objet de détourner l'attention du défenseur, afin d'assurer le succès des autres.

Avant d'attaquer un retranchement, il faut connaître, par le rapport des déserteurs et des espions ou par une reconnaissance, la force de ce retranchement, ses avenues, la composition des troupes qui le défendent, etc. Mais cependant le chef d'une colonne d'attaque dirigée sur un point déterminé d'une ligne, manque souvent de temps pour reconnaître l'ouvrage qu'il doit enlever, le succès dépend alors de la rapidité et de la justesse de son coup d'œil à en saisir les points faibles.

L'attaque doit être conduite avec ordre et énergie. On établit d'abord les batteries dans les endroits les plus convenables pour enfiler et ruiner les faces du retranchement, détruire les défenses accessoires, démonter les pièces et jeter le désordre parmi les défenseurs. Quand l'artillerie a produit son effet, on forme deux ou trois colonnes dont les unes se dirigent sur les capitales des ouvrages, tandis que les autres essayent de les tourner pour les prendre à revers. Ces colonnes, dont une seule exécute l'attaque véritable, sont précédées de travailleurs avec leurs outils pour détruire les défenses accessoires et les ouvrages.

Quelque cavalerie marche sur les ailes pour les protéger dans le cas où elles seraient repoussées par de fortes sorties. Une fois parvenues dans les fossés, les colonnes se jettent dans les angles morts pour donner l'assaut, font feu en arrivant sur la plongée et se précipitent sur les défenseurs à la baïonnette.

Dès que le retranchement est enlevé, le vainqueur doit prendre des précautions contre les retours offensifs, lors même qu'il marche en avant; à cet effet, il laisse dans l'ouvrage les travailleurs, pour y construire un retranchement du côté de l'ennemi et préparer une route de retraite en renversant une partie du parapet dans le fossé.

L'officier chargé de défendre un retranchement doit bien connaître le terrain en avant, et la distance des objets qui se trouvent sur le terrain dans la limite de la portée des armes. Il fait bivouaquer ses troupes sur le terre-plein, en face des postes qu'elles doivent occuper, place des sentinelles, sur les banquettes pendant le jour, sur la plongée ou sur la berme pendant la nuit, désigne d'avance la réserve et fait connaître à chacun ce qu'il aura à faire. Le feu commence lorsque l'ennemi est à bonne portée, soit qu'il se dirige sur l'ouvrage, soit qu'il se porte sur les retranchements voisins : c'est lorsque l'ennemi est sur le haut de la contrescarpe que les feux produisent le plus d'effet, parce qu'il reçoit en même temps les feux directs et les feux de flancs. Lorsque les assaillants se montrent au-dessus de la plongée, ils doivent être repoussés à la baïonnette ; et lorsqu'ils vont se jeter dans le terre-plein, la réserve doit arriver pour les repousser et les culbuter dans le fossé.

Attaque et défense d'une maison. — Si l'attaque possède de l'artillerie, il faut démolir la maison et couper en même temps la retraite du défenseur. Si elle n'en a pas, il faut l'entourer de tirailleurs ; ceux-ci, abrités derrière les obstacles que le défenseur aura négligé d'abattre, tireront aux créneaux, tandis qu'une colonne munie d'outils et d'échelles s'avancera rapidement, enfoncera, incendiera ou fera sauter les portes et les fenêtres, et pénétrera dans l'intérieur la baïonnette en avant.

Pour défendre une maison, on cherche d'abord à écarter l'ennemi par les feux ; lorsqu'il est parvenu au pied du mur, on lui jette ce que l'on a sous la main, on renverse ses échelles avec des crochets manœuvrés par les créneaux ; lorsqu'il a pénétré, on se défend de chambre en chambre et l'on tente à la fin une vigoureuse sortie pour s'ouvrir un passage les armes à la main.

Attaque et défense d'un village. — L'artillerie ouvre des brèches dans les parties des murs d'enceinte restés à découvert et couvre le village d'obus pour l'incendier et empêcher le défenseur de s'y abriter. Des colonnes, ayant les travailleurs en tête et précédées de tirailleurs, se dirigent alors rapidement sur les points les plus faibles, attaquent ou tournent les barricades, et prennent les maisons l'une après l'autre pour rendre nulle leur protection sur les rues.

On défend l'enceinte d'un village comme un retranchement ordinaire, ensuite on dispute pied à pied les barricades, les coupures, les maisons et on se retire lentement sur le réduit; si un retour offensif est possible, on le tente, sinon on incendie les maisons pour arrêter l'ennemi et protéger sa retraite.

HUITIÈME LEÇON.

Fortification permanente. — Front de fortification. — Dehors. — Ouvrages intérieurs. — Communications. — Ouvrages extérieurs et détachés. — Casemates.

La fortification permanente diffère de la fortification passagère en ce qu'elle a de plus grandes dimensions, qu'elle présente à l'ennemi de fortes maçonneries et qu'elle exige de grands travaux pour parvenir à ouvrir des brèches.

Le parapet est en terre, il a la même nomenclature et la même forme qu'en fortification passagère, mais le talus d'escarpe est remplacé par un mur dont le sommet prend le nom de *magistrale*; c'est sur cette magistrale que l'on fait le tracé, qui s'obtient, en fortification passagère, au moyen de la crête intérieure. La contrescarpe est souvent aussi en maçonnerie.

La fortification de nos places fortes est basée sur le système du maréchal de Vauban, qui, le premier, posa des règles fixes pour construire le front bastionné.

Elle se compose d'une enceinte continue bastionnée

et d'ouvrages (désignés sous le nom de *dehors*) placés en avant.

L'enceinte continue comprend le corps de place et le fossé du corps de place.

Front de fortification.

Corps de place. — Pour le tracer, on entoure la ville ou le terrain à fortifier d'un polygone (plus ou moins

Plan d'un front de fortification.

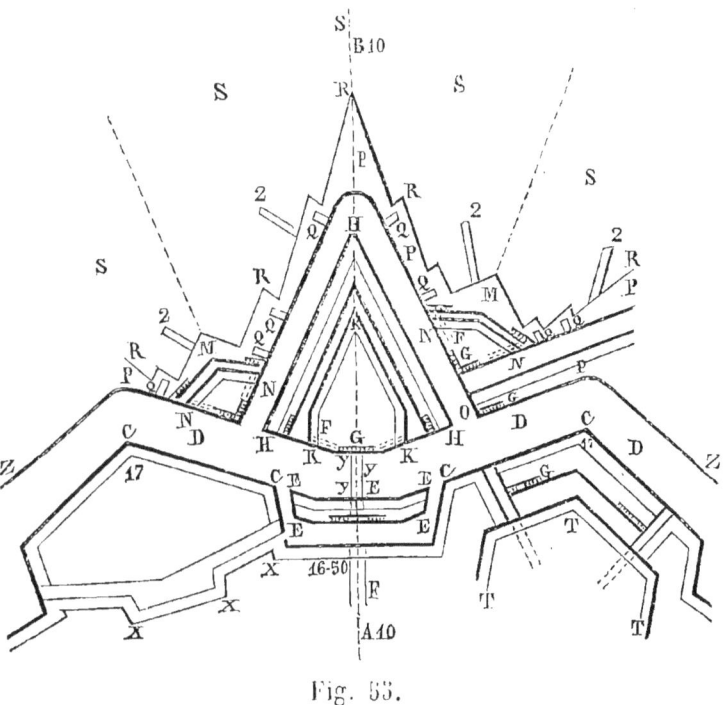

Fig. 55.

irrégulier, suivant les indications données par le terrain), dont les côtés, de 370 mètres environ de longueur, re

FORTIFICATION. 351

présentent les côtés extérieurs ; sur chacun d'eux on construit un front bastionné, comme il a été indiqué en fortification passagère, avec cette différence que la courtine se prend égale à l'une des faces CCCC. (Il est probable qu'avec les armes à longue portée, on pour-

Profil du corps de place de la tenaille et du fossé.

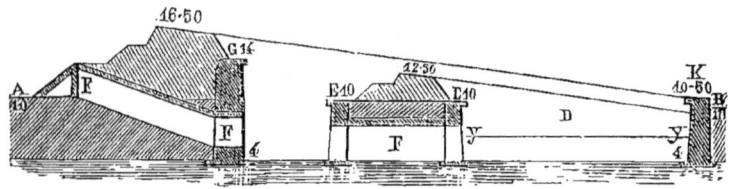

Profil du réduit de demi-lune et de la demi-lune.

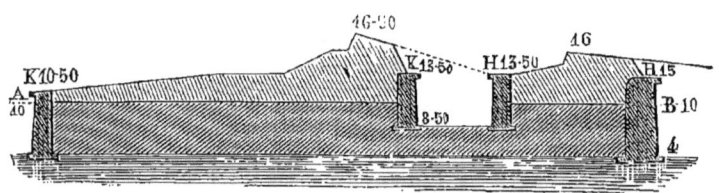

Profil du fossé de demi-lune, du chemin couvert et du glacis.

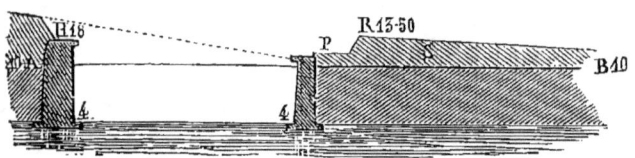

Fig. 56.

rait donner plus de longueur aux lignes de défense, et par conséquent aux fronts.)

La magistrale est presque toujours à 4 mètres au-dessus du sol (CCC) ; l'escarpe a 10 mètres de haut ; le revêtement en maçonnerie est couronné d'une tablette en pierre de taille, sur laquelle on laisse une berme pour retenir les terres.

Au-dessus se trouve le talus extérieur en terre incliné à $\frac{1}{1}$, puis la plongée inclinée à $\frac{1}{6}$. Le parapet à 6 mètres d'épaisseur; la crête intérieure doit être au moins à $2^m 50$ au-dessus de la magistrale pour pouvoir percer des embrasures; on donne à la crête du saillant du bastion un commandement de $0^m 50$ sur celle de la courtine. En arrière du terre-plein, dont la largeur est variable, se trouve une rue, appelée *rue militaire*. Le talus qui relie le terre-plein à cette rue prend le nom de *talus de rempart*.

Fossé du corps de place. — Il se trouve en avant de l'escarpe; il a 30 mètres de large et 6 mètres de profondeur au-dessous du sol DD.

Dehors.

Les fortifications d'une place pourraient à la rigueur se composer simplement d'une enceinte continue, mais il est rare qu'on se contente d'une défense aussi simple, et on y ajoute presque toujours quelques ouvrages dont les principaux sont : la tenaille, la demi-lune avec son réduit, la place d'armes rentrante et la contre-garde. Ils peuvent être accumulés sur un même front comme l'indiquent les figures 55 et 56, mais le plus souvent ceux qui n'y sont pas indispensables, sont supprimés.

La *tenaille* (E E E E E) est placée en avant de la courtine; elle se compose de trois faces, dont une est parallèle à la courtine; les deux autres se trouvent dans le prolongement des faces des bastions; sa largeur est de 14 mètres de l'escarpe à la gorge, et son relief de

2^m 50 au-dessus du sol. Un fossé de 10 mètres de large, la sépare des flancs de la courtine. Elle couvre la courtine contre les batteries de brèche placées sur le terre-plein de la demi-lune ainsi que la grande poterne, donne des feux sur le terre-plein du réduit de demi-lune et diminue l'angle mort en avant de la courtine.

La *demi-lune* (HHH) est un redan placé en avant de la tenaille. Les faces forment un angle minimum de 60° et s'alignent sur les faces du bastion à 30 mètres des angles d'épaule; son parapet a 6 mètres d'épaisseur. Les ouvrages en avant devant toujours être commandés par ceux qui sont en arrière, la crête est à 1 mètre au-dessous de celle du bastion au saillant. Le fossé a 20 mètres de large. Cet ouvrage tient l'ennemi éloigné du bastion, dont l'attaque ne pourra se faire qu'après la prise des deux demi-lunes qui le flanquent.

Le *réduit de demi-lune* (KKK) est une lunette dont les faces sont parallèles à celles de la demi-lune et à 30 mètres en arrière; les flancs ont 10 mètres de long et sont parallèles à la capitale du front, pour voir à revers la brèche du bastion. La crête du parapet est à 0^m 50 au-dessus de celle de la demi-lune; le fossé a 10 mètres de large et 5 mètres de profondeur.

La *place d'armes rentrante* (MM) est un redan, placé dans l'angle rentrant formé par la contrescarpe du corps de place et de la demi-lune. Ses faces ne sont autres que les crêtes du chemin couvert. A l'intérieur se trouve un réduit de place d'armes (NN) avec fossé en maçonnerie dont le parapet a 6 mètres d'épaisseur, et un commandement de 1 mètre sur la crête du chemin couvert; ce réduit sert de refuge aux défenseurs des chemins couverts, il donne des feux sur les couronnements de ces chemins couverts et sur la brèche de la demi-lune.

La *contre-garde* (OO) est un redan dont la capitale est la même que celle du bastion. Les faces, parallèles à celles du bastion, ont leur terre-plein limité par la contrescarpe du fossé de corps de place. Le parapet a 6 mètres d'épaisseur, la hauteur des crêtes est la même que celle de la demi-lune, le fossé a 20 mètres de large. La contregarde couvre le bastion ; l'ennemi, après s'en être rendu maître, aura beaucoup de peine à faire, sur son terreplein étroit, les travaux nécessaires pour attaquer le bastion.

Le *chemin couvert* (PPP) longe la contrescarpe du corps de place, de la demi-lune, de la contre-garde et débouche dans les places d'armes rentrantes. Il donne des feux de mousqueterie rasants sur les glacis, facilite la surveillance contre les surprises, couvre les rassemblements pour les sorties et protége leur retraite. Son terreplein, qui se trouve à $2^m 50$ au-dessous des glacis, est mis à l'abri des ricochets par des traverses (QQQQ).

Crêtes du chemin couvert (RRRR). — On donne ce nom à l'intersection du glacis avec le talus, muni d'une banquette, qui le soutient. Ces crêtes sont tracées en crémaillères pour éviter le ricochet ; leur relief est déterminé par la condition de couvrir, à 1 mètre près, les maçonneries des ouvrages en arrière contre les coups éloignés.

Le *glacis* est le remblai qui relie la crête du chemin couvert à la campagne ; sa surface en pente douce est battue par les ouvrages en arrière (SSS).

Ouvrages intérieurs.

Les ouvrages intérieurs se divisent en deux catégories suivant le but pour lequel on les construit : retranchement intérieur et cavalier.

Le *retranchement intérieur* (XXX) est destiné à soutenir les défenseurs lors de l'assaut au bastion et de leur offrir, si cet assaut ne peut être repoussé, un refuge d'où ils arrêtent encore l'ennemi. Il doit isoler, du reste de corps de place, la partie saillante du bastion où l'ennemi peut faire des brèches. On peut lui donner la forme d'un redan ou d'un front bastionné, dont les faces s'appuient aux flancs du bastion. Son parapet a 6 mètres d'épaisseur et sa crête a un commandement de $0^m 50$ sur celle du bastion.

Le *cavalier* (TTT) est un ouvrage d'un grand relief, qui a pour but de battre un point déterminé de la campagne ou de couvrir des bâtiments militaires. On peut lui donner la forme d'une lunette, dont les faces seront parallèles à celles du bastion dans lequel il est placé. Son fossé a 12 mètres de large, la crête a un commandement de 10 mètres sur la campagne.

Communications.

Des communications sont établies sur chaque front pour permettre aux défenseurs de se porter du corps de place sur les divers ouvrages extérieurs et dans la campagne.

Poterne. — On appelle *poternes* les passages souterrains pratiqués pour conduire de l'intérieur d'un ouvrage dans son fossé ; elles sont en rampes, fermées par de fortes portes et assez larges pour que l'artillerie puisse y passer (FFF).

Pas de souris. — Escaliers servant à monter des fossés sur le terre-plein des ouvrages (GGG).

Rampe. — On en établit partout où l'artillerie doit passer, ainsi que du chemin couvert au glacis pour les sorties (2222).

Caponnière. — On donne ce nom à des parapets, munis de banquettes, établis ordinairement dans les fossés pour couvrir le passage d'un ouvrage à un autre ; ainsi une caponnière double couvre la communication dans le grand fossé depuis la poterne de la tenaille jusqu'à la gorge du réduit de demi-lune (yy).

Porte de ville. — Des ouvertures, ménagées au niveau du sol dans certaines courtines, donnent passage aux routes publiques ; ces communications sont complétées par des ponts-levis établis sur les fossés.

Ouvrages extérieurs ou avancés et détachés.

Pour éclairer les environs d'une place, on s'empare des points dont l'occupation par l'ennemi serait préjudiciable à la défense, on construit des ouvrages revêtus, exigeant pour s'en rendre maître la longueur des travaux d'un siége. Ces ouvrages prennent le nom de :

Ouvrages avancés ou *extérieurs.* — Quand ils sont flanqués par les canons de la place, ils sont presque toujours ouverts à la gorge (lunette, ouvrage à corne, à couronne), de manière à pouvoir être battus après leur prise par les feux de la place.

Ouvrages ou *forts détachés* lorsqu'ils se trouvent en

dehors de la portée des canons de la place ; ce sont des ouvrages formés et bastionnés, avec place d'armes rentrante en capitale de chaque front et chemin couvert.

Casemates.

On appelle *casemates* des abris voûtés construits en arrière de l'escarpe sous le massif du parapet et du terre-plein, le talus de rempart est remplacé par un mur dans lequel sont percées les portes et les fenêtres, tandis que des créneaux pour la mousqueterie sont ouverts dans l'escarpe. On dit alors l'escarpe casematée ; pour que ces casemates soient à l'abri de la bombe, la voûte doit avoir au moins 1 mètre d'épaisseur et être recouverte d'une égale épaisseur de terre.

FIN DU COURS DE FORTIFICATION ET DU MANUEL.

PROGRAMME D'ÉTUDES
POUR LES ENGAGES CONDITIONNELS DE SECONDE ANNÉE.

Circulaire ministérielle.

Versailles, le 14 février 1874.

Messieurs, aux termes de l'article 38 de la loi du 24 juillet 1873, les engagés conditionnels d'un an qui ont satisfait aux examens prescrits par l'art. 56 de la loi du 27 juillet 1872 peuvent, en restant une année de plus sous les drapeaux et après avoir subi les examens déterminés, obtenir un brevet de sous-lieutenant auxiliaire ou une commission équivalente, et être placés avec leur grade, selon les besoins, dans la disponibilité ou la réserve de l'armée active.

En conséquence, j'ai fait préparer et j'ai approuvé, par décision du 8 février courant, les divers programmes ci-joints des examens qu'auront à subir les volontaires de toutes armes qui se trouvent dans les conditions que viens de rappeler.

Je profite en même temps de la présente dépêche pour porter à votre connaissance les résolutions que j'ai données à plusieurs propositions ou demandes qui m'ont été soumises relativement aux engagés conditionnels, dans l'intérêt de l'uniformité d'application.

En ce qui concerne la cavalerie, vu le petit nombre des engagés conditionnels de cette catégorie, ils seront, au moins jusqu'à ce qu'il en ait été décidé autrement, réunis aussitôt après la clôture des examens de première année, à l'école de Saumur, où ils formeront une section à part et où ils trouveront tous les moyens nécessaires pour continuer leur instruction militaire.

Je vous ferai connaître prochainement la marche que vous devrez suivre dans cette circonstance. Recevez, etc.

CAVALERIE

Programme d'enseignement pour les engagés conditionnels qui seront admis à passer une seconde année sous les drapeaux.

(Article 38 de la loi du 27 juillet 1873.)

Instruction théorique et pratique.

Instruction théorique et pratique sur les règlements de manœuvres. Titres I, II, III, IV et application du titre V (école du régiment).
Théorie et pratique du tir.
Escrime de l'épée et du sabre.
Service intérieur.
Abrégés du service des places et du service en campagne.

Hippologie.

Description de l'extérieur du cheval.
Des aplombs. — De l'âge. — Des robes.
Aliments. — Qualités auxquelles ils doivent satisfaire. — Soins de propreté. — Hygiène.

Ferrure ordinaire.— Des instruments de ferrure. — Harnachement. — Des tares. — Premiers soins à donner aux blessures les plus communes.

Administration.

Éléments d'administration d'un escadron. — Étude sommaire des registres et des livres de comptabilité. — Établissement des bons pour la perception des diverses prestations. — Perception. — Distribution et réintégration des effets et des armes. — Gestion de la masse individuelle et des ordinaires.

Législation militaire.

Principes généraux de l'organisation de l'armée et de son recrutement. — Connaissance abrégée des lois sur l'*avancement* et sur l'état des officiers. — Étude succincte de la justice militaire. Conseils de guerre. Prévôtés.

Topographie.

Définitions — Notions générales sur la planimétrie; signes conventionnels, leur utilité; définition d'une échelle, manière de s'en servir. — Nivellement. — Différents mouvements du terrain. — Des courbes. — Signification de leur inflexion et de leur nombre. — De leur écartement. — Hachures. — De la boussole. — Levé à vue. — Levé par renseignements. — Mesures des distances, à pied, à cheval. — Renseignements topographiques et statistiques. — Orientation de jour et de nuit. — Appréciation des distances.

Art militaire

Définitions. — Propriétés des trois armes. — Rôle de la cavalerie dans une armée. — De son emploi, suivant que l'armée est en repos, en marche ou au combat.

Développement sur le service en campagne et ses applications.

Fortification.

Définitions. — Parapet, fossé, etc., retranchements rapides. — Ouvrages de campagne. — Défenses accessoires. — Organisation défensive d'un bois, d'un mur, d'une ferme, d'un village, d'un cours d'eau.

Destruction des voies de communication et des obstacles par la poudre. — Des outils et du matériel nécessaires. — Mise hors de service et réparation des voies ferrées. — Embarquement et débarquement des troupes *en chemin de fer*.

Langue allemande.

Alphabet; lecture; écriture, règles de prononciation; construction de phrases usuelles. — Récitation des mots et des locutions les plus utiles pour les besoins de la vie, les reconnaissances, le service militaire.

Histoire.

Celle de la France depuis Louis XIV jusqu'à nos jours.

Géographie.

Étude détaillée et complète de la géographie de la France.
Notions générales sur les grands États de l'Europe.

Langue française.

Rédaction sur un sujet donné avec connaissance de l'orthographe et de ses règles.

Arithmétique.

La continuation des cours précédemment suivis. — Fractions ordinaires et décimales. — Règles de trois et d'intérêt. — Système décimal complet.

Géométrie.

Surfaces; volumes; leur calcul.

TABLE DES MATIÈRES

CONTENUES DANS CE MANUEL.

	Pages.
Préface.	v
Programme d'études extrait du règlement du 7 février 1873.	VIII

1re PARTIE.

Administration.   1

Avertissement.	3
1re Leçon. — Définitions. — Organisation de l'administration. — Contrôles annuels. — Situation et rapport journaliers.	5
2e Leçon. — Registres de l'escadron. — Matricules des hommes et des chevaux.	11
3e Leçon. — Livre de détail.	15
4e Leçon. — Livre de détail (suite). — Livret individuel.	20
5e Leçon. — Registre de la dotation. — Livret d'ordinaire. — Registre de punitions. — Registre d'ordres.	25
6e Leçon. — Carnet de campagne.	29
7e Leçon. — Du prêt et de la feuille de prêt.	33
8e Leçon. — Gestion de l'ordinaire.	39

TABLE DES MATIÈRES.

Pages.

9ᵉ Leçon. — Perception des effets d'habillement, de grand équipement, d'armement et de harnachement. — Leur réintégration. 44

10ᵉ Leçon. — Distribution des effets de petit équipement. — Gestion de la masse individuelle. . . 50

11ᵉ Leçon. — Comptes courants. — Perception des effets de casernement. 58

12ᵉ Leçon. — Règlement des comptes trimestriels. — Feuille de journées des officiers et des hommes de troupe. 62

13ᵉ Leçon. — Feuille de journées des chevaux. — Feuille de journées de la dotation. — Feuille de décompte. 66

14ᵉ Leçon. — Résumé de l'administration d'un escadron. 72

2ᵉ PARTIE.

Connaissance du cheval.

Avertissement. 83

1ʳᵉ Leçon. — Généralités. — Caractères zoologiques. — Des tissus. — Locomotion. — Le squelette. . . . 83

2ᵉ Leçon. — Fonctions de digestion, de respiration, de nutrition. — Les sens. — L'œil. 89

3ᵉ Leçon. — Étude de l'extérieur. — 1°. Avant-main. — La tête 94

4ᵉ Leçon. — Extérieur. — Suite de l'avant-main. . . . 101

5ᵉ Leçon. — Extérieur. — 2° Le corps. — 3° L'arrière-main. 109

6ᵉ Leçon. — Des proportions. — Des aplombs. — Des allures. 116

7ᵉ Leçon. — Tares osseuses. 127

TABLE DES MATIÈRES.

Pages.

8ᵉ Leçon. — Tares molles. — Causes des tares, leur traitement. — Boiteries. 133

9ᵉ Leçon. — Le pied. — Conformations belles et défectueuses. — Maladies. — La ferrure. 137

10ᵉ Leçon. — Généralités sur l'âge. — Forme et anatomie des dents. 146

11ᵉ Leçon. — Suite de l'âge. — Eruption des dents, leur rasement, leur usure. 150

12ᵉ Leçon. — Des robes. — Robes simples et robes composées. 158

13ᵉ Leçon. — Particularité des robes. — Signalements . 162

14ᵉ Leçon. — Notions élémentaires d'hygiène. 168

15ᵉ Leçon. — Suite de l'hygiène. 177

3ᵉ PARTIE.

Topographie.

INTRODUCTION AUX COURS DE TOPOGRAPHIE ET DE FORTIFICATION.

Avertissement. 185

Notions élémentaires de géométrie. — Mesure des surfaces et des volumes. — Plans cotés. . . 189

Topographie

1ʳᵉ Leçon. — Des cartes. — Généralités. — Echelles. . . . 209

2ᵉ Leçon. — Exposé sommaire de la planimétrie et du nivellement. 214

3ᵉ Leçon. — Des formes du terrain. — Mode de représentation. — Indication des procédés de nivellement. 222

TABLE DES MAT RES.

	Pages.
4e Leçon. — De la boussole. — Son usage.	231
5e Leçon. — Levé expédié. — Mesure des distances. — Planimétrie. — Nivellement. — Instruments élémentaires.	238
6e Leçon. — Erreurs fréquentes. — Solution de quelques problèmes. — Signes conventionnels.	247
7e Leçon. — De l'orientation. — Lecture d'une carte, son usage. — Copie des cartes.	259
8e Leçon — Des mémoires. — Reconnaissances militaires. — Itinéraires.	264
Notes.	277

4e PARTIE.

Fortification.

Avertissement.	287
1re Leçon. — Définitions. — Fortification passagère. — Profil et plan d'un retranchement.	289
2e Leçon — Tracé d'un retranchement. — Flanc, face. — Angle flanqué. — Secteur privé de feux. — Angle mort. — Principes du flanquement. — Construction d'un retranchement.	296
3e Leçon. — Exécution des ouvrages. — Organisation du travail par ateliers. — Manière d'accélérer la construction des ouvrages. — Revêtement.	304
4e Leçon. — Ouvrages de campagne. — Lignes continues. — Lignes à intervalles.	310

TABLE DES MATIÈRES.

Pages.

5ᵉ Leçon. — Suite des ouvrages de campagne. — Lignes à ouvrages détachés. — Tranchées-abris. — Armement des retranchements. — Batteries. — Magasins. — Défenses accessoires. 319

6ᵉ Leçon. — Défilement. 327

7ᵉ Leçon. — Mise en état de défense des principaux obstacles existant sur le terrain. — Attaque et défense des retranchements. 335

8ᵉ Leçon. — Fortification permanente. — Enceinte continue. — Dehors. — Ouvrages intérieurs. — Communications. — Ouvrages extérieurs et détachés. — Casemates 349

Table des matières. 363

FIN DE LA TABLE.

ERRATUM

Page 131. La légende *Jarret sain vu par derrière et par devant* s'applique aux figures A, B; — et celle *Jarrets tarés vus par devant* a rapport aux figures C, D, E.

LISTE DES PUBLICATIONS

DE LA

RÉUNION DES OFFICIERS

Le Bulletin de la réunion des officiers, publication hebdomadaire, 4 fr. par trimestre.

ENTRETIENS MILITAIRES.

1. **L'Armée prussienne,** par M. Lahaussois, sous-intendant militaire. 1872, in-12, 36 pages. Paris, Dumaine............ 60 c.
2. **Hygiène militaire,** par le docteur Jules Arnould, médecin-major de 1re classe. 1872, in-12, 28 pages. Paris, Dumaine. 60 c.
3. **Des tirailleurs, de leur instruction, de leur emploi,** par M. Herbinger, cap. adjudant-major au 101e de ligne. 1872, in-12, 26 pages. Paris, Dumaine.................... 60 c.
4. **Principes rationnels de la marche des impedimenta dans les grandes armées,** par M. Anatole Baratier, sous-intendant militaire. 1872, in-12, 46 pages. Paris, Dumaine... 1 fr.
5. **De l'administration militaire,** par M. Lewal, colonel d'état-major. 1872, in-12, 70 pages. Paris, Dumaine........ 1 fr.
6. **De l'administration militaire et du fonctionnement des services administratifs.** — Réponse à M. le colonel Lewal, par M. Anatole Baratier, sous-intendant militaire. 1872, in-12, 46 pages. Paris, Dumaine .... 1 fr.
7. **De l'aérostation militaire,** par M. Delambre, capitaine du génie. 1872, in-12, 40 pages. Paris, 37, rue de Bellechasse. 75 c.
8. **De la photographie** et de ses applications aux besoins de l'armée, par M. Dumas, capitaine d'état-major, 1872, in-12, 20 pages avec carte. Paris, 37, rue de Bellechasse............... 75 c.
9. **Instruction de l'infanterie,** préparation au service de la guerre, par M. Percin, capitaine du génie. 1872, in-12, 38 pages. Paris, 37, rue de Bellechasse...................... 75 c.
10. **De l'emploi militaire des chemins de fer,** par M. Delambre, capitaine du génie. 1872, in-12, 44 pages. Paris, 37, rue de Bellechasse.. 75 c.
11. **De l'enseignement de la géographie,** par M. Bourboulon, chef de bataillon. 1872, in-12, 44 pages. Paris, 37, rue de Bellechasse.. 75 c.
12. **Création de manutentions roulantes** pour les quartiers généraux et les divisions en campagne, par M. Baratier, sous-intendant militaire. 1873, in-12, 54 pages. Paris, Tanera....... 1 fr.

— 2 —

13. **Du service des états-majors,** par M. Derrécagaix, capitaine d'état-major. 1873, in-12, 32 pages. Paris, Tanera........ 75 c.
14. **Des compagnies de partisans,** formation d'une compagnie de partisans dans chaque régiment de ligne, par M. Girard, capitaine au 91e régiment de ligne. 1873, in-12, 46 pages. Paris, Tanera... 75 c.
15. **Des soutiens d'artillerie,** par M. Herbinger, capitaine adjudant-major au 101e régiment de ligne. 1873, in-12, 34 pages. Paris, Tanera... 75 c.
16. **Du matériel et de la tactique de l'artillerie de campagne,** à propos des manœuvres d'automne de l'armée anglaise en 1872, par M. de Grandry, chef d'escadron d'artillerie. 1873, in-12, 22 pages. Paris, Tanera............................ 50 c.
17. **Les nouvelles bouches à feu de la marine française,** par M. Sebert, capitaine d'artillerie de marine. 1873, in-12, 72 pages. Paris, Tanera................................. 1 fr. 50
18. **De la tactique de combat et de l'emploi des tirailleurs,** par M. Sacreste, lieutenant au 90e régiment de ligne. 1873, in-12, 48 pages. Paris, Tanera....................... 75 c.
19. **Des spécialités dans l'infanterie,** par M. Issalène, capitaine au 67e régiment de ligne. 1873, in-12, 56 pages. Paris, Tanera... 1 fr.
20. **Étude sur la convention de Genève,** considérée dans ses principes et son application, par le docteur Jules Arnould, médecin-major de 1re classe. 1873, in-12, 80 pages. Paris, Tanera. 1 fr. 50 c.
21. **La Cochinchine française,** par M. Bovet, lieutenant-colonel du génie. 1873, in-12, 46 pag. avec carte. Paris, Tanera. 1 fr. 25 c.
22. **De l'alcool** considéré comme source de force et du parti que l'on peut en tirer dans la pratique de la guerre, par le docteur Jules Arnould, médecin-major de 1re classe. 1873, in-12, 32 pages. Paris, Tanera.. 75 c.
23. **Sur le rôle des places françaises de l'est pendant la dernière invasion,** par M. Ed. Thiers, capitaine du génie. 1873, in-12, 58 pages avec carte. Paris, Tanera.......... 1 fr. 50 c.
24. **L'armée anglaise** avant sa réorganisation par de Mandat de Grancey, capitaine de cavalerie. 1873, in-12, 84 pages. Paris, Dumaine.. 1 fr. 50 c.

ENCYCLOPÉDIE MILITAIRE.

1. **Les Canons géants du moyen âge et des temps modernes,** par R. Wille, lieutenant de l'artillerie prussienne. Traduit de l'allemand par MM. R. Colard et S. Bouché, lieutenants d'artillerie. 1872, in-8°, 128 pages. Paris, Tanera............. 3 fr.

2. **Les Mitrailleuses et leur emploi pendant la guerre de 1870-1871,** par M. Hermann, comte Thürheim, capitaine bavarois. Traduit de l'allemand par M. E. J. 1872, in-8°, 42 pages. Paris, Tanera.................................. 1 fr. 25
3. **Mémoire** sur la permanence de l'armement de défense et sur l'emploi des cuirasses métalliques dans les fortifications d'Anvers, Plymouth et Portsmouth, par le baron Berge, lieutenant-colonel d'artill. 1873, in-8° avec planches. Paris, Tanera............... 3 fr.
4. **Étude sur le réseau des chemins de fer français** considéré comme moyen stratégique, par L. de Tromenec, capit. d'artillerie. 1873, in-8°, 70 pages avec carte. Paris, Tanera... 2 fr. 50
5. **Guide** pour la préparation des plans de marche et des transports de troupes par les chemins de fer, par A. Le Pippre, chef d'escadron d'état-major. 1873, in-8°, 118 pages avec planches. Paris, Tanera. 6 fr.
6. **De l'emploi des shrapnels en campagne,** par R. von Sichart, capitaine professeur à l'école de tir d'artillerie. Traduit de l'allemand par R. Colard, capitaine d'artillerie. 1873, in-8°, 54 pages. Paris, Tanera............................ 1 fr. 50 c.

RÈGLEMENTS ÉTRANGERS.

1. **Règlement du 3 août 1870 sur les exercices de l'infanterie de l'armée royale de Prusse.** Traduit de l'allemand par J. Monlezun, lieut. au 120ᵉ régiment d'infanterie. 1 volume in-12 avec figures et planches de musique donnant toutes les sonneries et batteries. 1872, in-12, 282 pages. Paris, Tanera. 4 fr.
2. **Instruction du 9 juin 1870 concernant le service de garnison de l'armée prussienne.** Traduit de l'allemand par MM. Samion et Laplanche. 1872, in-12, 84 pages. Paris, Berger-Levrault....................................... 1 fr. 25
3. **Manuel du sapeur d'infanterie.** Instruction publiée par le ministère de la guerre (septembre 1871). Traduit de l'italien par MM. Percin, Grillon et de Lort-Sérignan. 1872, in-12, 234 pages, 100 planches. Paris, Tanera....................... 4 fr.
4. **Le Pionnier d'infanterie en campagne.** Traduit de l'allemand par M. Grillon, capitaine du génie. 1873, in-12, 48 pages avec 2 planches. Paris, Tanera...................... 1 fr.
5. **Règlement de 1870 sur les exercices de la cavalerie autrichienne.** Traduit de l'allemand par V. Zeude, chef d'escadron de cavalerie. 1873, in-12, 154 pages. Paris, Tanera... 2 fr.
6. **Règlement du 15 mai 1872 pour l'instruction tactique des troupes d'infanterie.** Traduit de l'italien par le commandant Durostu et le capitaine Jolly. 1873, in-12, 224 pages. Paris, Dumaine.................................... 3 fr.

7. **Règlement d'exercice pour la cavalerie prussienne,** traduit de l'allemand par M. Langlois, capitaine d'artillerie. 1873, in-12, 212 pages, 6 planches. Paris, Firmin Didot........ 3 fr.

8. **Règlement du 4 juillet 1872 pour l'instruction tactique des troupes de cavalerie.** Traduit de l'italien par le command. Durostu et le capit. Vollot. 1873, in-12, 174 pages avec cartes. Paris, Dumaine................................... 3 fr.

OUVRAGES DIVERS.

1. **Organisation de l'armée de l'Allemagne du Nord.** Recrutement et libération. Traduit de la 12e édition de l'ouvrage sur l'organisation de l'armée allemande, du général de Witzleben, par le commandant Le Maître. 1872, in-8°, 96 pages. Paris, Berger-Levrault.. 2 fr.

2. **Cours réduit du tir,** par Borreil, capitaine au 124e de ligne. 3e édit. 1873, in-12, 80 pages. Paris, Dumaine.......... 60 c.

3. **Manuel d'hygiène** et de premiers secours. Traduit de l'allemand par le docteur Bürgkly. 1872, in-12, 40 pages. Paris, Dumaine... 60 c.

4. **Manuel du soldat.** 1872, in-18, 92 pages. Paris, Tanera... 50 c.

5. **Éléments de la connaissance du terrain, à l'usage des sous-officiers,** par M. La Fuente, lieut. d'état-major, et M. Mac-Caffarelli, sous-lieutenant au 8e hussards, 3e édition. 1874, in-12, 76 pages, 3 planches. Paris, Dumaine................ 1 fr. 50

6. **Agenda de poche des officiers de terre et de mer pour 1873.** in-18. Paris, Berger-Levrault.......... 1 fr. 50

7. **Esquisse d'un projet de loi sur l'avancement,** par un officier du génie. 1873, in-8°, 88 pages. Paris, Tanera..... 2 fr.

8. **Manuel du soldat d'infanterie,** en usage dans la division d'Alger. 1872, in-18, 144 pages. Paris, Plon......... 50 c.

9. **La Vérité sur le Masque de fer** (les Empoisonneurs), d'après des documents inédits des archives de la guerre et des autres dépôts publics (1664-1703), par M. Th. Yung, capitaine d'état-major. 1873, in-8°, 460 pages. Paris, Plon..................... 8 fr.

10. **Considérations sur le recrutement de l'armée et sur l'aptitude militaire dans la population française,** par le Dr Morache. 1873, in-12, 80 pages, 3 planches. Paris, Dumaine.. 75 c.

11. **Le drapeau national, son historique,** par L. Lèques, sous-intendant militaire. 1873, in-12, 28 pages. Paris, Tanera. 75 c.

12. **Abrégé du code de Justice militaire à l'usage des sous-officiers, caporaux et soldats,** suivi d'un extrait

du règlement sur le service intérieur en ce qui concerne les punitions. 1873, in-12, 16 pages. Paris, Dumaine.. 20 c.

13. **Conseils pratiques aux jeunes officiers pour la préparation du fantassin au service en campagne,** par le capitaine Périzonius, Traduit de l'allemand par A. C., lieutenant au 55e. 1873, in-12, 68 pages. Paris, Tanera........... 1 fr.

14. **Du service en campagne. Méthode d'instruction pratique pour les soldats et officiers d'infanterie,** traduite de l'ouvrage du général comte de Waldersée par M. Dargniès, et résumée par F. Louis, colonel du 69e. 1873, in-12, 238 pages. Paris, Firmin Didot................................ 2 fr. 50

15. **Écoles régimentaires. Emploi du temps et programme ou plan méthodique d'études pour l'enseignement du premier degré dans les compagnies,** par M. Fournols, lieutenant au 97e. 1873, in-8°, 20 pages. Paris, Dumaine..................................... 50 c.

16. **Considérations sur le système défensif de Paris,** par M. Ferron, chef de bataillon du génie, un in-8° avec carte. 2e édition 1873, in-8°, 112 pages avec carte. Paris, Plon.. 2 fr. 25 c.

17. **Notes sur l'organisation de l'armée pendant la révolution (4 août 1789-30 octobre 1795),** par M. Choppin, lieutenant au 3e dragons. 1873, in-12, 80 pages. Paris, Tanera.................................... 1 fr. 25 c.

18. **Historique du service religieux dans les armées suivi d'un projet d'organisation dans l'aumônerie militaire,** par M. Lèques, sous-intendant militaire. 1873, in-8°. Tours, Bouserez........................... 1 fr.

19. **Bordj-bou-Arreridj pendant l'insurrection de 1871 en Algérie.** Journal d'un officier, par M. Du Cheyron, chef d'escadron au 8e hussards, in-12. 1873, in-12, 266 pages avec cartes. Paris, Plon............................. 4 fr.

20. **Études stratégiques sur la défense des lignes fluviales.** Traduit de l'allemand, par M. Grillon, capitaine du génie. 1873, in-8°, 64 pages, 4 pl. Limoges. Charles Père.. 2 fr. 50 c.

21. **Service en campagne pratique,** par C. Philebert, lieutenant-colonel au 110e. 1873, in-12, 130 pages. Paris, Dumaine..................................... 1 fr. 50 c.

22. **Tactique de la cavalerie prussienne.** Extrait de l'aide-mémoire de Helldorff (3e et 4e parties). 1873, in-8°, 48 pages avec planche. Rennes. Leroy........................ 1 fr.

23. **La manœuvre sur la carte (jeu de la guerre),** publié par le corps d'état-major italien, traduit par M. Vollot, capitaine du génie. 1873, in-12, 68 pages. Rennes, Leroy..... 1 fr. 25 c.

24. **Méthode d'enseignement du combat des tirailleurs**

pour l'infanterie prussienne, par le général comte de Waldersée, traduit de l'allemand, par M. Dargniès, ingénieur. 1873, in-12, 238 pages. Paris, Labitte...................... 3 fr.
25. **Art de la guerre déduit de l'étude technique des campagnes de 1805,** par M. Bernard, chef de bataillon au 41ᵉ d'infanterie. 1873, in-8°, 202 pages. Paris, Tanera..... 5 fr.
26. **De l'organisation défensive du territoire,** par M. le général Cadart. 1873, in-8°, 26 pages. Paris, Tanera...... 1 fr.
27. **Note sur l'organisation du système défensif de Paris**, par le général Tripier. 1873, in-8°, 30 pages. Paris, Tanera... 1 fr.
28. **Jeu de la topographie ou des cartes militaires,** par A. Viney, lieutenant du génie. 1873. Paris, Régnier.. 1 fr. 50 c.
29. **Éléments de fortification passagère à l'usage des officiers de toutes armes,** par M. Maire, capitaine du génie. 1873, in-8°, 172 pages. Paris. Dejey.................... 4 fr.
30. **Manuel pratique militaire des chemins de fer,** par M. Issalène, cap. d'infanterie. 1873, in-12, 156 pages. Paris, Gauthier-Villars .... 2 fr. 50 c.
31. **Les siéges de Paris et de Belfort en 1870-71,** par le comte de Geldern, capitaine du génie, traduit de l'allemand, par M. Grillon, capitaine du génie. 1873, in-8°, 172 pages avec cartes. Paris, Dejey... 4 fr.
32. **Considérations sur le système défensif de la France,** par M. Ferron, chef de bataillon du génie, in-8° avec carte. 3ᵉ édition. 1873, in-8°, 96 pages, avec carte. Paris, Plon....... 3 fr.
33. **Répartition des troupes de l'armée active en corps d'armée,** divisions et brigades conformément à la loi du 24 juillet 1873 et en exécution des décrets du 23 et 29 septembre 1873. 1873, in-8°, 24 pages. Paris, Plon.................... 50 c.
34. **Le jeu de la guerre français,** seize cartes en couleurs, règles du jeu, pièces figurantes (100 fr.) (40 fr. pour les officiers). 2ᵉ édition 1874, Paris, 37, rue de Bellechasse.
35. **Cours d'administration militaire pour servir à la préparation des examens à subir pour les officiers de toutes armes proposés pour l'avancement,** par M. Dally, capitaine au 102ᵉ. 1874. Paris, Plon.................... 5 fr.
36. **Manuel militaire de la jeunesse,** suivi des décrets et instructions concernant le volontariat d'un an, par M. Gandolphe, capitaine au 25ᵉ d'artillerie. 1873, in-12, 144 pages, 12 planches. Paris, Hachette.. 2 fr.
37. **Considérations militaires sur les chemins de fer italiens,** par C. Aymonio, Traduit de l'italien par M. Malifaut, capitaine au 54ᵉ. 1873, in-12.
38. **Études sur les tirailleurs algériens,** par F. Mattée cap.

au 124ᵉ de ligne. 1873, in-12, 46 pages. Paris, Tanera... 75 c.
39. **Guide de l'acheteur de chevaux, examen détaillé des qualités et défectuosités du cheval,** par M. Rivet, capitaine au 11ᵉ dragons. 1874, in-12, 62 pages. Paris, Tanera. 1 fr.
40. **L'expédition de Khiva,** par M. Weil. 1874, in-12. Paris, Amyot.. 1 fr.
41. **Aide-mémoire du cavalier pour servir à l'instruction théorique des jeunes officiers et sous-officiers,** par le général-major von Mirus. Traduit de l'allemand par le commandant Le Maître. 1874, 2 vol. in-12. Paris, Firmin Didot... 4 fr.
42. **Cours d'art militaire professé à l'école de Saint-Cyr,** par le cap. Barthélemy, 2 vol. in-8° en 20 fascicules. 1 fascicule par mois à partir du 15 janvier. Paris, Delagrave. Prix du fascicule.. 1 fr.
43. **Cartes des régions militaires de la France,** par M. Dally, capitaine au 102ᵉ. Paris, Plon................. 2 fr.
44. **Études sur l'art de conduire les troupes,** par Verdy du Vernois, traduit de l'allemand par M. Masson, capitaine d'état-major. Paris, Dumaine.
    1ʳᵉ partie................................. 2 fr. »
    2ᵉ partie................................. 2 fr. 50 c.
    3ᵉ partie................................. 4 fr. »
45. **Annuaire de la réunion des officiers :**
    1872. 37, rue de Bellechasse................. » 60 c.
    1873. Paris, Plon................................. 3 fr. »
    1874. Paris, Plon................................. 4 fr. »
46. **Agenda de l'officier de distribution,** par M. Estrabaut, capitaine au 8ᵉ de ligne. Paris, Plon : Prix......... » 40 c.

OUVRAGES ADOPTÉS OU TRAVAUX COMMUNIQUÉS PAR LA RÉUNION.

1. **Les Trains sanitaires,** par M. le docteur Morache. (Extrait du journal des sciences militaires). 1872, in-8°, 56 pages avec planche. Paris, Dumaine................................. 1 fr. 50 c.
2. **Construction et destruction des chemins de fer,** par M. Wibrotte, sous-lieutenant au 47ᵉ. (Extrait du journal des sciences militaires) 1872, in-8°, 36 pages. Paris, Dumaine......... 1 fr.
3. **Abraham Du Quesne et la marine de son temps,** par M. Jal, historiographe de la marine. 1872, 2 volumes in-8°. Paris, Plon... 16 fr.
4. **Petit Bulletin du soldat et du marin.** Publication hebdomadaire. Paris. 13, quai Voltaire..... 3 fr. 60 c. par an.
5. **L'Almanach du soldat et du marin pour 1874.** 1874, in-18. Paris, 13, quai Voltaire........................ 50 c.

6. **Le blocus de Montmédy en 1870,** par de Lort Serignan, lieutenant d'infanterie (extrait du spectateur militaire) 1873, in-8°, 184 pages avec planches........................... 5 fr.
7. **Études sur les cadres et le budget des armées,** par M. Simouneau sous-intendant militaire (extrait du journal des sciences militaires), 1874 in-8°. 78 pages. Paris, Dumaine. 1 fr. 50
8. **Expédition chez les Beni-Menacer en 1871,** par Ch. Philebert, colonel au 36e. (Extrait du journal des sciences militaires) 1873, in-8°, 50 pages. Paris, Dumaine............... 1 fr. 50

MÉLANGES MILITAIRES.

Extraits du Bulletin de la Réunion. 2 séries de cent numéros. Paris, Tanera.

Sous presse :

1. **La guerre de siége,** par le capitaine Brunner. Traduit de l'allemand par le capitaine Piette.
2. **Étude sur la nouvelle tactique de l'infanterie,** par le major von Scherfi. Traduit de l'allemand. Paris, Firmin Didot.
3. **Manuel d'hygiène militaire,** par M. Arnould, médecin-major. Paris.
4. **Entretien sur les chemins de fer,** par M. Delambre, capitaine du génie. Paris, Amyot.
5. **La section militaire à l'exposition de Vienne.** Paris, Dejey.
6. **La pratique de la topographie vulgarisée au moyen de l'échelle rapporteur à boussole éclimètre,** par M. Trinquier, capitaine au 32e. Paris, Hachette.
7. **Agenda aide-mémoire d'administration à l'usage des chefs de corps et des officiers d'administration,** par M. Kampf, col. d'inf. Paris, Plon.
8. **Manuel du volontaire d'un an** (*cavalerie*), par MM. de Chalendar et de Breuil, capitaines au 9e hussards. Paris, Didot.
9. **Manuel du volontaire d'un an** (*infanterie*), par Napoléon Ney, lieutenant au 80e. Paris, Didot.
10. **Entretien sur le cheval de guerre,** par M. Decroix, vétérinaire. Paris, Tanera.
11. **Entretien sur les chemins de fer,** par M. Marcille, capitaine du génie. Paris Tanera.

Typographie Firmin-Didot, — Mesnil (Eure).

www.ingramcontent.com/pod-product-compliance
Lightning Source LLC
Chambersburg PA
CBHW050153230526
45470CB00001B/73